高等职业教育财经商贸类专业“互

公共关系理论与实务

在线课程版

主　编　邵　光

参　编　高宇飞　孙阁斐　郭婷婷

本书是高等职业教育市场营销类专业骨干课程教材，也是财经商贸类专业基础课程教材。本书以教育部颁布的《高等职业学校专业教学标准（财经商贸类）》为导向，参考《公关员国家职业标准》，以管理与商务岗位对公关员的职业要求和“1+X”证书的岗位准则为依据编写而成。

本书为贯彻立德树人的根本任务，同时为适应现代化教学方式的要求，体现“做中学、学中做”的教学思路，课程思政资源丰富多样，教材内容以“案例+理论+实操+数字资源”的模式呈现，以便于夯实学生的公共关系基础知识，锤炼学生的公共关系操作技能，实现线下与线上融合的立体化教学。本书涵盖了公共关系理论的主要内容，具体包括公共关系理论的基本概念与组成要素、公共关系的工作流程、内部公众关系处理、外部公众关系维护、公共关系专题活动策划、公共关系危机管理、公共关系传播技巧、公共关系实务技巧及数字网络公关等。

本书为高等职业院校教学用书，也可作为五年制高职院校及中专院校财经商贸类专业教材，还可作为在职人员培训用书，为新时期公共关系学习者提供最新的学习资源。

图书在版编目（CIP）数据

公共关系理论与实务/邵光主编. —北京：机械工业出版社，2023.2（2025.9重印）

ISBN 978-7-111-72386-8

Ⅰ. ①公… Ⅱ. ①邵… Ⅲ. ①公共关系学—高等职业教育—教材 Ⅳ. ①C912.31

中国国家版本馆CIP数据核字（2023）第010559号

机械工业出版社（北京市百万庄大街22号 邮政编码100037）

策划编辑：邢小兵 责任编辑：邢小兵 宋 华

责任校对：龚思文 王明欣 封面设计：鞠 杨

责任印制：邓 博

涿州市般润文化传播有限公司印刷

2025年9月第1版第2次印刷

184mm×260mm・12.5印张・290千字

标准书号：ISBN 978-7-111-72386-8

定价：45.80元

电话服务	网络服务
客服电话：010-88361066	机 工 官 网：www.cmpbook.com
010-88379833	机 工 官 博：weibo.com/cmp1952
010-68326294	金 书 网：www.golden-book.com
封底无防伪标均为盗版	机工教育服务网：www.cmpedu.com

PREFACE 前言

公共关系是一门内求团结、外求发展的综合性管理学科，它主要研究社会组织在发展过程中与社会公众之间的关系，是一门涉及传播学、新闻学、管理学、社会学、心理学、经济学、广告学、营销学等学科的综合性、实践性应用学科。改革开放四十多年来，公共关系作为一种管理职能、经营策略、传播行为及现代交往方式，以其独特的战略性、实用性魅力在各类社会组织中受到人们的高度重视。可以说，任何一个社会组织的运行过程中，都必须具备正确的公共关系理念，才能保持稳定与发展。尤其是互联网的高速发展彻底改变了市场关系和人际关系的内容和特征，同时也决定了社会关系和国际关系更加多元化、复杂化，这样的环境为公共关系作用的发挥提供了更有利的契机。

本书依照高等职业教育的特点，结合高等职业教育为生产、建设、管理、服务第一线培养应用型专业人才的要求，从岗位实际出发，以强化基础、突出应用、加强公共关系实际操作能力为培养原则，以提升学生职业素质和公共关系实践能力。在编写模式上，努力从方法和形式上有所突破和创新，力求探索一种“讲、读、学、用、练”一体化的编写模式，以适应精讲多练、强调能力培养和互动性的教学需要。

1. 定位明确，结构合理

本书按照“工学结合”人才培养模式的要求，采用“基于工作过程导向”的设计方法，以工作过程为导向，融教、学、做为一体，以培养学生实际应用能力为目的，深入体现“以学生为主体”“必需、够用”的高职教育理念。在结构安排上，以边学边做、学练结合为重点。节前有“学习目标”和“引导案例”，节中有“课堂思考”和“拓展阅读”，节后有“实操演练”和“复习思考”，多样化的内容设计，既可以提升内容的可读性、趣味性，还可以增强课堂的互动性，引导学生主动思考与实践。

2. 理论精炼，案例丰富

与传统的章节式编写体例不同的是，本书采用了更加活泼多样的多模块、多栏目设计，有助于将学生需要掌握的理论知识进行最大限度的精炼，帮助学生加强对相关理论的理解和把握。内容上能够反映当代公共关系学的最新进展，吸收本学科最新理论研究成果，重点突出、概念准确、简明扼要。本书案例十分丰富多样，章前的导读案例、节前的引入案例、节中的分析案例、节后的实操案例，所选案例均为近年来的公关热点事件或是经典案例，并与现实生活贴近。案例编写逻辑性强，与理论内容结合紧密，并注重实用性、时代性和系统性，便于教师开展案例教学。

3. 校企合作，注重能力

本书在编写过程中，邀请了企业专家、管理人员共同参与，书中各章节的案例以及与网络公关相关内容，由企业人员提供、指导编写；相关职业素养、技能要求则根据企业实际公共关系工作要求编写。同时，本书还按照《公关员国家职业标准》基本要求组织教学内容，通过学习，学生可以参加公关员职业资格考试，并具备相关技能要求，实现课堂教学与职业培训紧密结合。

4. 职业素养深度融入

本书的编写坚决贯彻国家教材委员会印发的《习近平新时代中国特色社会主义思想进课程教材指南》（国教材〔2021〕2号）文件精神，以“二十大”精神为指引，始终坚持立德树人的正确导向，强调职业素养的深度培育，将学生的价值观培养和公关知识与技能学习紧密融合。通过介绍国家形象、中国制造、冬奥会等热点内容，以及对海尔、格力、阳煤集团等国有企业公关典型案例的分享，培养学生的家国情怀与爱国精神，深刻领悟个人、企业与国家发展的紧密关系，努力培养能担当民族复兴大任的时代青年；同时，引导学生了解公关工作的职业道德与行为准则，塑造正确的职业观、道德观、价值观，实现职业能力和职业素养并行发展。

5. 数字资源助力混合式教学

本书配套资源丰富、多样，既配有传统的电子课件、案例资源、习题及答案，还配有微课视频、在线课程等数字化学习资源，配套资源立体化、多元化，线上、线下相融合，便于进行混合式教学以及翻转课堂的开展。相关资源请登录机工教育服务网（www.cmpedu.com）或加入教师交流群（QQ群：726174087）免费获取。

本书由河南经贸职业学院邵光担任主编，高宇飞、孙阁斐、郭婷婷参与编写，由邵光统稿。具体编写分工如下：邵光负责第一章到第五章的编写，高宇飞负责第六章和第七章的编写，孙阁斐负责第八章和第九章的编写，郭婷婷负责第十章和第十一章的编写。

本书在编写过程中，得到了很多领导和同行的大力支持，以及企业相关专家的鼎力相助及指导。本书融入了编者多年的公共关系教学经验和成果，并参考了我国公共关系学界学者们的研究成果，特附参考文献于后，谨对他们表示感谢。由于编者水平有限，恳请读者提出宝贵意见和建议。

编　者

QR CODE INDEX

二维码索引

序号	名称	图形	页码	序号	名称	图形	页码
微课01	揭开公共关系的神秘面纱		2	微课09	开展公关传播活动的要素及其内容		106
微课02	如何准确区分公共关系、推销和广告		9	微课10	公关传播媒介		112
微课03	正确处理组织内部公众关系		39	微课11	公关传播活动效果评价		121
微课04	处理员工关系的方法		44	微课12	危机发生的原因和类型		130
微课05	妥善处理组织外部公众关系		52	微课13	有声语言中的叙述技巧		146
微课06	处理顾客关系的方法（上）		56	微课14	形象语言技巧		161
微课07	处理顾客关系的方法（下）		56	微课15	肢体语言技巧		169
微课08	让顾客满意的策略		57				

CONTENTS
目录

第一章 1

揭开面纱　纵览全景
——认知公共关系

案例导入

北京冬奥会中的负责任大国形象

习近平总书记对于我国国家形象的塑造进行过清晰明确的阐述，他指出要着力展示我国坚持和平发展、促进共同发展、维护国际公平正义、为人类作出贡献的负责任大国形象。此次北京冬奥会的策划、筹备与实施也紧密围绕国家形象的塑造目标有序展开。

首先，为确保“绿色、共享、开放、廉洁”办奥理念的贯彻实施，北京冬奥组委会同相关方面联合研究制定了《北京2022年冬奥会和冬残奥会可持续性计划》，从环境正影响、区域新发展、生活更美好三个方面制定119条具体措施。作为世界上首个“双奥之城”，北京积极探索场馆的赛后利用这一世界性难题。2008年奥运会的开闭幕式场馆——国家体育场将继续成为此次冬奥会的开闭幕式场馆；国家游泳中心“水立方”在冬奥会期间将变身“冰立方”，作为冰壶和轮椅冰壶的比赛场地。北京奥运会的土地遗产更是被充分运用，2008年的临时场馆“曲棍球场”被建设为本届冬奥会的国家速滑馆“冰丝带”，成为践行可持续发展理念的生动案例。

其次，为实现北京冬奥会的低碳目标，所有场馆都达到了绿色建筑标准，四个冰上场馆都使用了新型二氧化碳制冷剂，建成超过5万平方米的超低能耗示范工程，比赛时全部场馆常规能源百分之百使用绿电。同时，积极构建低碳交通体系，节能与清洁能源车辆在冬奥车辆中占比超过八成。此外，充分运用世界领先科技的京津冀500千伏柔性直流电网，将张家口赛区和延庆赛区的清洁能源储备以极小的损耗输送到三个赛区的所有场馆。

最后，北京冬奥会积极拓展碳补偿渠道，北京和张家口两地政府将林业碳汇捐赠给北京冬奥会，中国石油、国家电网、三峡集团也为北京冬奥会赞助了碳中和产品，北京冬奥会全面实现了碳中和理念。

问题： 1. 北京冬奥会属于公共关系活动吗？

2. 北京冬奥会对塑造我国国家形象起到了哪些作用？

学习目标

知识目标： 熟悉公共关系的含义及特征，了解公共关系的历史沿革，并能以古鉴今，与时俱进；熟练把握我国公共关系的发展历程及未来走向。

能力目标： 掌握公共关系的基本方法、原则、职能及构成要件，能联系实际辨别公共关系事件。

素养目标：树立正确的公共关系意识和现代公共关系理念，培养良好的公共关系思维习惯。

开篇导读

要学好公共关系理论与实务，首先要掌握公共关系的基本理论，如公共关系的含义、主要目标与内容，公共关系的基本方法、特征、原则与职能等。为了进一步理解公共关系的含义，还要分析公共关系与宣传、广告、市场营销、人际关系的联系和区别；同时还要了解公共关系产生与发展的历史，从而明白公共关系产生的原因与条件。把握当代公共关系的发展趋势以及我国公共关系事业的发展。

微课01　揭开公共关系的神秘面纱

第一节　公共关系的基本理论

引导案例

《紧急公关》带你领略公关的魅力

在全民互联网时代，公关扮演着愈发重要的角色，因为企业或公众人物一旦出现负面新闻，瞬间就会在互联网发酵，成为一大危机。随着公关行业的火热，以公关为对象的职场剧也多了起来。继《完美关系》后，又一部比较重磅的公关题材职场剧《紧急公关》于2021年播出。

该剧涉及的每一个公关案例，都有很强的时代特征，比如航空公司因超售暴力驱赶乘客，让我们想起2017年美联航因超售暴力驱赶亚裔乘客的事件；公司辞掉罹患癌症的员工，在现实生活中也曾出现过；除此之外还有酒店服务员性侵女住客、企业之间的商标纠纷、格斗冠军家暴妻子等案件。这些案例让观众领略了公关的魅力，有现实感也有话题性。与此同时，《紧急公关》还向观众展示了公关公司团队的基础人员配置，例如舆情监控员、媒介经理、客户经理等。在公关手法方面，该剧也呈现了找媒体撤稿、劝说CEO引咎辞职、转移舆论压力、开出赔偿金与受害者达成和解等公关公司在处理危机事件中常用的手段。可见，公关的第一要务是维护公众的利益，而不是“忽悠”公众；公关是乙方，是解决麻烦的人，而不是甩脸色的人。一直以来，公关行业都是一个具有争议的行业，《紧急公关》试图通过一个个独立的危机事件让公众对公关行业进行更深刻的了解。

问题：**公共关系究竟是研究什么的学科？在充满竞争和变数的社会环境下，各类组织为什么越来越需要公共关系？**

公共关系是社会关系发展史中的一个环节，人们正在逐步揭示它的本质、特征和发展规律，也意识到它的重要作用和地位。商业越发达，公关越重要。在社交媒体时代，公关造就品牌。

一、公共关系的含义

公共关系一词是从英文“Public Relations”（缩写为PR，简称“公关”）翻译过来的。公共关系是一门正在发展中的新兴学科，而且涉及不同的学科领域和不同的实践领域，由此形成了对公共关系定义的众多说法。随着公共关系理论研究的深入，在我国也逐渐形成了形象学派、协调学派、传播学派、管理学派等不同学派。不同学派从不同的角度去揭示公共关系的本质属性，虽然都有其合理性，但在对公共关系定义的表述上则显得五花八门。

通过对众多公共关系定义的借鉴以及对公共关系特征的概括，本书认为：公共关系是社会组织通过形象塑造、传播管理、利益协调等方法，提高组织的认知度、美誉度、和谐度，促成社会组织与其相关公众良好合作并和谐发展的科学和艺术。为了进一步理解公共关系的定义，我们有必要认识公共关系的构成要素，公共关系工作的目标、基本方法和内容。

1. 公共关系的构成要素

公共关系的构成要素主要包括以下三个，也称作“公关三要素”。

（1）社会组织。社会组织是指人们为了有效地达到特定目标，按照一定的宗旨、制度、系统建立起来的共同活动集体。它有清楚的界限、明确的目标，内部实行明确的分工并确立了旨在协调成员活动的正式关系结构，比如政党、政府、企业、学校、医院、各种社团等。

社会组织是公共关系的主体。它是公共关系中处于主动地位的一方。

（2）媒介。媒介是指使社会组织与公众发生联系的人或事物。

人通过语言、行动表达思想和情感，传递信息，使社会组织与公众建立和发展关系。

事物包括为建立和协调公共关系所开展的活动，使社会组织与公众发生联系的物品、符号、标志、图画、图像等。在现代社会，报刊、电视、广播、网络等已成为非常重要的公共关系媒介。

（3）公众。公众是指与社会组织相关的有共同利益需求的个人、群体、组织集合而成的整体。社会组织的员工、顾客、合作者、竞争者、社区居民、社会名流等都是重要的公众。公众构成了社会组织生存和发展的社会环境。

公众是公共关系的客体。它对社会组织产生制约和影响，是社会组织认识、作用的对象。

社会组织通过媒介作用于各类相关公众，各类相关公众对社会组织产生认知，表示赞誉，与社会组织进行合作，从而形成互助互利、和谐发展的关系。

2. 公共关系工作的目标

公共关系工作的目标是指社会组织通过一系列工作，以期达到的树立组织形象、与公众取得和谐的状态。具体来说，公共关系工作有认知度、美誉度、和谐度三大目标。

（1）认知度。认知度是指一个社会组织被社会公众所认识、知晓的程度，它包含被认识的深度和被知晓的广度两个方面，例如，一个企业的名称、法人代表、历史沿革、行业归属、主要产品、产品商标、产品特征、经营状况等诸多具体信息在多深的程度上被公众所认识，在多大范围内被公众所知晓，合起来则为这个企业的认知度。

认知度与我们常说的知名度相比内涵更为丰富，它不仅指组织的名声在多大范围内被公众所知晓，而且指组织有多少信息被公众所认识。一般来说，公众如果只闻其名，即“知名”，对组织的意义并不是很大；而在知名的基础上，公众对组织的认识越多、越深，对组织的意义或作用就越大。社会组织开展公共关系工作，其目标之一就是追求拥有较高的认知度。

（2）美誉度。美誉度是指一个社会组织获得公众赞美、称誉的程度，是组织形象受公众给予美丑、好坏评价的舆论倾向性指标，是一种对组织的道德价值评判。

由于不同的社会组织其道德价值的体现有所不同，其美誉度的确定也就应分解为不同的内容。如生产性企业美誉度内容可分解为产品评价、服务评价、贡献评价、文化评价等，政府机关美誉度内容可分解为政绩评价、服务评价、民主建设评价、廉政建设评价等。

（3）和谐度。和谐度是指一个社会组织在发展运行过程中，获得目标受众态度认可、情感亲和、言语宣传、行为合作的程度。和谐度与美誉度一样，也属于对组织道德价值评判的范畴。

在客观世界，关系无所不在，而关系的最佳境界就是和谐。和平共处、和谐发展，是处理各种各样社会关系的最基本准则。可以说，公共关系学就是为求取组织与其公众关系的和谐应运而生的。显然，和谐度是在认知度、美誉度基础上的必然延伸，是组织最为关心的一个目标。

3. 公共关系工作的基本方法

社会组织要提高自身的认知度、美誉度、和谐度，有各种各样的方法。公共关系工作的基本方法有形象塑造、传播管理、利益协调三种。

（1）形象塑造。组织形象是指社会公众对一个组织综合认识后形成的印象和评价。组织形象对社会组织来说至关重要。在现代社会中，一个组织的形象如何，会直接影响组织的生存和发展。特别是对企业而言，拥有了良好的组织形象，才能赢得公众的支持，才能拥有市场，从而获得源源不断的利润，在激烈的市场竞争中立于不败之地。就公共关系工作来说，形象塑造也是一个社会组织提高其认知度、美誉度、和谐度的先决条件。社会组织只有通过开展组织形象的定位与设计、建立与推广、巩固与矫正等工作，做好社会组织的实力形象、文化形象、人才形象、品牌形象等各方面的形象塑造工作，才能赢得公众的信任、支持与合作，从而使组织得到和谐发展。

（2）传播管理。传播管理是指社会组织为了提高自身的认知度、美誉度、和谐度，对借助传播方式所开展的传播活动进行计划、组织、指挥、控制和监督等一系列活动的总和。从传播管理的内容来说，有对公共关系宣传活动，如开放参观、展览展销、新闻发布会、记者招待会、公共关系广告等的管理；也有对公共关系一般活动，如联谊活动、庆典活动、赞助活动等的管理。从传播管理的任务来说，在组织发展的不同阶段应有明显的区别。如在组织创建的初始阶段，传播的主要任务是为组织造声势，吸引公众的注意力，培植公众对组织的善意和信任，争取在公众中树立良好的第一印象；在组织发展的兴盛阶段，传播工作应居安思危，从长远着眼，从实际出发，通过持久的努力扩大组织的社会影响力，巩固和完善良好的组织形象；在组织发展的危难时期，传播工作对内应稳定民心、查找原因，对外应尽快消除公众对组织的疑虑、猜忌、误解或怨恨，澄清事实真相，尽快扭转局势。

（3）利益协调。公共关系的协调既可反映社会组织与其公众之间的关系处于和谐状态，又可表明社会组织为争取公众的支持与合作而开展的各种协调关系的工作。和谐的公共关系环境，是实现社会组织的目标与可持续发展的必要条件；做好公共关系的协调是建立和谐公共关系环境的根本保证。公共关系协调有利益协调、态度协调、行为协调等诸多内容，其最基本、最关键的是利益协调。社会组织在协调组织内部员工关系、股东关系和协调组织外部顾客关系、社区关系、政府关系、新闻媒介关系的过程中，必须认清各自的利益需求，把握相互之间利益的结合点，调整利益目标，促进互惠互利。可见，利益协调是赢得和谐公共关系状态的基本途径，也是公共关系工作的基本方法。

4. 公共关系工作的内容

公共关系工作的内容一般可划分为以下三个层次。

（1）开展业务专题活动，包括接待、交往、宣传、服务、促销、文化和危机管理活动，分别称为接待型公共关系工作、交往型公共关系工作、宣传型公共关系工作、服务型公共关系工作、促销型公共关系工作、文化型公共关系工作和危机管理型公共关系工作。这是公共关系工作中最基本、也是最低层次的内容。

（2）塑造社会组织的整体形象，即导入、推行CI战略。这是公共关系工作中较高层次的内容。CI是英文“Corporate Identity”的简称，意思是企业识别。CI战略就是从经营哲学、组织文化、员工工作规范、礼仪要求、营销战略、广告宣传、文化仪式乃至建筑物外观设计等方面，对社会组织进行全方位的形象规划和包装，以内在统一、外观一致的手法强化社会组织的整体形象，从而有效地塑造良好的组织形象。

（3）充当社会组织的高层次智囊角色，为各类组织提供公共关系顾问、诊断、咨询和策划服务。这是公共关系工作中最高层次的内容。由于工作涉及面广，要求比较高，一般的公共关系人员是无法胜任的。但是，从发展趋势来看，这也是公共关系工作的一项基本业务，表现为咨询型公共关系。

二、公共关系的基本特征

1. 客观性

公共关系是不以人的意志为转移的客观存在，普遍地存在于社会组织的环境中。任何社会组织的生存与发展都离不开公共关系的影响和制约，也都毫不例外地有意或无意地在进行公共关系工作，以维护和改善现有的公共关系状态，塑造良好的社会组织形象。

2. 公开性

公共关系主张社会组织与社会公众的双向沟通，即通过提高社会组织的透明度，来增进社会公众对组织的了解、理解、支持与合作。同时，公共关系活动是在法律、法令和政策允许的范围内进行的，以公开的手段、方式和效果宣传组织的方针、政策和行为，以实现公共关系目标。

3. 艺术性

社会组织面临的社会公众复杂多变，拘泥于一种公共关系模式，无法适应复杂多变的公众需求，即使同一公众在不同的时期，其需求也有区别。因此，有效的公共关系活动必然蕴含着创造性的思维，采取针对性的模式和技巧性的方式方法。我们应该在科学的理论和原则指导下讲究具体的方式方法和策略性、技巧性，以其艺术的形式和手段达到最佳的客观效果。

4. 情感性

公共关系从本质上说是社会组织与社会公众之间关系的综合表现，但又在一定程度上表现为人与人之间的关系与交往。由此，情感因素渗透于公共关系的全过程，甚至左右着公共关系活动的进程。公共关系强调以信任他人、关心他人为宗旨，在其活动中重视情感上的沟通、联结、融洽，创造良好的组织氛围。从这一点来看，有人把公共关系活动比作感情投资是不无道理的。

5. 战略性

公共关系的基本方针是着眼于长期打算，着手于平时努力。任何一个组织要建立和巩固良好的社会形象，都不是一朝一夕、一蹴而就的事情，必须付诸系统、全面、有计划、连贯、坚持不懈的艰苦努力和扎实的公共关系工作。试图一次活动就能立竿见影，是不符合客观实际的。同时，公共关系要求理顺长远利益与眼前利益、整体利益与局部利益、大型利益与小型利益的关系，依据组织的长远利益、整体利益、大型利益规划公共关系活动和公共关系过程，达到处理好公共关系的目的。

三、公共关系的基本原则

1. 真实性原则

真实性原则是指社会组织的公共关系工作要以事实为基础，据实、客观、公正、全面地传递信息，反映情况。具体来说，就是要尊重事实、不掩饰、不夸大也不缩小；在调查研究的基础上，客观地反映现实，不以主观想象代替客观事实；对事实采取公众可接受的立场，不袒护、不推诿。

2. 平等互利原则

平等互利原则是指社会组织与公众平等相处，共同发展，利益兼顾。公共关系是为组织的既定目标和任务服务的，但这种服务要以一定的道德责任为前提，以利他的方式“利己”，既要对组织负责，又要对公众负责。只有“利他”才能“利己”，公共关系强调主体与客体的平等权利和义务，尊重双方的共同利益和各自的独立利益，信守组织与公众平等互利、共同发展的坚定信念。

3. 双向沟通原则

双向沟通原则是指一个组织在开展公共关系活动时，组织与公众互相传播、接收、反馈对方的信息，如对话、讨论等，从而使组织与公众互相影响、互相启发，最后达到相互信任。组织与公众之间建立良好的公共关系过程，实质是组织与公众之间相互适应的过程，亦即信息交流和信息反馈修正的过程。双向沟通的原则，不仅立足于信息的相互交流，更注重情感的相互沟通。

4. 整体一致原则

整体一致原则是指从社会全局的角度，审视公共关系工作，评价其经济效益，明确自身的责任和义务，以符合公众的长远利益和根本利益。一个社会组织要保证自己的长远利益，求得自身的稳定发展，就必须取得社会公众和其他社会组织的支持与合作，顾及社会整体利益。公共关系整体一致原则的具体体现就是社会组织对公众负责、对社会负责。

5. 全员公关原则

全员公关原则是指组织的公共关系工作，不仅要依靠公共关系机构和专职公共关系人员的努力，还有赖于组织各部门的密切配合和全体员工的共同关心与参与。这就要求组织的全体成员都要树立公共关系意识，共同关注并参与公共关系工作。因为建立、维护和发展组织的良好公共关系状态不是个人的事，也不是单一部门能够完成的工作。每一个成员与外界交往时，都是组织形象的宣传载体，他们的活动都体现组织的整体形象和风貌。因此，组织的每位成员都必须注意自己的形象，从而维护组织形象。

6. 长期坚持原则

公共关系工作是一项长期的、持久的任务，任何组织良好形象的形成都是建立在长期努力的基础上的。成功的组织在开展公共关系活动时，总是着眼于未来，以长远的眼光来确定目标，并制定战略和政策。当然，随着社会经济、文化的发展，公众的价值观和需求也必然会发生相应的变化，对组织形象的评价标准也会不断变化，期望值也会越来越高。社会组织必须不断地改造和更新自身的形象。

拓展阅读

公共关系工作原则的“二十互”

互联互访：互相联系，互相访问；
互通互知：互相沟通和交流，互相了解和知晓；
互尊互信：互相尊重，互相信任；
互忠互爱：互相忠诚，互相珍惜和爱护；
互勉互享：互相勉励，互相分享对方的快乐；
互悦互融：互相取悦对方，彼此融合和调和；
互补互助：互相补充，互相帮助；
互惠互利：互相给予对方优惠和好处，互相有利于对方；
互谅互让：互相谅解，互相谦让；
互赢互荣：彼此都获得利益，大家共同繁荣发展。

四、公共关系的基本职能

公共关系的职能是指公共关系在组织中应发挥的作用和应承担的职责。从根本上讲，公共关系的职能就是调动一切可以调动的力量，运用各种手段，塑造良好的组织形象，赢得良好的生存环境，促进组织的生存发展，使组织在激烈的竞争中取胜。公共关系的基本职能可概括为收集信息、咨询建议、沟通协调、塑造形象和教育引导。

1. 收集信息

只有及时、准确地收集信息，才能使组织了解环境、监视环境、反馈舆论、预测趋势、评估效果，以帮助组织对复杂多变的公众环境保持高度的敏感性，维持组织与整个社会环境之间的动态平衡。

2. 咨询建议

咨询建议是公共关系最有价值的基本职能之一，故公共关系也被称为“咨询业”或“智业”。公共关系咨询建议就是指公共关系专业人员向决策层和各管理部门提供有关公共关系方面的意见和建议，从而使决策更加民主化、科学化、系统化，促进组织形象更加完善，与公众的关系更加和谐。其具体内容包括：关于企业奋斗目标的咨询、对社会组织及其产品形象的咨询、对社会组织知名度和美誉度方面的咨询、关于公众心理的咨询和预测。

3. 沟通协调

公共关系活动的过程，主要就是组织与公众之间进行传播与沟通的过程。通常，社会活动中所讲的“沟通”是指信息的往来传递；“协调”是在沟通的基础上，经过调整达到“彼”与“此”的和谐平衡与共同发展。公共关系中讲的沟通协调是组织与其公众在信息传递的基础上相互认识，并据此调整其中的不合理因素，对内以提高组织的向心力、凝聚力，对外以争取公众的好感与支持，为组织的生存和发展奠定“人和”的基础。

4. 塑造形象

公共关系中的组织形象，就是指公众对社会组织的整体印象和评价，是社会组织的表现和特征在公众心目中的反映。良好的组织形象，对于社会组织来说，是一笔无形的财富。良好的组织形象可以使社会组织获得更好的发展条件和发展环境；可以为社会组织的各种服务和产品创造出优良的营销环境；可以为社会组织吸引人才、集中人才提供优越的条件；有助于社会组织寻求可靠的原材料和能源供应客户，增加投资者的信心，求得稳定而优惠的经销渠道，增进周围地区对组织的了解。

5. 教育引导

公共关系的教育引导职能主要反映在两个方面：一是对组织员工素质的培育和提高。公共关系的一个职能就是传播公共关系意识，传播公共关系的思想和技巧，进行知识更新。通过公共关系活动，可以培养和提高员工各方面的素质和才能。二是对公众进行教育和引导。人们常说“公众永远是对的”，这是从服务的角度将“正确”让给对方；但客观地讲，公众不可能永远正确，而是需要加以引导的。这种引导主要体现在公共关系活动对社会互动环境和社会心理环境的优化上。

五、公共关系的界定

微课02 如何准确区分公共关系、推销和广告

虽然公共关系理论传入我国已有几十年的历史，但许多人对它的性质、功能、手段等还只是一知半解，因此在使用公共关系这一概念或开展公共关系工作时，往往会出现许多偏差和错误，所以有必要将公共关系与其相关的其他社会现象进行区分，才能使公共关系朝着正确的方向发展。

1. 公共关系与宣传

宣传是社会组织为了取得公众对其实施的政策、行动的理解和支持而采取的一系列活动。公共关系要塑造组织形象，扩大组织影响，引起公众的注意进而引导公众的行为，也要开展宣传活动，并要利用人们在宣传活动中积累的各种理论、经验、技术和技巧；同样，宣传活动为了适应现代社会的发展，也要不断吸收公共关系的新内容、新方法，才能把宣传工作建立在更加科学的基础上，才能不断提高宣传效果。两者的区别有以下四点。

（1）形成历史不同。宣传活动是伴随着古代文明社会的产生而出现的一种社会行为；公共关系则是现代社会的产物。

（2）活动内容不同。宣传活动的全部工作都围绕“说”下功夫；公共关系的全部工作不仅要在“说”上下功夫，而且更要重视在“做”上下功夫。

（3）工作准则不同。宣传活动既可奉行实事求是的准则，也可奉行以公众的主观感受为重的准则；公共关系则只能奉行尊重事实、实事求是的准则。

（4）行为特征不同。宣传活动偏重于单方面诱导式的影响、灌输；公共关系则必须注重双向的交流和沟通。

2. 公共关系与广告

广告是通过付费购买或使用传播媒介，以对产品、服务及某项行动的意见和想法进行推销宣传的活动。公共关系常常借助广告的形式实现信息的传播，在建立组织形象时，广告也常常借助公共关系去增强其说服力，但公共关系绝不等同于广告。公共关系与广告之间的区别主要体现在以下几个方面。

（1）行为导向不同。广告以销售产品、服务，引起公众的购买行动为导向，它注重的是产品、服务的讲解和宣传；公共关系以实现组织与公众的双向交流和沟通为导向，它注重的是组织形象的介绍和宣传。

（2）使用范围和活动领域不同。广告一般是被工商企业组织所采用，而且在工商企业中，是属于销售经营的局部性工作；公共关系可以在各类组织中得到应用，并且是涉及组织各个环节的全局性管理工作。

（3）传播信息的原则和特征不同。广告传播信息的原则是引人注目，形成互动效应，为此它往往进行不加掩饰的自我宣传，有明显的倾向性、渲染性和夸张性；公共关系传播信息的原则是客观真实、实事求是，强调要在信息传播中体现真情、真意，以客观、公正的态度向公众介绍组织的情况和面貌。

拓展阅读

广告是风，公关是太阳

（1）广告是风，公关是太阳；

（2）广告是三维的，公关是线性的；

（3）广告采用大爆炸的方式，公关采用缓慢建立的方式；

（4）广告是可视的，公关是语言的；

（5）广告影响所有人，公关影响某些人；

（6）广告是指向自身的，公关是指向他人的；

（7）广告偏爱延伸产品，公关偏爱新品牌；

（8）广告喜欢旧名字，公关喜欢新名字；

（9）广告是滑稽的，公关是严肃的；

（10）广告是品牌维护，公关是品牌塑造。

3. 公共关系与市场营销

市场营销是指工商企业为满足消费者的需要，把商品和服务从生产领域和流通领域转移到消费者手中的一切经营管理活动。在实践中，许多企业将公共关系作为重要的促销策略，借助公共关系与消费者进行情感沟通，使得传统的“硬性推销”向现代的“软性推销”转变；同时，公共关系的许多具体活动也要与营销的具体活动结合在一起。例如，组织形象的宣传往往与组织生产经营的商品和服务的宣传联系在一起，组织与公众的良好关系往往要通过组织向公众提供的优质商品和服务才能得以实现。但公共关系与市场营销之间有明显的区别。

（1）应用范围不同。公共关系的应用范围比市场营销要广得多。市场营销是企业独有的一种经济活动，而公共关系应用于包括企业在内的一切组织；在企业中，市场营销只是企业经营管理的一个方面，而公共关系贯穿于企业管理的全方位、全过程；市场营销的对象主要是消费者，而公共关系的对象除消费者之外，还有政府公众、社区公众等。

（2）任务不同。市场营销的任务只是销售商品和服务，公共关系的任务则是协调组织与公众的关系。

（3）着眼点不同。市场营销的着眼点主要是组织的经济效益。公共关系的着眼点既有组织的经济效益，又有组织的社会效益。当这两种效益发生冲突时，公共关系会从组织的长远利益着眼，往往更注重组织的社会效益。

4. 公共关系与人际关系

人际关系是依赖某种媒介并通过个体交往而形成的人与人之间的关系。公共关系与人际关系联系紧密，因为组织内部的联系，主要是个人与个人之间的联系；组织与组织之间的联系也往往表现为一个组织中的若干人与另一个组织中的若干人之间的联系。公共关系实务工作除了运用大众传播的手段，还常常通过人际沟通来进行。公共关系是以人际关系为基础的，良好的人际关系有助于组织内部环境和外部环境的和谐与发展。但公共关系与人际关系是有明显的区别的。

（1）目的不同。公共关系的目的是为组织在社会公众中树立良好的形象，建立组织与社会公众之间的良好合作关系；人际关系的目的是为个人结良缘、交朋友，是为了满足个人的心理需要，建立个人与个人之间和谐的人际环境。

（2）结构不同。公共关系的主体是社会组织，在组织与公众的交往中实现的是组织的宗旨，体现的是组织的价值观念、行为规范；其客体对象公众也是一个整体概念，即使是通过人际交往的形式来实现的公共关系，构成关系的主客体仍然是两个集合体。而人际关系则是个人与个人之间的关系，关系的主体与客体都是个体，实现的是个人的意愿、个人的目的，体现的是个人的价值观念和行为规范。

（3）沟通方法不同。公共关系尽管也需要人际沟通的手段，但它主要是运用大众传播和群体传播的技术和方法，如报纸、电视、广播，或召开记者招待会、大型集会等。人际关系则以自己的言行举止为媒介，采用面对面直接交谈的形式，或借助电话、书信等技术和方法。

总之，公共关系不是人际关系，它要比人际关系复杂得多。因此，在开展公共关系工作时，不能把它当作人际关系来处理；即使是以个人身份出现，也必须增强自己的角色意识，要通过个人之间的关系，将组织与公众联系起来。

课堂思考

从恋爱角度辨析公共关系、推销与广告的不同

如果小伙子对姑娘大献殷勤，竭力表白自己如何喜欢她，这是采用（　　）方式在恋爱；如果小伙子精心打扮、修饰自己的容貌，并在姑娘面前表现得谈吐不俗、举止文雅，这是采用（　　）方式在恋爱；如果小伙子认定目标、制订计划、埋头苦干，以成绩获得他人对自己的优良评价，并把这种优良评价通过他人传播出去使姑娘知道，从而使姑娘对小伙子产生尊敬之情并逐渐转变为爱慕之意，这是采用（　　）方式在恋爱。

A. 推销　　B. 广告　　C. 公共关系

第二节 公共关系的产生与发展

引导案例

人民需要什么，五菱就造什么

2020年，五菱凭实力再次出圈。2020年年初突发疫情，口罩一时间成为紧缺物资。于是，上汽通用五菱于2月开始改造生产线转产医用口罩，并且提出了“人民需要什么 五菱就造什么”的口号（见图1-1）。上汽通用五菱生产口罩一事，瞬间在社交媒体发酵，并登上微博热搜榜。2月15日，央视新闻联播报道《战疫情 中国制造跑出加速度》，点赞上汽通用五菱仅用了三天时间就完成了10万级无尘车间改造、设备安装调试等一系列工作，并取得了民用防护口罩的研发、生产、销售资质。5月开始，地摊经济逐渐火热，甚至掀起一股全民摆摊的风潮。五菱看到了商机，6月2日，“五菱专用车”公众号发布文章《五菱翼开启售货车——地摊经济的正规主力军！》，推出“地摊神器”五菱荣光翼开启售货车（见图1-2），一上线就销量火爆，订单甚至排到一个月后。网友对此评价“真的人民需要什么，五菱就造什么”。6月3日，港股五菱汽车午后大幅拉升，最高涨幅达126.13%，报0.45港元/股。

五菱口罩让世界见证了中国速度，也见证了民族企业的担当。有付出就会有回报，上汽通用五菱为抗击疫情做出的努力贡献，也使其收获了满满的人气和口碑，五菱也成了公众心目中的民族之光。

图1-1 五菱口号

图1-2 五菱荣光翼开启售货车

问题：五菱在疫情期间的一系列举动说明了什么？

社会关系总是随着人类文明的发展而不断演化。公共关系是工业文明时期市场关系的产物。学术界对现代公共关系表现出极大的关注和热情。要理解、掌握、运用好现代公共关系，就必须懂得公共关系的产生原因与发展趋势。

一、公共关系的萌芽阶段

现代公共关系作为一种明确的观念和一门学科产生于20世纪初，但作为一种社会关系，它的孕育时间却相当漫长。

关于国外公共关系的起源，有一种观点认为，公共关系的最早起源应追溯到古希腊、古罗马时代。认为当时古希腊的王公贵族就开始或利用顺口溜、诗歌等形式来赞美自己，或者培训专门的游说者到平民中游说，从而形成社会舆论。亚里士多德在他的《修辞学》一书中，要求人们使用语言要动感情，要有可信性。于是，有的学者认为，这部书是最早的“公关语言艺术专著”。

我国的古人在公共关系思想观念的孕育过程中，也曾做出过杰出的贡献。例如，中国人长期注意“礼”，既讲究以“礼”待人，也讲究以“礼”治邦。“礼”与“仁”“义”等观念一起被看成是封建统治者治国安邦的重要基石。管仲曾把“礼、义、廉、耻”看成维持国家稳定的四根支柱。“礼、义、廉、耻，国之四维；四维不张，国乃灭亡。”在这些思想中，不能不说已经具有“形象意识”“公众意识”的萌芽。又如，中国人历来讲“和”，“和”作为个人社交、组织交往的哲学思想，实际上既含有“公众”观念，又含有“互利”观念。在天时、地利、人和这三大成事条件中，“和为贵”的思想与现代公共关系中的“内求团结、外求发展”的观念具有一致之处。再如，《国语·周语》中提出“防民之口，甚于防川”的观念，实际上从反面肯定了“舆论”的重要性。孟子的“君轻民重”的观点，无疑是对“公众”的重视。明末，李自成领导的农民起义能取得阶段性的胜利，与起义军注意用“舆论”引导“公众”是分不开的。起义军每到一地，都要张贴“开城门，迎闯王，闯王来了不纳粮”一类的标语、口号，争取群众的支持和拥护。这样的例子还有很多，研究这些例子所反映的思想观念，对于我们今天建构有中国特色的公共关系学说无疑具有十分重要的现实意义。

二、现代公共关系的产生与发展

现代公共关系是在特定的社会政治、经济、文化、科技等条件下产生的，并随着这些社会历史条件的变化而不断发展。现代公共关系的发展大致经历了以下四个历史时期。

1. 巴纳姆时期

有组织的公共关系活动发端于19世纪中叶在美国风行一时的报刊宣传代理活动。当时的一些政治组织和公司企业发现用报刊宣传自己的主张、美化自己的形象有意想不到的效果。于是纷纷用一些记者和与新闻界有关系的人员为本组织展开宣传，挖空心思想“制造新闻”。在这方面最为突出的人物是费尼斯·巴纳姆。这一时期的报刊宣传活动已带有一定的组织性和较为明确的目的性，其范围也从政治领域、思想宣传领域扩大到经济领域。

2. 艾维·李时期

1903年，美国人艾维·李在美国开办了世界上第一家“宣传咨询事务所”，成为第一位为客户提供现代公共关系咨询并收取费用的职业公共关系人员。艾维·李也被世人看作“现代公共关系之父”。他的公关实践活动以及他在1906年发表的《原则宣言》被看作是现代公共关系的历史开端。

《原则宣言》的核心内容就是向公众讲真话。艾维·李认为：企业唯有将真实情况告诉公众，才能赢得好声誉。正是这种向公众讲真话和公众第一、从长远出发的思想为现代公共关系学说打下了良好的观念基础。

艾维·李不仅有自己独特的公关观念和理论观点，而且身体力行，用自己的实践向世人证明现代公关观念的合理性、正确性，使公共关系在社会上引起了强烈反响。他曾先后为被揭丑而陷入窘境的洛克菲勒财团，为企图塑造自身形象的美国电话电报公司、公平人寿公司、铁路公司等充当过公关顾问或公关代理人。

拓展阅读

艾维·李的公关思想与公关实践

艾维·李的公关思想核心是“说真话”。他认为，一家企业或公司只有将本身的真情实况告诉公众才能赢得好的声誉，如果被披露真相对自身的生存和发展不利，那就应该及时调整或转变自身的行为。艾维·李的公关信条是：凡有益公众的事业，最终也将有益于企业或组织。艾维·李的公关实践主要包括：

（1）成功帮助洛克菲勒财团摆脱困境。艾维·李公关咨询事务所的第一个大客户就是洛克菲勒财团，该财团当时被人称为“强盗大王”，企业内外的公众都怨恨洛克菲勒，美国罢工运动更使其发展受挫。在此情况下，洛克菲勒求助于艾维·李，艾维·李劝洛克菲勒认真调查造成罢工的原因，将真相公之于众，并请工人代表与资方一道协商解决劳资纠纷。此外，他还建议洛克菲勒一方面提高工人的薪金及福利，另一方面多从事一些社会公益事业，如建学校、图书馆、医院等。在采取了一系列措施之后，洛克菲勒财团改变了形象，摆脱了困境。

（2）成功帮助处理了1906年宾夕法尼亚州的铁路事故。一开始，铁路公司想把事情的真相隐瞒下来，但艾维·李认为媒体越来越发达，事实是瞒不住的。于是，在征得铁路公司的同意后，他立即赶到出事地点，并组织记者也尽快赶到，向他们介绍真实情况，回答他们的提问，尽可能为他们的工作提供方便。他建议认真查清发生这次事故的原因，对死难者家属进行赔偿，对受伤者给予全面的医治。新闻记者不仅报道了事故，同时也报道了一系列善后措施。铁路公司惊奇地发现，公开的报道不仅没有对公司发展造成不利，反而使公司获得了前所未有的同情和关注。

3. 爱德华·伯内斯时期

艾维·李作为公共关系的创始人，虽然提出了一系列独创的思想观点或观念，但是由于当时历史条件的限制和个人精力的局限，还没有形成比较系统严密的公共关系理论。完成公共关系理论体系奠基任务的是美国著名的公共关系顾问爱德华·伯内斯。

爱德华·伯内斯曾于1913年就任美国福特汽车公司的公关部经理，后来在纽约开办了一家公关公司，并致力于公共关系的理论研究。1923年，出版了他的第一本公共关系学专著《公众舆论的形成》。书中不仅明确提出了“公共关系咨询”这一概念，而且还解释了它的作用。他认为公关咨询能帮助企业执行合乎社会要求的政策，能为企业赢得公众的好感和支持。就在这一年，他开始在纽约大学讲授公共关系课程。1925年，伯内斯总结了自己的实践经验和教学成果，写成了《公共关系学》教材。1928年，又出版了一本公关新著《舆论》。至此，伯内斯的公共关系理论逐渐趋于成熟和完善。

爱德华·伯内斯对现代公共关系的重要贡献主要表现在：使公共关系活动职业化；使公共关系摆脱了对新闻界的从属性；使公共关系的技巧、方法现代化；初步建立了现代公共关系的理论体系；强调了舆论以及通过投其所好的方法和通过宣传引导舆论的重要性，“投公众所好”是公共关系的立足点，使公共关系观念有了科学的含义；主张获得公众的谅解与合作应当成为企业公共关系的基本信条。爱德华·伯内斯的以上贡献，使他享有公共关系先驱者的美誉。

4. 卡特利普和森特时期

自艾维·李和爱德华·伯内斯之后，公共关系首先在英、美等国得到了发展。第二次世界大战之后，公共关系在欧美国家得到快速发展。

美国公共关系专家卡特利普和森特，于1952年出版了一系列公共关系专著，并提出了著名的“双向对称型”（也称“双向传播”）理论。这一理论认为：一个社会组织必须同时顾及自身与公众的利益，保持双向沟通与对称平衡。一方面，组织应把自身的想法和信息传播给公众；另一方面，组织应接纳来自公众的想法和信息，只有这样，组织才能获得最佳生存环境。

三、当代公共关系的发展趋势

1. 理论基础越发成熟

公共关系逐渐发展成为比较成熟的以“公共关系学”为标志的社会意识形态。在经历了众多学者的不懈探索之后，公共关系的学术基础已经基本趋于成熟。公共关系活动已不再是一种自发的社会行为，而是一种有理论指导的自觉行动。不仅如此，公共关系的职业准则、职业内容等正在趋于标准化、统一化和国际化。

2. 公共关系工作职业化

公共关系从最早的由个别新闻工作者或其他职业者从事的“兼职”活动，逐渐发展成为一种热门职业。各国以此为职业的人数迅速增长，独立的公关机构也越来越多。

3. 公共关系主体社会化

公共关系的主体最早仅限于企业，甚至仅限于企业中的工商企业，后来逐渐扩展到政府。现在，公共关系已经扩展到事业单位、团体组织、军队等一切有社会组织存在的领域，使公共关系的主体实现了多元化、全方位化、社会化。

4. 公共关系技术手段现代化

公共关系已经成了现代传播、信息、控制、电子等技术领域的实验场。在战争年代，这些领域的发展应用主要受军事的影响和制约。在和平发展时期，公共关系为这些领域提供了良好的发展机遇；同时，它们也为公共关系的发展创造了必不可少的条件。随着公关从业人员的增多，公关领域内的竞争日趋激烈，公关机构已经成了人才聚集之地。为了组织的形象，为了自身的生存与发展，激烈的竞争促使公关人员高招频出，技巧运用日臻成熟，公共关系活动的成功率大为提高。

拓展阅读

微博公关的注意事项

（1）企业和CEO要有官方微博；
（2）为开展公关活动可以开设专门的官方微博；
（3）推广的产品或企业应该尽可能接近网友偏好；
（4）充分挖掘品牌故事并制造容易引起关注的话题；
（5）设计的活动互动性强、线上线下相结合；
（6）活动周期要短；
（7）通过发送奖品等手段刺激网友的参与热情，并不断公布获奖信息，树立公信力；
（8）争取“意见领袖”参与到活动中来；
（9）整合热点手段，如秒杀、团购等；
（10）安排专人，及时解答网友疑问。

5. 公共关系实务运作整合化

随着公共关系实务运作的深入，人们越来越发现原来人们理解的公共关系是局部的、零星的、散乱的、个体的，如开业典礼、记者招待会、产品展销会等。于是，公共关系的社会实践向人们提出了整合化公共关系的课题。

公共关系实践显示：公共关系在组织中能够发掘它的各种职能，而不能偏向任何一个方面。公共关系的主要职能包括收集信息、分析环境、决策咨询、研究计划、传播设计、形象塑造、协调沟通、宣传推广、策划活动、教育引导、辅助服务、危机管理等。各种职能不应“各自为政”“各自为战”，而应该相互协调与整合。公共关系实务运作整合化，还表现在战略公共关系与策略公共关系的有机整合。在战略公共关系方面，公共关系要支持本组织总部的整体经营管理战略，其要点是高层协调、配合默契和有效沟通；策略公共关系要远离本组织到基层去，要接近公众，进入具体技术操作层面，这样，战略公共关系才有生存发展的根基，其战略决策才会正确无误。

6. 公共关系文化思想立体化

公共关系自诞生以来，就不断吸纳、融会诸多社会科学和人文科学的最新成果，具有多学科交叉综合的特征，使得公共关系理论在趋于丰富中形成一种立体的文化思想。

四、公共关系在我国的发展

20世纪60年代，欧、美、日的一些跨国公司开始在我国香港、台湾的一些大公司内设立公共关系机构，从而推动了这些大公司商贸业务的发展。70年代，公共关系在香港迅速发展。到了80年代，香港的公共关系专业公司已达20多家，此外还有许多公司设立了公共关系部，各企业内部公共关系已得到普及。

改革开放后，我国开始在深圳、珠海等地试办经济特区，公共关系部作为经营管理的艺术手段在深圳的一些中外合资企业中出现。不过，这些合资企业主要限于宾馆、酒家。1984年9月，我国第一家国有企业公关部——广州白云山制药厂公共关系部正式成立。

从80年代初开始，我国从事人文社会科学研究的专家学者，开始从理论上系统研究公共关系，并开始利用翻译资料、举办讲座等手段陆续把国外的公关理论和实践经验介绍到国内。1985年，深圳大学传播系创办了国内高校的第一个公共关系专业，并开始招收公关专业的大专学生。

随着我国对外开放步伐的加快，国外许多有名的公关公司也开始看好中国的公关市场。1984年10月，美国的希尔诺顿公司在北京设立了办事处。1985年，两家世界上最有影响力的公关公司——伟达公司和博雅公司先后进入我国。其中，博雅公司与中国新闻发展公司达成协议，成立了我国第一家专业公关公司——中国环球公共关系公司。

在1986年到1989年期间，我国出现了第一个“公关潮”：公共关系的理论研究十分活跃、理论成果十分丰富；公共关系专业期刊开始出现，各种培训班、学术讲座广泛开办，许多大专院校先后开办了公共关系必修课或选修课；许多国有大中型企业领导成为地方“公共关系协会”或“公共关系俱乐部”成员，并在企业内部设立公共关系部。1986年12月，上海成立了全国第一家省级公共关系协会；1987年5月，中国公共关系协会在北京正式成立。在此前后，全国各省、自治区、直辖市以及若干大中城市相继成立了地方性公共关系协会或学会。许多企业内部的公关机构刚刚开始设立就取得了较大的实践成果，例如，“健力宝”等公司的公关活动就在全国范围内产生了轰动效应。

20世纪90年代，我国迎来第二次“公关潮”：第一，我国的公共关系得到党和国家领导人的关注。例如：1991年5月，当中国公共关系协会在北京召开全国公共关系工作会议时，党和国家领导人为大会写了贺词。第二，公共关系的实践活动从盲目走向自觉、从照搬走向自主创造，出现了一大批公关工作成就显著的社会组织。第三，公共关系的理论研究日趋成熟。到1995年为止，我国公开出版的公共关系专著、教材、译著、工具书等已达500多种，如全国通用教材《公共关系学》《中国公共关系教程》《中国公共关系大辞典》等。1990年，中国公共关系协会在河北主持召开了全国第一届公共关系理论研讨会。1995年，西南师范大学（现西南大学）率先在全国招收公共关系专业硕士研究生。

进入21世纪，我国公共关系的发展呈现以下特点。

（1）我国的公关市场开始初步成型。进入21世纪以来，专业的公关公司和公关协会纷纷成立，这些组织和机构每年都举办定期和不定期的业界盛会，邀请国内外公关教育界、实务界及新闻媒体的相关人员参加，进行各种奖项的评比、举行研讨会、相互沟通信息等。经过多年的发展，许多公关组织与机构的运作渐渐开始走向专业化、市场化、职业化，服务开始系统化、立体化。

（2）公关教育基本形成立体多维的学历和非学历交叉并存的局面。从低级到高级，公关教育的具体种类有业余培训，函授教育，全日制普通专科教育，全日制本科教育以及最高层次的公共关系专业方向的硕士研究生、博士研究生的培养。

（3）公关从业人员的职业身份得到正式确认。1997年，中国公共关系职业审定委员会成立。该委员会首先为公关职业定下了“公关员”的职业名称，并正式列入了《中华人民共和国职业分类大典》，这标志着国家已正式承认公共关系这一职业。同时，制定了公关人员的国家职业标准和考核规范，并编撰出版了权威性的培训教材——《公关员职业培训和鉴定教材》。2000年12月3日，在全国范围内举行第一次公关员职业资格全国统考，这标志着我国的公共关系开始真正走上职业化和行业化的道路，这不仅完善了公关职业的成熟发展，并极大地推进了我国公关业进入国际化运作轨道。

本章小结

公共关系是社会组织通过形象塑造、传播管理、利益协调等方法，提高组织的认知度、美誉度、和谐度，促成社会组织与其相关公众良好合作并和谐发展的科学和艺术。

公共关系的三个构成要素是社会组织、媒介和公众。

公共关系工作的目标是提高认知度、美誉度、和谐度。

公共关系的基本工作方法是形象塑造、传播管理、利益协调。

公共关系具有客观性、公开性、艺术性、情感性、战略性五个基本特征。

公共关系的基本原则包括真实性原则、平等互利原则、双向沟通原则、整体一致原则、全员公关原则、长期坚持原则。

公共关系的职能是调动一切可以调动的力量，运用各种手段，塑造良好的组织形象，取得良好的生存环境，促进组织的生存发展，使组织在激烈的竞争中取胜。公共关系的基本职能可概括为收集信息、咨询建议、沟通协调、塑造形象和教育引导。

公共关系与宣传、广告、市场营销、人际关系等既有联系又有区别。

现代公共关系是在特定的社会政治、经济、文化、科技等条件下产生的，并随着这些社会历史条件的变化而不断发展。其发展大致经历了巴纳姆时期、艾维·李时期、爱德华·伯内斯时期、卡特利普和森特时期。

当代公共关系的发展趋势表现在六个方面：理论基础越发成熟、公共关系工作职业化、公共关系主体社会化、公共关系技术手段现代化、公共关系实务运作整合化、公共关系文化思想立体化。

实操演练

练习1. 讨论企业向高考考生赠送文化衫、商场向买东西的顾客赠送精美的手提袋等活动与一般的请客送礼有什么区别。可从目的、手段及影响等方面进行思考。

练习2. 请3～5位同学上台讲一两个符合或违背公共关系原则的事例，并结合所学知识进行分析。

练习3. 观察你所在学校的领导或老师一天的工作，分析他（她）的哪些工作属于公共关系范畴。

练习4. 以小组为单位采访一家企业，了解该企业公共关系工作的情况。

练习5. 结合以下案例，谈谈如何理解公共关系的特征。

在一次展销会上，一位外商久久地徘徊在奥康公司的展台边，似有某些疑问。王经理走上前热情地与其打招呼："先生，欢迎您对我公司的产品提意见。"只见外商拿起一双皮鞋，问道：“这是真皮的吗？”王经理答复道：“敬请放心，绝对是真皮。”外商摇摇头，以行家的口气说：“真皮做不出这样的效果。”王经理二话不说，找来一把剪刀，当场把皮鞋剪开，递到那位外商手中：“先生，您是行家，您帮我鉴定一下，看是真皮还是假皮。”外商惊讶地看着他的这一举动，接过鞋来仔细品评一番。而后点点头说：“真皮，真皮！用真皮做出这种效果，了不起，我向你们订货。”

复习思考

1. 谈一谈当代公共关系的主要特点。
2. 简述公共关系和广告之间的区别与联系。
3. 简述公共关系和市场营销之间的区别与联系。
4. 简述公共关系和人际关系之间的区别与联系。
5. 论述公共关系未来的发展趋势。

第二章 2

主动作为　践行公关
——熟悉公共关系主体

案例导入

有担当的企业形象最美

在全国上下齐心协力抗击疫情之时，民生保障的重要性更加凸显。2020年年初，疫情暴发后，部分北京市民曾担忧供给困难，但事实证明，这样的担心大可不必，各大超市和商场里食品和日用品并不匮乏。为保障供应，政府出台了一系列政策，很多企业更是和疫情抢跑，其中，民营商企的战“疫”身影十分活跃。面对生命有良心，这样的企业最美。

特殊时刻，担当社会责任，保障商品供应，为消费者提供放心商品、平价商品，2020年1月底，物美彰显企业良心。为确保民生商品供应，节前物美就把储备库存全部发到门店；为了锁定货源，物美提前向农户支付货款，确保放心平价蔬菜销售；口罩资源紧缺，物美还专门从国外购回300万只，大年初三就已经面向市民销售。2月4日起，物美的多点小哥每天分时段提供“无接触”的当日达服务，既给居民便利，又让居民安心。不少商铺因为放假和疫情叠加延期营业，而物美在京大大小小800多家门店，春节期间一天没关。在物美超市，货架上的蔬菜、水果、粮油蛋奶、方便食品等满满当当，不少人因此打消了“囤货”的念头。

像物美一样，在疫情期间坚持服务、为市民提供日常生活保障的，还有京东、新发地、便利蜂这些民营企业，共同发挥“市场稳定器”的作用。抗疫过程中，京东小哥不畏寒风雨雪，像往日一样快速送货；盒马鲜生则伸出橄榄枝，与饱受压力的餐饮企业“共享员工”；云海肴、青年餐厅在暂停营业期间，部分员工入驻盒马门店，此举不仅保证了能有更多人力给市民送去必需品，更是给困境中的餐饮企业雪中送炭。

防控疫情，是全社会的事，考验着企业是否具备“免疫力”。国企理应一马当先驰援，民企同样应当伸出援手。直接捐款捐物给疫情严重的地区，值得点赞；而争分夺秒保供应，同样是一种勇气担当，值得肯定。向公众源源不断地输送日常所需，就是对防疫的最大支持。珍爱生命，保障民生，其实也是新时期企业生存和发展的生命线。一个有着社会责任感的企业，必定能够做到重义轻利；而市民的认可和感谢，更是一个企业最大的“利润”，凸显出新时期企业卓越的社会主义市场经济伦理观。

问题：随着我国社会主义精神文明建设的发展，各类社会组织的思想意识受到外界的瞩目，请结合该案例谈谈你的看法。

主动作为　践行公关——熟悉公共关系主体

学习目标

知识目标：熟悉社会组织的概念、特征和类型，了解公共关系部的职能和组织机构模式，明确公共关系专业化公司的类型和工作内容。

能力目标：掌握公共关系主体开展公关活动的工作内容，具备适应各种内外部环境从事公关工作的基本素质，能根据组织性质为其合理设置公关机构。

素养目标：树立为社会主义公关事业奋斗的理想信念，恪守公关人员职业道德准则，养成良好的公关工作习惯。

开篇导读

公共关系主体是指在公共关系活动中处在主导地位的各类社会组织机构，是公共关系活动的策划者和组织实施者。在公共关系中，社会组织对公关活动起到决策、发动、组织实施、控制、管理等决定性作用。具体地说，公共关系主体有三个层次：社会组织；代表社会组织行使公共关系职能的公共关系机构；代表社会组织具体执行公共关系职能的公共关系人员。

第一节　社会组织

引导案例

王老吉：一个亿捐款背后的逻辑

2008年5月12日，汶川发生惨烈的8.0级地震，全国人民为之震惊，人们为遇难的同胞感到痛心，也把目光都投向了“救灾”“祈福”和“捐款”。5月18日晚，由多个国家部委和中央电视台联合举办的“爱的奉献—— 2008抗震救灾募捐晚会”上，主管公关品牌运营的副总杨先生代表加多宝集团捐出一亿元人民币用于四川地区抗震救灾工作。加多宝集团的亿元捐款成为当时国内单笔最高捐款之一，这一举动顿时成为媒体和社会的关注焦点。

与此同时，在网上高呼“封杀”加多宝旗下品牌王老吉凉茶的公众越来越多。“要捐就捐一个亿，要喝就喝王老吉！”“买光超市的王老吉！上一罐买一罐！”随后，网上类似“封杀”的帖子越来越多，几乎到了人人皆知的地步，加多宝一时成为“爱心企业”的榜样。这也使得加多宝旗下的王老吉凉茶空前旺销，当年的销量首次超过100亿。亿元捐款几乎是一个惊天动地的“引爆点”，让负责任的企业形象家喻户晓。

问题：一个亿捐款背后带给我们的启迪是什么？

一、社会组织的特征

社会组织是公共关系的主体，它承担着开展公关活动的作用。社会组织是指为达到某种共同的目标，通过对人员进行不同的分工，使之发挥不同的功能，并利用不同的权力和职责合理地协调群体活动的体系。社会组织是公共关系的重要构成要素，是公共关系的主体，它决定公共关系的状态、活动、发展方向。在协调公众关系、改善公众环境中，在树立自身形象、提高社会信誉中，在内外沟通联络、谋求合作发展中，社会组织都是总体的控制者和组织者，处于公共关系的主动地位。社会组织有其鲜明的特征，具体表现在以下几个方面。

1. 目标性

任何社会组织都是为了实现一定的目标而建立起来的，组织目标是辨别组织的性质、类别、职能的基本标志，也是确定组织原则、组织宗旨、组织章程、组织计划的基础，对组织的活动起着指导和制约作用。任何社会组织的建立都有明确的社会目的，都有本身的目标追求，确定目标是建立社会组织的最重要的条件。共同目标是维系社会组织的基础，因此社会组织虽然形式多样、内容各异，但它们的活动都是围绕着自身的共同目标而展开的，如学校的目标是培养人才、医院的目标是救死扶伤、工厂的目标是生产产品等。

2. 系统性

社会组织是由其下属的各部门按一定的结构组合而成的整体。社会组织及其内部的公关部门和从业人员负责行使组织的公关职能，组织为他们提供开展公关活动的条件。社会组织是按照系统的方式来构建的，首先组织系统内部各部分之间是相互联系、相互制约的，其中任何一个部分发生变化都会导致整体变化。从内部结构看，组织成员按一定的人事关系形成系统；从外部环境来讲，社会组织存在于一定的社会环境之中，组织系统与外部大系统都发生相互联系。因此，组织以系统的方式来进行构建才能更好地发挥组织的独特功能。

3. 开放性

任何社会组织都在一定的社会环境之中，与环境不断进行精神、物质、信息和能量的交流，以适应和影响变化着的环境。显然社会组织是一个开放性系统，社会组织的生存与发展离不开环境，它既要受环境的影响，又会对环境产生作用。一方面，组织要有适应性，根据环境调整自己的结构或功能；另一方面，组织又要发挥自身的能动性，以自身的功能影响或改变与组织发生联系的环境。

4. 变动性

社会组织的变动性具体体现在两个方面：一是社会环境是不断变化的，要适应这一变化，社会组织就应适时地进行目标、功能、机构及人员的调整；二是社会组织本身也会不断发展变化，在不同的发展阶段，组织的形象目标也会有所不同。随着环境的变化，组织也要不断修正、调整自身及其公关工作的目标、职能、机构、运作方式以及对人员的要求等，以提高和加强自己的应变能力，创造更有利于组织生存和发展的条件。

二、社会组织的类型

不同类型社会组织的性质、目标、职能、结构形式和活动方式不同，其公关工作的重点、具体对象、实务活动和运作方法也不同。这就要求我们掌握社会组织的有关知识，以便更有针对性地开展公共关系工作。对社会组织进行分类，是为了在开展公关工作时，能够比较准确地判断其组织性质、任务，进而把握其公共关系行为和公众类型，为以后的公共关系工作寻找策划运作的依据。

1. 按组织的社会职能分类

按组织的社会职能，可以把社会组织划分成以下四种类型。

（1）经济组织。经济组织是最基本的社会组织，它担负着向人们提供衣、食、住、行和文化娱乐等物质资料的任务，并要实现其所有者和经营者的利益。其特点是从事经济活动，具有经济职能。它包括工商企业、金融组织、交通运输组织、服务性组织等。经济组织公共关系的主要任务就是要建立一个良好的生产经营者形象，争取更多的顾客、消费者和其他公众的支持，以使本组织在发展中不断增强竞争力。

（2）政治组织。政治组织是为某种政治目的而组建的，它包括政党组织、国家政权组织、国家力量组织、国家司法组织等。它负责代表占统治地位的阶级的利益和意志，为其提出奋斗目标、制定方针政策、组织社会的经济建设、保卫国家政权、处理与他国的关系等。政治组织公共关系的主要任务是在人民中树立其良好的领导者、管理者、保卫者、服务者形象，得到广大人民群众的拥护、理解和支持，完成其政治职能。

（3）文化组织。文化组织以满足人们的文化和精神需求为目标的，以从事精神文化活动为任务，如文化艺术团体、教育科研单位、博物馆、文化馆、体育馆、俱乐部、医疗卫生部门等。这类组织公共关系的主要任务是，塑造优秀的精神文明建设者和文化教育卫生事业的服务者的形象，争取社会各方面和尽可能多的人民群众的支持、关心、参与。

（4）群众组织。群众组织是由具有共同利益和共同志趣的个体组织起来的群体，它包括群众性协会、团体、学术性组织等。在我国，工会、共青团、妇联、青联、文联、作协、科协及其他专业学会、协会等都是群众组织。这类组织公共关系的主要任务是，在人民群众中树立起社会利益和群众利益的捍卫者、呼吁者形象，取得社会各方和人民群众的支持，为群体和广大人民群众服务。

2. 按组织目标与受益者的关系分类

按组织的目标与受益者的关系，通常将社会组织分为以下四种类型。

（1）营利性组织。营利性组织，如工商企业、服务行业、金融机构、旅游服务性单位、宾馆等，其公关工作的一个重要任务是如何为组织增进效益。营利性组织侧重开展促销型公共关系活动。

（2）服务性组织。服务性组织以服务对象的利益为目标，为服务对象谋求利益，不以营利为目标。这类组织有学校、医院、慈善机构、社会公共事业机构等。这类组织公关工作的重要任务是提高服务质量，以质量求信誉、求生存，通过提供各种高质量的服务显示组织诚意和品位，密切与公众的关系。服务性组织侧重开展公益服务型、实力展示型的公共关系活动。

（3）互益性组织。互益性组织以组织内部成员之间互相获得利益为目标，即组织内各成员之间相互都有好处，如党派、群众团体等组织。互益性组织侧重开展内部沟通型、社会公益型公共关系活动。

（4）公益性组织。公益性组织是以国家和社会利益为目标，如政府、军队、治安机关等。公益性组织侧重开展公益服务型公共关系活动。

3. 按组织是否营利和竞争分类

根据社会组织是营利还是非营利、竞争还是独占两大因素，可以把社会组织划分为以下四种类型。

（1）竞争性的营利组织。竞争性的营利组织既有明显的经济利益驱动，又在激烈竞争中争取公众支持。因此，这类社会组织的公共关系意识较强，公共关系行为也较自觉和主动。工商企业就属于这类社会组织，他们十分注重对消费者的公共关系，因为消费者是他们实现自身利润目标、求得发展的根本。这类社会组织一般容易偏重于对那些与市场活动直接相关的公众进行公关。

（2）竞争性的非营利组织。竞争性的非营利组织不以经济利益为根本追求，但由于他们需要在竞争中赢得舆论的理解和公众的支持，因此，也会十分重视自己的公共关系工作，尽可能广泛地建立和发展自己的公共关系。学校、医院等就属于这类社会组织。

（3）独占性的营利组织。独占性的营利组织对其产品或服务具有垄断性，即使自己与公众关系不好或自身形象不良时也能营利。但是，这类组织也要注重公众的利益，在业界树立良好的口碑，如电力部门、自来水公司、煤气公司、邮政局等。

（4）独占性的非营利组织。独占性的非营利组织不仅没有经济利益的驱动，还缺乏竞争压力。因此，他们往往会忽略自己的公众，其公共关系工作一般是比较薄弱的。诸如公安机关、法院等社会组织，虽然其具有独占性，但是也要关注公众舆论，加强自我监督，以防与公众脱离，产生误解和不理解，影响自己的形象和信誉。

?课堂思考

不同类型的社会组织其公共关系状态和公共关系活动各有什么特点？

三、社会组织的环境

社会组织存在于复杂的宏观和微观环境之中，其存在和发展必然要受到环境的制约和影响。一方面，社会组织的运作方式要同一定的社会环境相适应，组织成员要通过对环境的监测和把握来选择，确定合适的运行方式和管理方法；另一方面，组织成员必须想方设法地创造有利的环境以实现组织的目标。因此，对所处环境的调节与控制，也自然成为社会组织公共关系工作的一项重要内容。社会组织的环境大致分为两个方面：一是组织的内部环境，二是组织的外部环境。这两者构成了社会组织的环境系统。

1. 社会组织的内部环境

社会组织的内部环境，包括组织内部的人际关系环境、管理环境及外观环境，其中人际关系环境是社会组织内部最普遍、最重要的内部环境。做好组织内部公共关系工作是组织搞好内部环境建设的重点。

在现代社会，一个组织要想生存发展，必须具有较强的竞争力，而健全的运行机制、高效的工作业绩以及全体成员的精诚合作是一个组织立于不败之地的根本保证。现代社会组织往往是由相互依存、相互联系的若干要素组合而成的一个复杂的系统。组织内部各职能部门之间能否密切配合、步调一致，组织成员是否爱岗敬业、士气高昂，反映着这个组织是否具有生存和发展所必需的生机与活力。一个组织的公共关系目标能否得以顺利实现，主要取决于组织内部公众是否真诚接纳。因此，协调组织内部各个部门、各个科室之间的关系，使组织内部全体成员都为组织目标的实现献计献策，这是组织内部环境建设的重要任务。

2. 社会组织的外部环境

社会组织的外部环境，主要是指组织面临的生态环境、社会文化环境、政治环境和经济环境等。如果组织的内部环境重在影响组织本身的运作过程，那么，组织的外部环境则重在制约组织的运行方向和目标。社会组织生存于确定的社会环境之中，其形象的塑造与推出必须要考虑环境的要求并与之相适应，否则，再好的公共关系方案也不可能取得预期的效果。

（1）生态环境。生态环境是指社会组织所处的自然环境，包括自然资源、气候条件、地理位置等。自然环境一般相对稳定。

（2）社会文化环境。社会文化环境包括人口数量、年龄构成、人口的生理状况、文化水平、风俗习惯等。社会文化环境影响着社会组织成员的思想、观念和认知，同时也决定着对社会组织所开展的公共关系工作的评价。即使是富有创意的公共关系活动，如果得不到外界公众的认可也是徒劳的。

（3）政治环境。政治环境是与经济环境相互关联的、具有重要作用的外部环境因素。政治环境主要是指对社会组织的活动有制约作用的政治制度、政治结构及政治关系等因素。它主要通过组织体系的合理化和有效的权利分配状态与机制对社会组织产生影响。政治关系则表明一定社会中的各种社会角色在政治体系运行中所形成的关系，这种关系往往影响着社会组织公共关系目标的选择和实现的程度。

（4）经济环境。经济环境是影响社会组织生存与发展最基本的因素，经济环境主要是指特定的经济制度和结构、经济实力和发展水平等相关因素。这些因素无论对社会组织的形态特征，还是制度特征或行为特征都有强硬的制约作用。当然，对不同性质、不同规模的社会组织而言，环境因素的影响力和制约作用也会有所不同。正因为如此，组织决策者对不同环境因素的重视程度也会有一定的差异。

课中案例

双奥之城的传播之路

北京冬奥会的成功举办向世界展示了一个可信、可爱、可敬的中国形象，其中，北京城市形象宣传的国际化推广也是冬奥传播工作的亮点。北京是奥运历史上唯一一个既举办过夏奥又举办过冬奥的城市，为了让“双奥之城”的概念和主办城市形象获得国际上的认可，北京冬奥会的公关团队成功策划执行了国际传播活动《双奥之城 城市之光》项目。他们聚焦2008年到2022年14年来北京城市环境的变化与迎接冬奥会的城市奥运氛围，围绕潮流人文、历史文化、科技双奥三大篇章，策划制作了1支预告片和12支正片系列短视频，用趣味性创意角度、国际化视频风格、年轻潮流时尚画面展现了“双奥之城”北京的城市风光、历史人文、潮流生活、赛事场馆等。为此，公关团队历经6个多月的策划，拍摄了40多个点位，并在2021年10月至2022年3月于国内外众多社交媒体平台进行发布推广，贯穿整个冬奥周期，覆盖奥运多个重要历史节点。该项目以短视频为切入点，利用社交媒体带动国内国外、线上线下各类媒体的传播和关注，话题阅读数量超18亿次，国内外视频播放量超3.84亿次，并在机场大屏、地铁广告屏、场馆大屏等上万块户外媒体大屏进行投放，引发国内外受众的一致好评，为北京冬奥会的成功举办创造了良好的公共环境。

课堂思考

同一社会组织处于不同的内外环境中，其公共关系活动会有什么不同？

第二节 设置公共关系组织机构

引导案例

锦江饭店的“软实力”

锦江饭店1928年开业，地处上海市中心繁华商业街茂名路，三幢欧式建筑在两座花园的衬托下尽现高贵典雅之气，因其独特优秀的近代建筑被定为上海市级文物保护单位，稳重典雅中透着浓浓的文化底蕴。餐饮、会议、休闲和服务设施齐全，客房宽敞舒适，饭店将现代设施与传统典雅完美地融为一体。周到完善的服务赢得了中外宾客的一致赞誉。经历90多年风雨，锦江饭店已成为著名的五星级花园式饭店。毫无疑问，锦江饭店的“硬件”掷地有声。

然而，随着市场经济的发展，锦江饭店面对的内外公众关系越来越多、越来越复杂。社会的需要、公众的关注和企业自身的进一步发展给饭店的领导层带来了一系列仅靠个人智慧和能力无法有效解决的问题：如何塑造企业形象？如何提高饭店声誉？如何有效协调内外关系等？这些问题虽然与已有的各职能部门都有关系，但是他们之间不论如何协调都不能圆满地解决。于是，一个新的专门的职能部门应运而生，那就是锦江饭店的公共关系部，专门为领导层提供信息情报和决策建议，并为企业实施有效的关系维护和宣传活动。锦江饭店是我国较早设立公共关系部的企业之一。

随着公共关系实践深入地开展、理论认识的进步和从业人员专业水平的提高，锦江饭店公共关系部人员认识到公共关系工作必须变消极为积极、变被动为主动。为此，公共关系部确定了“全方位公共关系”的工作方针，努力提升从业人员的公共关系意识，增强服务的主动性，注重争取公众、争取舆论和争取业务。多年来，公共关系部在各方面做了大量卓有成效的工作，使锦江饭店不断攀上新的成功高峰。在拥有了过硬的硬件后，该饭店的软实力也有了极大的提升。

问题：成就锦江饭店的“软实力”有哪些？

公共关系组织机构是指由专职公关人员组成的专门从事公共关系工作的专业部门或机构。随着社会的不断发展，公共关系的职业化越来越明显，现代社会需要有专门的机构来从事公共关系工作。根据公共关系组织机构的特性不同，可将其分为两类：一类是组织内部的公共关系部门；另一类是不从属于任何组织的专业性社会机构，即公共关系公司。

一、公共关系部

1. 公共关系部的地位与作用

公共关系部（公关部）是社会组织为达成自身目标而设置的专门从事公共关系工作的内部职能机构，其作用体现在以下五个方面。

（1）信息情报部。公共关系的基本职能当中的首要职能就是收集信息。建立公关部可以加强组织与社会的联系，并建立通畅的信息网络，监测组织的内外环境，促进组织的发展，起到组织“耳目”的作用。

（2）整体形象策划部。公关部的最终目标就是树立组织的良好形象，那么组织形象战略的设计，组织文化的构想，知名度、美誉度的定位，各种方案的选定等，这些都需要公关部的精心策划。因此，公关部起到了组织“形象设计师”的作用。

（3）决策参谋部。公关部是组织的“智囊团”“思想库”，是环境监测中心、趋势预报中心，负责提供成套可供选择的决策方案，协助组织的最高决策层进行决策。

（4）“宣传部”与“外交部”。公共关系的传播是一个双向的传播过程。组织要获得公众的了解、理解和信任，赢得公众的喜爱，取得公众的支持与合作，就要不断地向公众进行宣传，公关部就是组织的喉舌。随着市场经济的不断发展，组织对外交往日益密切，对外联络和交往的任务越来越重，同时组织与环境之间的各种摩擦和纠纷也越来越多，这就需要公关部进行沟通协调，公关部又占据组织“外交部”的地位。公关部是企业内外的信息交流总站，各个领域的信息最终都将汇集到这里。公关部的工作人员同新闻界和企业界头面人物、社区领袖、学者等接触的机会非常多，这要求公关部工作人员必须具有很强的社交能力。

（5）全员公关意识培训中心。对任何企业而言，职工素质是最重要的，因为人才是企业发展中决定性的因素。职工素质的提高主要靠教育、培训，公关部行使着教育职能，包括公关意识教育和日常公关能力的教育。公关意识的教育，就是教育引导企业内部的全体成员建立公关意识，使全体员工将公关意识融入日常工作中的一言一行中，成为一种习惯的行为规范。

2. 公共关系部的职能

公关部是一种特殊的协调关系机构，它是社会组织自身设立的专门从事公关活动的内部职能部门，其基本的职能主要有以下几项。

（1）调查研究。调查研究在公关工作中具有重要的意义，它是一切公关工作的立足点。公关部要经常对内外公众进行调查，了解公众的舆论、态度、需求等，同时也要对外部的发展环境进行调查，只有在全面调查研究的基础上，才能使公关工作发挥出更大的效力。

（2）协调关系。公关工作要处理组织与公众的关系，为组织广结良缘、沟通信息、联络感情、扩大社会联系、解决与公众间的矛盾和冲突。

（3）参与管理。公关是一种管理手段，这决定了公关部具有参与管理的职责。因为公关部掌握了组织与环境的信息，而这些信息都是组织进行决策的重要依据。所以公关部要经常向组织的领导层提供有关信息；在重大问题决策时，向领导层提供该决策可能引起的公关效应，并提出更加合理的方案。

（4）公关文书的写作。公关部日常工作当中的文书写作有：新闻稿、演讲稿、年报、内部刊物、客户服务及其他宣传材料等。从广义上讲。组织所有与公众之间沟通、宣传要使用的材料都将对公众产生一定的影响。

（5）策划组织公关专题活动。公关部的工作不应是简单的迎来送往、接发信函、组织常规会议与活动，还应举办具有互动效应的公关专题活动，借此完成塑造和宣传组织形象的使命，包括新闻发布会、展览展销会、赞助活动、联谊活动、典礼与仪式等。

（6）接待投诉和来访。公关部是组织与公众间的桥梁，公众对组织有意见、有要求，从某种角度上讲对组织是件好事，因为接待和来访的过程本身就是一项难得的沟通，是建立感情的绝佳机会。因为在这个过程中既可以获得一些来自公众的信息，又可以将组织的一些信息传递给公众。在交流信息的同时，增进了解，加深感情。既能及时发现问题，又可以在信息直接反馈的情况下解决问题。

（7）专项技术制作。公关工作技术性较强，日常工作中专项技术制作主要包括：摄影，制作宣传片，录像和录音，设计公关广告、组织标志、商品商标、广告宣传画等。

3. 公共关系部的组织机构模式

公关部的组织机构模式是指其组织机构的结构类型和组成方式，按其隶属关系，可分为以下四种类型。

（1）领导直属型。领导直属型公关部直接受组织最高领导层的管辖，由总经理或副总经理担任公关部的负责人，公关部的一切工作都要汇报到组织的最高决策机构讨论、批准。采用这种类型的优点是公关工作与经营管理的最高层直接联系，公关部能够着眼于企业的各个经营环节，便于全面、有针对性地开展公关工作；在开展企业内部的公关工作时可以使公关思想从上至下融会贯通，并具有权威性。这种类型充分体现了公关部在该组织中的重要作用，是最为理想的模式，如图2-1所示。

（2）部门并列型。公关部与组织内部的其他职能部门平行设置，公关部的负责人与其他职能部门的负责人处于平等地位，直接对组织的最高领导层负责。这种类型公关部的负责人作为组织中层管理者的一员，有权参与组织的重大决策，同时也具有一定的权限，能独立自主地开展公共关系活动。这是采用较多的一种设置方式，如图2-2所示。

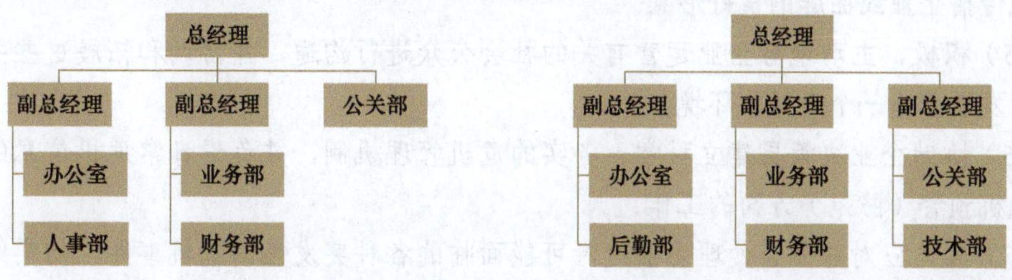

图2-1 领导直属型　　图2-2 部门并列型

（3）部门隶属型。部门隶属型公关部是指公关部隶属组织内的其他职能部门，如隶属办公室、人事部、销售部、广告部、外事接待部等。这种类型的公关部较其他职能部门低一个级别，因为它受某一具体职能部门的管辖。在这种类型中，公关部隶属哪一个职能部门，公共关系就偏重哪一方面的职能，不能全面地发挥公关部的作用，如图2-3所示。

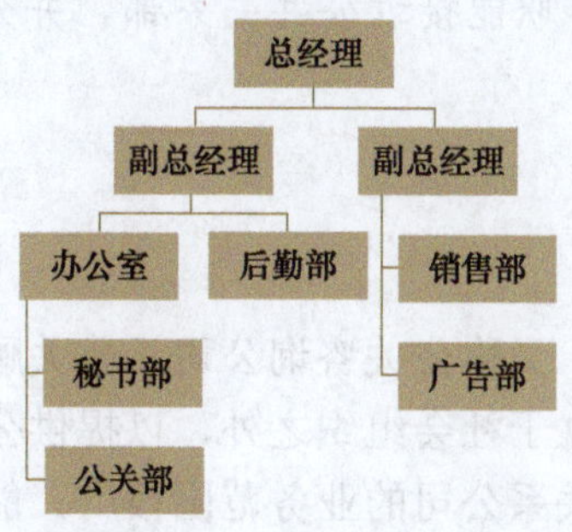

图2-3 部门隶属型

（4）职能分散型。职能分散型是指一些组织在机构设置中没有专门设置公关部，而是将公关部的职能进行分解，在其他部门中分别体现与本部门相关的公共关系职能。如在销售部门中设专人从事调查消费者对产品的意见和建议等信息搜集工作，在宣传部门中设专人负责与新闻媒体联系等。

拓展阅读

企业公共关系部的职能

企业公共关系部应发挥其管理职能，即对企业的形象和声誉实施战略管理。企业公共关系部所行使的职能，主要有以下七个方面。

（1）积极组织和开展有关调查工作，监测舆论环境，分析各种信息，为企业发展战略和相关工作计划的制订提供依据。

（2）对企业形象的定位、设计等事关企业形象整体建设方面的问题进行统筹考虑，并向决策层提出切实可行的建议方案。

（3）作为企业的新闻发言人，或成是新闻发言人的支持部门，深入把握企业情况，及时向社会公众提供企业的各种信息。

（4）制订整体传播计划，通过策划和实施各种新闻发布活动或公共关系专题活动，有效地传播企业或品牌的良好形象。

（5）积极、主动地与企业运营有关的社会公众进行沟通，并协调和拓展这些关系，为企业发展营造一个良好的环境。

（6）协助企业决策层建立科学、务实的危机管理机制，并负责日常危机信息的收集以及危机预警（防范）方面的工作。

（7）具体应对并妥善处理企业随时可能面临的各种突发性的危机事件，切实维护企业或品牌的社会声誉和良好形象。

课堂思考

举例说明某一社会组织中公共关系部的工作范围。如果该社会组织中没有公共关系部，分析其哪一部门的工作职能接近公共关系部，并分析其与公共关系部的职能有什么不同。

二、公共关系公司

公共关系公司（公关公司）又称公关咨询公司、公关顾问公司、公关事务所，是指由公关专家和专业人员组成，独立于社会组织之外，以提供公关咨询服务为主要工作内容的知识密集型的专业机构。公共关系公司的业务范围很广，能参与各方面的公共关系事务并提出建议、提供服务。公共关系公司的基本职能是对客户开展的一切影响公众利益的活动予以指导、建议和监督，帮助客户与社会公众之间实现双向信息交流和沟通，为客户建立良好的声誉和形象。公共关系公司的工作实际上是公共关系部工作的社会化。

1. 公共关系公司的类型

依据不同的划分方式，公共关系公司有多种类型。从国际上看，公共关系公司大致有以下几种类型。

（1）综合服务咨询公司。这类公共关系公司以公共关系专家（如媒介关系专家、消费者关系专家、社区关系专家、员工关系专家等）和公共关系技术专家（如演说专家、出版物专家、民意测验专家、宣传资料专家等）为主体组成。这类公司经济实力较为雄厚，业务范围广泛，能为客户提供多方面的综合性服务。

（2）专项业务服务公司。即以各种专业人才、技术和设备为客户专门提供各种公共关系技术服务的公司。如为客户专门提供广告设计服务或专为客户提供形象调查服务等。

（3）特定行业服务公司。这类公共关系公司是为特定行业提供公共关系服务的公司。如帮助工商企业推广业务、促进经营、维护合法权益和树立良好形象的公共关系公司。

2. 公共关系公司的工作模式

公共关系公司的工作模式主要包括以下三种。

（1）提供公关业务咨询。就客户提出的公关问题，提供建议、咨询或某方面的信息等，供客户决策层参考。

（2）策划实施公关活动。受客户委托，全权负责某项专题公关活动，如市场调查、公众调查、大型活动方案的制订和执行、充当客户的引见人和调解人等。

（3）代理客户的公关工作。受客户的长期聘请，包揽客户的全部公关工作或指派公关专家做客户的长期公关顾问。

3. 公共关系公司的工作内容

公共关系公司的业务包括咨询业务和代理业务，具体工作内容涉及以下几个方面。

（1）确立公共关系目标。通过协助客户开展调查研究，分析原因，提出解决问题的办法，进而确立公共关系目标。

（2）制订实施计划。根据已确定的公共关系目标，以及客户存在的实际问题，帮助客户制订出有效的公共关系计划，并协助客户实施公共关系计划。

（3）培训人员。接受客户委托，训练公共关系人员，以提高他们的业务水平和工作能力。

（4）编制预算。帮助客户编制公共关系预算。

（5）协助客户开展内部公共关系工作。

（6）协助客户处理社会性事件，消除不良影响。

（7）帮助客户进行公共关系计划实施效果的评估。

（8）为客户提供一般公共关系事务咨询，如企业中的公共关系机构如何设置、公共关系人员如何培训、某个公共关系难题如何处理等。

（9）为客户提供公共关系一般业务服务，如帮助客户联系新闻媒介、策划专题活动、组织大型会议、撰写稿件等。

4. 公共关系公司的工作程序

公共关系公司的工作程序一般包括以下几个步骤。

（1）接受客户委托并签订协议书。协议书的签订表明委托关系的正式形成，这种委托的形成既可以由客户主动提出，也可以由公共关系公司主动联系。

（2）调查研究与分析。针对客户的公共关系目标，对公共关系现状和影响公共关系目标实现的因素进行调查分析。

（3）撰写委托报告书。根据调查研究的结果，向客户提交委托开展公共关系事务的详细方案报告。

（4）进行可行性论证。对委托报告书中的方案是否能够达到公共关系目标，以及是否具备实施的条件进行论证。

拓展阅读

博雅公关公司的服务内容

1992年，广东博雅公共关系有限公司成立，公司的专业服务内容如下。

（1）企业传播：企业定位、企业沟通、大型活动策划及实施、建立与媒体的关系。

（2）市场传播：产品及服务定位、市场营销支持、消费者权益保护、建立与传媒的关系。

（3）公共事务：政府关系、社会热点问题监控、社会公益及慈善活动。

（4）危机管理：危机预警及传播系统的建立、现场危机处理。建立与媒体的关系。

（5）医疗传播：医疗产品及服务定位与推广、医疗保健知识普及、患者咨询活动。

（6）企业改进沟通：企业文化融合、员工关系、社区关系。

（7）财经传播：企业上市传播、金融机构企业形象传播。

（8）新媒体传播：提供网络、多媒体等新兴媒体传播手段和技术支持。

（9）传播技巧培训：为企业负责人进行公共关系、媒体传播、公开演讲等与传播有关的技能训练。

课堂思考

请比较分析公共关系部与公共关系公司的区别与联系。

第三节 公共关系从业人员

引导案例

优质乘务组

往返于北京与广州之间的G69次列车是一个热门车次，这趟车和其他车次有很大的不同，就是车上的列车员是清一色的小伙子。这些小伙子平均年龄23岁，他们执行的车次每次都是满满当当的，16节车厢有400米长，7位小伙子分片包段工作。他们在车厢里整理行李、检查车票、端茶倒水、打扫卫生，忙得不亦乐乎。他们管这种工作方法叫“收割机”工作法，也就是说，列车员每到一节车厢就得有所作为。看到地上脏了，就得扫干净；走到洗面间、厕所，看到台面花了，就得擦干净。凡是走到的地方，就要留下工作痕迹。乘客普遍认为，该趟高铁男列车员服务好，甚至丝毫不逊于女列车员。一天，列车员小樊在车厢巡视时，一位老年男乘客跟他说车厢内的空调温度太低了，要求把空调温度调高。于是，小樊就拿来了一条毯子给他盖上，并在老年旅客的座位旁边挂了一个中国结。中国结是专为老幼病残孕旅客准备的，挂在座位旁列车员就会重点照顾。小樊临走时告诉该旅客，有什么需要再找他，旅客听后非常感动，连连表示感谢。事后，多家媒体对G69次列车的细致服务进行了报道。G69次列车的服务受到人们交口称赞，被四处传扬。

问题：结合该案例，分析公关从业人员的素养与能力应包括哪些内容。

公共关系从业人员（公关人员）指专门从事组织机构信息传播、关系协调、形象管理以及公关事务的调查、咨询、策划和实施的人员。从狭义上讲是指以公关为职业的专职人员，包括组织内公关职能部门工作人员和社会上公关公司专业人员；从广义上讲是指从事与公关相关工作的所有专职、兼职人员。从事公关工作的人员应该具备强烈的公关意识、良好的心理素质、丰富的知识储备、全面的操作能力等基本素质，遵守公关职业道德准则。

一、公关人员的基本素质

1. 强烈的公关意识

公关意识也被称为公关思想、公关观念，是指一种尊重公众，自觉致力于塑造组织形象、传播沟通、争取公众理解与支持的观念和思想，是对公关知识的凝练，对公关实践有指导作用。公关意识是组织建立良好公共关系的必要前提，是组织公共关系工作人员必备基本素质的核心。公关意识包括以下内容。

（1）服务公众意识。公共关系也称公众关系，公关就是在做公众工作，公关人员必须有尊重和服务公众的意识。一切公关工作都要从维护公众利益出发，满足公众各方面的需求，投公众所好，为公众提供周到的服务。

（2）塑造形象意识。组织的形象、品牌、知名度、美誉度对组织的生存发展具有重要价值。良好的组织形象是组织最重要的无形资产。良好的组织形象，是从事公共关系工作的最终目的。公关人员要重视知名度、美誉度对组织的价值，努力塑造、维护或矫正组织的良好形象。

（3）协调沟通意识。协调沟通意识强调重视信息流通作用，是一种平等、民主、真诚、互惠的意识。公关工作是一个系统工程，需要协调各方面关系。公关人员应该具备良好的协调意识，要遵循双向对称原则，平等竞争、公平合作，在沟通中寻求理解与支持，来增强组织内部的凝聚力和外部的和谐力，在沟通中谋求和谐发展。

（4）立足长远意识。立足长远意识是塑造组织形象稳定性的要求，也是其艰苦性的表现。一个形象一旦传播出去、树立起来，就具备了相对稳定性。与公众建立良好的关系，不可能一蹴而就，需要经过不懈努力，不断积累，才能成功。为此，公关人员要有长远眼光，既要立足于公关活动的经济效益，更要着眼于长期的公关战略目标；既要追求公关活动的经济效益，更要注重公关活动的社会效益。

2. 良好的心理素质

公关从业人员应具备以下三个方面的心理素质。

（1）充满自信。自信是指当面对现实或要解决的问题时，能经过冷静的分析并进而产生相信自己的乐观心态。公关工作复杂难办，只有充满自信，公关人员才能有强烈的事业心，意志坚强，创造性地开展工作。

（2）开放的心态。公关工作是一项开放性的事业，具有开放心态的人才能热情宽容地与各类性格的人相处，并能建立良好的关系。开放的心态表现为以下几个方面：接受新鲜事物，学习别人的长处，不断解放思想、更新观念，在工作中能够大胆开拓创新、积极探索等。

（3）热情乐观。热情乐观的心态能使公关从业人员充满想象力和创造力，保持广泛的兴趣，用热情和乐观的精神去与人打交道，帮助和感染对方，这样才能结交更多的朋友，更好地完成公关工作。

3. 丰富的知识储备

公共关系既是一门多学科的理论，也是一门实践性较强的实务，作为公关从业人员，必须掌握多方面的知识，丰富自身的知识储备。这些知识包括：公关理论知识、经营管理知识、传播沟通知识、社会交往知识等。

4. 全面的操作能力

公关工作要求从业人员具有较全面的操作能力，如人际交往能力、组织协调能力、表达写作能力、创新策划能力等。此外，随着国际交往的加强，公关人员还应熟练地掌握一门或多门外语。

拓展阅读

公关员职业守则

奉公守法，遵守公德；
敬业爱岗，忠于职责；
坚持原则，处事公正；
求真务实，高效勤奋；
顾全大局，严守机密；
维护信誉，诚实有信；
服务公众，贡献社会；
精研业务，锐意创新。

二、公关人员的职业道德准则

各国公共关系职业道德准则的具体条文虽然不尽相同，但都可归纳为以下三个方面。

1. 遵纪守法，不损害社会道德和他人正当权益

任何一个国家的公关人员，或者在任何一国进行公共关系活动的人员，必须遵守该国基本的法律、法规和社会公认的道德规范，这是公关人员最基本的职业道德准则。在公共关系实践中，某一组织的个体利益与社会整体利益有可能发生冲突，公关人员在这种情况下必须牺牲组织的个体利益，不能采取不正当的手段和方式，损害社会整体利益或其他组织的利益。

2. 忠于职守，自觉维护组织信誉

公关人员是代表某一组织进行公共关系工作的，理应忠于职守，避免发表含糊或可能引起误解的言论；对当前和以往的客户始终忠诚如一；在任何场合均应在行动中表现出对所服务的组织和公众双方的正当权益的尊重，以赢得有关方面的信赖；不能借用公共关系的名义从事任何有损所属组织形象或信誉的活动。

3. 公正诚实，不传播虚假信息

公关人员在进行公共关系活动中，不能传播没有确切依据的信息，或者为了个体利益故意传播虚假的或易使人误解的信息。做好这一点，既是公关人员对公众权益的尊重，也是从根本上长久维护组织良好信誉的保证。

课堂思考

某大型商业连锁企业打算开发东北市场，组建了东北事业部，需要配备一名公共关系部经理。请谈一谈该公司要任命的这名公共关系部经理需要具备什么能力和素质。

拓展阅读

中国公共关系职业道德准则（部分）

1. 公共关系工作者应当坚持社会主义方向，自觉地遵守我国的宪法、法律和社会道德规范。

2. 公共关系工作者在开展公共关系活动时，首先要注重社会效益，努力维护公关职业的整体形象。

3. 公共关系工作者在公共关系活动中，应当力求真实、准确、公正和对公众负责。

4. 公共关系工作者应当努力提高自己的政治水平、文化修养和公关的专业技能。

5. 公共关系工作者应当将公关理论联系中国的实际，以严肃、认真、诚实的态度来从事公共关系学教育。

6. 公共关系工作者应当注意传播信息的真实性和准确性，防止和避免使人误解的信息。

7. 公共关系工作者不能有意损害其他公共关系工作者的信誉和公关实务。对不道德、不守法的公关组织及个人予以制止并通过有关组织采取相应的措施。

8. 公共关系工作者不得借用公关名义从事任何有损公关信誉的活动。

9. 公共关系工作者应当对公关事业具有高度的责任感。不得利用贿赂或其他不正当手段影响传播媒介人员真实、客观的报道。

10. 公共关系工作者在国内外公共关系实务中应该严守国家和各自组织的有关机密。

本章小结

公共关系中所指的社会组织，是在共同目标的基础上，按一定的方式建立起来的与公众发生密切关系的社会机构，是公共关系的主体，是公共关系活动的组织者和实施者，是公共关系活动的核心。

社会组织是复杂多样的，对其进行分类的方法和标准也不尽相同。按照社会职能的不同，可以将组织分为经济组织、政治组织、文化组织、群众组织；按组织目标与受益者的关系划分，可以分为营利性组织、服务性组织、互益性组织、公益性组织；按组织是否营利和竞争分类，可以分为竞争性的营利组织、竞争性的非营利组织、独占性的营利组织、独占性的非营利组织。

根据公共关系组织机构的特性不同，可将其分为两类：一类是组织内部的公共关系部门；另一类是不从属于任何组织的专业性社会机构，即公共关系公司。

公关人员是对从事公共关系工作的人员的普遍而又常见的称呼。从狭义上讲是指以公关为职业的专职人员，包括组织内公关职能部门工作人员和社会上公关公司专业人员；从广义上讲是指从事与公关相关工作的所有专职、兼职人员。国家职业标准中将其命名为公关员。公关人员是组织开展公共关系活动最基本的主体。作为专业人才，公关人员必须具备相应的公关素质，遵守职业道德准则并接受培训。

实操演练

练习1. 公关人员形象训练。

形象是公关人员给公众的印象，包括相貌、服饰、言谈、举止、风度等，既包括外部的形象，也包括内在的形象。

（1）为自己的形象进行定位，确定自己适合的角色。

（2）选取如“校园形象大使比赛”“招聘”等与公关活动相关的题目进行表演。

（3）应当注意人物的形象设计，举止端庄，自然大方，注重不同场合的着装要求；语气适当，语言得体，面部妆容典雅协调；表情自然，形象设计符合角色要求。

练习2. 分组辩论与研讨，正方观点：社会组织应顺应公众；反方观点：社会组织应主导公众。

复习思考

1. 社会组织有哪些特征和类型?

2. 公共关系部的组织机构模式是什么?

3. 简述不同类型公共关系部的优劣势。

4. 公共关系公司有哪些类型?

5. 选择公共关系公司的标准是什么?

6. 公共关系人员应具备哪些基本素质?

7. 简述公共关系人员的职业道德准则。

8. 公共关系人员的培训内容有哪些?

9. 到当地工商行政管理部门进行实地调研，如果申办一家公共关系公司需要履行哪些手续?

10. 到当地一家企业的公共关系部进行实地调研，了解公共关系部的主要职责有哪些。

第三章 3

内强素质　以人为本
——维护内部公共关系

案例导入

海尔的特殊激励法

2022年5月，某调研网站发布“2022最受欢迎雇主品牌”榜单，华为、海尔和小米位列前三。该榜单主要结合网络声誉、员工体验、员工口碑三大维度进行评价，通过对受访者的调研和网络数据与网友点评，得出最受欢迎雇主品牌。其实，在山东青岛，海尔员工的工资并不是同行业中最高的，但如果与海尔员工直接接触，就会感到他们都有一种自豪感。海尔在员工管理上最具特色的方式是直接用员工的名字命名他们不断改进的工作方式或革新工具。

这种荣誉激励是对员工符合组织目标期望的行为进行的奖励，从而使这种积极向上的行为更多层次地出现，即更好地调动员工的积极性。这些被改革后的新工具的发明者都是在一线的普通工人，如工人李启明发明的焊枪被命名为“启明焊枪”，杨晓玲发明的扳手被命名为“晓玲扳手”。这一措施大大激发了普通员工在本岗位创新的激情，后来不断有新的命名工具出现，员工也都以此为自豪，工人中很快就兴起了技术革新之风。对员工创造价值的认可是对他们最好的激励，这种荣誉激励能让员工觉得工作起来有盼头、有奔头，进而能让员工创造出更大的价值。

问题：有人说，海尔“以员工命名”的特殊激励法是企业内部治理的良好体现，对此你怎么看？

学习目标

知识目标：熟悉内部公共关系的含义、目标、类型及特点，了解员工关系与股东关系的内涵。

能力目标：掌握处理内部公共关系的原则和方法，能正确处理员工关系与股东关系。

素养目标：培养良好的团队意识及合作能力，树立集体主义观念。

开篇导读

社会组织的公共关系涉及的范围非常广泛，但归纳起来可以分为两大类：一类是组织内部公共关系；另一类是组织外部公共关系。努力协调好组织的内、外部公共关系，为组织创造和谐的公共关系环境，是实现组织目标与可持续发展的必要条件。其中，内部公共关系是基础，各类组织必须高度重视并采取有效措施维护好内部公共关系，营造干事创业的良好氛围。

良好的组织形象，卓越的组织成就，来自于组织内部全体员工的共同努力和不懈的奋斗，只有求得组织内部的团结，才能求得组织的发展。因此，组织内部的公共关系协调，是公共关系的重要基础工作。内部公共关系是各类组织有效开展全方位公共关系工作的基础和出发点，内部公共关系状态的良好，对组织的正常运转十分有利。

微课03　正确处理组织内部公众关系

第一节　内部公共关系

引导案例

松下崛起的秘密

日本松下电器公司是世界知名的、实力雄厚的、经营管理独特的大公司，其公司创始人松下幸之助更是备受业界推崇。在处理内部公共关系上，松下幸之助十分强调富有“人性味”的管理。其主要做法有以下几点。

（1）拍肩膀。车间里、机器房，当一名员工兢兢业业、一丝不苟操作时，常常会被前来巡视的经理、领班们发现，他们先是拿着零件仔细瞧瞧，然后会对着员工的肩膀轻轻拍打几下，并说上几句“不错”“很好”之类的赞赏话。

（2）送红包。当你完成一项重大技术革新，或是你的一条建议为企业带来重大效益的时候，企业往往会重赏你。他们习惯于用信封装上钱款，个别或是当众送给你。对员工来说，这样做可以避免他人，尤其是一些“多事之徒”不必要的斤斤计较，减少因奖金多而滋事的可能。

（3）请吃饭。凡是逢年过节，或是厂庆，或是职工婚嫁，厂长经理们都会慷慨解囊，请员工赴宴或上门贺喜、慰问。在餐桌上，上级和下属尽情聊家常、谈时事、提建议，气氛和睦融洽。

（4）开辟“出气室”。公司设立专门房间，里面摆着公司大大小小行政人员与管理人员的橡皮塑像，旁边还放上几根木棒、铁棒。假如哪位员工对自己的某位主管不满意或有怨言，就可以随时来这里，对着他的塑像棒打一通，以解积郁心中的闷气。过后，有关人员还会找你谈心，沟通思想，给你解惑。久而久之，在松下公司就形成了上下一心、和谐融洽的“家庭式”氛围，从而使松下公司及其产品总是格外受人青睐，并不断走向世界。

问题：松下公司的做法值得借鉴吗？为什么？

一、内部公共关系的含义及目标

内部公众是组织的成员，与组织的关系最为直接、密切，包括员工、股东等。

1. 内部公共关系的含义

内部公共关系是指一个社会组织内部横向公众关系和纵向公众关系的总称。一个组织的公共关系目标是要获得各界公众的信任、支持与合作，树立良好的组织形象就需要取得组织内部公众的真诚理解和鼎力支持，组织的内部公众主要包括员工和股东。

内部公共关系工作对一个组织的生存和发展起着重要的作用。要做好组织内部的公共关系工作，创造和塑造良好的组织形象，必须认真分析和考察组织内部公众关系诸要素。从内部公众类别来看，组织内部的公共关系网络是由员工、股东、团体和领导者（管理者）等组成；从内部公众关系来看，组织内部的关系存在着人际关系、权力关系、信息关系、竞争关系和利益关系等。

2. 内部公共关系的目标

社会组织内部公共关系的目标是形成一种富有凝聚力的企业文化，具体来说就是创造一个相互信任、团结协调、和谐统一、士气高昂的良好内部环境，其基本内容包括以下几点。

（1）培养内部公众良好的价值观念

价值观念是社会组织全体成员所拥有的共同信念和判断是非的标准，是调节组织成员行为和人际关系的导向体系。员工的价值观是决定组织兴衰成败的一个根本问题，对于塑造组织形象和组织生存发展具有重要作用。社会组织在协调内部公共关系过程中，首先要遵循员工心理活动规律，正确处理组织内部因素与外部环境、组织整体与员工个人、组织与社会、传统文化与时代精神、现实与未来等一系列关系，逐步地精心培育全体员工认同的价值观念，使其既有坚实的现实基础，又具有一定的超前性，成为员工共同的行动指南，这样就等于有了内求团结的思想基础。

（2）培养组织内部的“家庭式氛围”

通过组织内部的公共关系建设，在组织内部形成一种和谐的人际关系氛围，也就是营造一种家庭式的氛围，使每个雇员感到置身于组织集体活动之中犹如置身于自己的家庭之中，从而感到心情舒畅，以激发其工作热情和创造性。

（3）协调和改善组组内部的人际关系

社会组织的总目标能否实现，关键在于组织与个人目标是否一致，组织内部各类员工的人际关系是否融洽。内部公共关系活动的开展就是要疏通组织内部信息交流渠道，消除误会与隔阂，联络感情，在组织内部形成相互交流、相互配合、相互支持、相互协作的人际关系，而这种人际关系的形成，标志着创造了一种良好的组织心理气氛，能够成为提高工作效率、推动组织发展的强大动力。

（4）维护员工权益

组织内部公共关系协调的坚实基础是员工从组织中得到合法、合理的物质利益，各项权益得到保证，物质需求和精神需求得到最大限度的满足，否则就不可能有良好的内部公共关系状态。

（5）保证组织的整体功能

社会组织本身是一个系统，不管该组织由多少名员工、多少个部门、多少个层次构成，但最终体现组织功能作用的是组织的整体，特别是那些规模庞大、人员众多、分工细密、技术复杂的现代化企业组织，更要通过公共关系去实现步调一致，消除内耗，形成具有统一目标的整体行动。

拓展阅读

通用电器从公司的最高领导到各级领导都实行“门户开放”政策，欢迎员工随时进入他们的办公室反映情况，对于员工的来信来访妥善处理。公司的最高领导和公司的全体员工每年至少举办一次生动活泼的“自由讨论”。通用公司努力使自己更像一个和睦、奋斗的大家庭，从上到下直呼其名、无尊卑之分、相互尊重、彼此信赖，使人与人之间的关系非常融洽。建立良好的组织内部沟通系统可以增强员工对组织的参与意识，促进上下级之间的意见交流，不仅保证了工作任务更有效地传达，而且增进了员工之间的相互信赖、支持和友谊。所有这些，在不知不觉中增进了员工对公司的感情，构建了公司内部协调的公共关系。

二、内部公共关系的类型

内部公共关系可以按照不同的标准分为不同的类型。

1. 根据内部公众对组织的重要性划分

根据内部公众对组织的重要性的不同，可以将内部公众分为主要内部公众和次要内部公众。主要内部公众是对组织的生存、发展、信誉、成败有举足轻重地位的公众，如员工中的骨干、股东中的董事会成员、关键部门的领导者等；次要内部公众是对组织影响不大、作用不突出的公众。这种主要与次要之分是相对而言的，两者之间存在着转化关系。

2. 根据内部公众对组织的态度划分

根据内部公众对组织的态度的不同，可以将内部公众分为顺意内部公众、逆意内部公众和独立内部公众。顺意内部公众是对组织的政策和行为持认同、赞赏和支持态度的内部公众；逆意内部公众是对组织的政策和行为持反对态度的内部公众；独立内部公众是对组织的政策和行为持中间态度或态度不明朗的内部公众。显而易见，内部公关工作就是要保持和扩大顺意内部公众数量，转化逆意内部公众，争取独立内部公众的支持。

3. 根据内部公众与组织的关系状态划分

根据内部公众与组织的关系状态的不同，可以将内部公众分为潜在内部公众、知晓内部公众和行动内部公众。潜在内部公众指在组织的内部公众环境范围内，某社会群体或个人面临着组织潜在的公共关系问题的内部公众。这个潜在问题可能尚未充分显露，也可能是这些内部公众本身还未意识到问题的存在。知晓内部公众是那些已经意识到问题的存在，但尚未采取相应行动的内部公众。行动内部公众是指那些不仅意识到问题的存在而且已经开始采取相应行动的内部公众。公关工作就要善于抓住潜在内部公众，扩大知晓内部公众，引导行动内部公众。

4. 根据内部公众构成的稳定性划分

根据内部公众构成的稳定性的不同，可以将内部公众分为临时内部公众、周期内部公众和稳定内部公众。临时内部公众是因某一临时因素、偶发事件或专题活动而形成的内部公众；周期内部公众是按一定规律性和周期性出现的内部公众；稳定内部公众是与组织有稳定关系的内部公众。

此外，不同的社会组织都有着自己特殊的内部公众。这就要求公关人员根据自身的不同性质的内部公众，采取恰当的交往和沟通方式，准确、及时、有效地向特定内部公众传播有关信息；在公共关系预算和资源许可范围内，确立优先原则，更经济、有效地使用经费和资源，制订切实可行的、针对性强的公关计划。

三、内部公共关系的特点

内部公共关系具有同质性、层次性、稳定性、密切性、可控性和逆向性六个基本特点。

1. 同质性

所谓同质性是指内部公众具有某种共同的性质，遇到了某种共同的问题。换言之，是他们具有某种共同的利害关系并与组织构成了一定的利益联系或利害冲突。因此，了解和分析自己的内部公众，必须首先分析其内在的共同性，才能化混沌为清晰，从内部公众整体中区分出不同对象来。

2. 层次性

内部公众的存在形式是复杂多样的，可以是个人，可以是群体，也可以是团体或组织。即使是同一类内部公众，也可以有不同的存在形式。比如股东公众，可能是某个人，也可能是某一团体，也可能是一个严密的组织。内部公众的层次性特点，决定了内部公共关系的沟通方式和传播媒介选择的多样性。

3. 稳定性

社会组织内部公共关系无论从对象还是从方式、方法上都是比较稳定的。组织的员工、团体在组织体系中所处的地位和作用均相对稳定，其思想与行为比较容易掌握，彼此了解、熟悉，这就为开展内部公共关系工作提供了有利的条件。另外，信息沟通的渠道也比较稳定。组织针对稳定性特点，可以有计划、有步骤、有针对性地开展内部公共关系工作，力求公共关系工作的最佳效果。

4. 密切性

组织内部员工之间、团体之间存在着密切的关系，他们具有共同的工作目标、共同的利害冲突，工作上需要互相支持与配合。频繁的信息交流和信息传播密切了组织与员工之间的关系。组织与内部公众之间的密切程度高于其他任何一种公共关系，这是有效地开展内部公共关系的基础。

5. 可控性

与外部公众相比较，由于内部公众处于同一组织之中，存在着纵横交错的沟通网络，思想、利益的联系十分紧密，因而比较容易控制。组织可以利用行政的、心理的、纪律的、制度的关系和手段控制和调节内部公众的交往，可以很方便地进行宣传、教育，把他们的思想和行为引导到对组织有利的轨道上来。同时，员工服从组织的领导指挥，参与各种集体活动，接受组织的奖励和惩罚，这种关系也是决定内部公共关系具有可控性的一个重要原因。

6. 逆向性

良好的内部公共关系能增强员工之间的协作互助精神，提高组织的综合效率；而组织内部排斥、敌意的公共关系，将激化组织内部矛盾，削弱组织的团体竞争力，制约组织的健康发展。

课堂思考

管理者在进行内部公共关系维护时需要注意什么？

第二节　员工关系

引导案例

老乡鸡董事长手撕员工联名信

2020年2月8日元宵节，不少企业面临着疫情防控和复工的双重压力。晚间，一段题为《刚刚！老乡鸡董事长手撕员工联名信》的视频通过各种社交平台迅速传播。视频中老乡鸡董事长称由于受疫情严重影响，老乡鸡保守估计会有5个亿的损失，为了帮助企业渡过难关，部分员工提出疫情期间不拿工资，并签字按手印提交联名信。老乡鸡董事长对此的回应是直接撕掉，并喊话员工，哪怕卖房卖车，也会千方百计确保员工们有饭吃、有班上。强硬的手撕联名信，体现了企业对员工负责任的态度，也展示了企业对员工的一份关爱。该视频迅速出圈，刷屏网络。该事件也被认为是餐饮业困境之下品牌公关传播的范本。

问题：董事长需要这样做吗？为什么？

一、员工及员工关系

员工是组织的特殊公众，是组织的构成主体，是组织最重要、最直接的内部公众。建立良好的员工关系，能够培养员工对组织的认同感。员工关系是社会组织在管理过程中形成的人事关系，包括组织内上下级之间、部门之间、员工个人之间的关系。员工关系的内容包括以下两个方面。

1. 充分了解和尊重员工的需要

（1）收入及福利报酬。对相当多的人来说，劳动仍然是其谋生的手段，收入的多少也是衡量其能力大小的一个标准，因此，公平的待遇和合理的劳动报酬是员工的需要。同时，良好的福利待遇可减少员工的后顾之忧，使其能够全力投入工作。

（2）工作环境。安全、可靠、优美、舒适的环境，对于提高员工的工作热情和劳动积极性有重要的作用。

（3）民主管理。组织的重大决策要经过员工代表大会讨论或广泛听取员工的意见，让员工参与管理，充分发挥员工的主人翁能动性。

（4）重视员工的培训和发展。组织必须重视员工的培训，制订相应的员工培训计划，培养和留住人才。组织应给员工提供有挑战性的工作，为员工的成长发展创造条件和机会，帮助员工设计其职业生涯，实现其理想与追求。

2. 建立畅通的信息沟通渠道

畅通的信息沟通渠道是建立良好员工关系的基础。组织内应建立畅通的信息沟通渠道，形成纵横交错的信息网络。

（1）自上而下的信息传递，即“上情下达”。组织的重大经营决策及各种信息应及时告知员工，使其充分了解和理解组织现状。组织可通过内部网络、报刊、广播、板报会议、电子邮件、短信等方式传达信息，与员工沟通。

（2）自下而上的信息反馈。组织应广泛收集员工的意见、建议，了解员工的需要，把握员工的思想动态。具体可采取接待来访、咨询、实地调查、设置意见箱、问卷调查、座谈会、内部网络、现场办公会等方式来实现。

（3）横向信息沟通。部门之间、员工之间不存在隶属关系，组织应有意识地举办各种文娱、体育活动，增进内部横向联系，沟通感情，促进其相互协作。

二、处理员工关系的方法

在早期的管理理论中，组织中的员工被视为机器和流水线的组成部分，工人的人性是被压制的。现代管理理论则认为人是组织中最重要的资源，强调“以人为本”。因此，公关工作的首要任务是建立和维护良好的员工关系。

微课04　处理员工关系的方法

1. 了解员工的基本状况

建立良好的员工关系首先就要了解员工的基本状况，包括身体、技能、心理等方面的情况。把握住员工的基本状况才能有的放矢地开展维护员工关系的工作。

2. 满足员工的合理物质需要

员工参加组织的工作最直接的目的是以劳动获取一定的报酬。因此，保证员工合理的物质利益，是建立良好员工关系的基础。具体来说，一方面需要组织适当进行工资制度、资金制度的调整和完善，改善员工的工作环境和条件，提高福利待遇；另一方面又要努力使员工的物质欲望保持在现实、合理的期望水平上，使组织有持续发展的实力。

3. 承认和尊重员工的个人价值

承认和尊重员工的个人价值，是组织的个体价值得以实现的前提条件。处理员工关系时，应注意承认和尊重员工的个人价值，使他们能将自己的利益与组织的利益结合起来，激发其主人翁意识，促使其与组织同呼吸、共命运。

4. 与员工充分沟通，实现信息共享

与全体员工分享信息，以取得组织与员工之间的理解和合作。在组织内部，信息的共享是建立良好员工关系的关键。如果一个员工根本不了解本组织的状况，甚至对事关切身利益的信息都不了解，则很容易产生猜疑、烦恼和不满等情绪。因此，组织要通过各种传播行为让员工了解组织的状况（除非特别需要保密）。

内部传播媒介是与员工进行沟通的有效手段，如内部刊物、墙报、宣传展示屏、有线广播等。公关部门可通过它们向员工介绍组织各方面的运作情况，如组织决策的制订标准、竞争对手的情况、领导者和员工的工作业绩、有关生产的最新信息和知识、安全生产的知识、福利情况、法纪教育等。此外，还有以下方式可采用。

（1）热线电话。热线电话是接受员工投诉和建议的一种便捷、有效的方式。

（2）开门迎候。设立管理者接待制度，允许普通员工到领导者的办公室反映情况、提出意见、交流情感。

（3）家访。组织的管理者或公关人员应利用节假日或其他合适的机会登门拜访员工，对他们的贡献表示感谢。了解他们生活中的困难，向家属表示谢意。

（4）集体文体活动。定时组织集体文体活动可以增加员工之间、上下级之间的交往。

5. 营造良好的组织文化和内部氛围

组织文化是指一个组织及其员工所具有的一整套价值观念体系，它包括“软”的一面，如员工的思想意识、精神风貌和价值观念；还包括“硬”的一面，如技术活动、福利活动和娱乐活动等。

员工的忠诚和组织内融洽的“家庭气氛”是社会组织良好员工关系的一个重要标志。培养员工的忠诚要靠建立一套基本的价值观念，并把它灌输到员工的心里，使员工对其产生坚定的信念。“家庭气氛”是在员工对组织忠诚的基础上所产生的良好集体气氛。这就需要公关人员从平时入手，从小事着手，在员工中扩大人与人之间的情感交流范围，增强凝聚力和向心力。

拓展阅读

协调好组织内部的员工关系，是组织开展公关工作的首要任务。公关部门要考察不同员工、不同层次的需求结构，有针对性地引导他们的行为，最大限度地调动每个员工的积极性、主动性和创造性，使所有员工同舟共济，协力塑造好组织形象。员工的积极性和言行举止是由动机支配的，动机又是以需要为基础的。内部公众公关工作的一项重要任务就是认真分析研究员工的各种需要。一般来说，员工除了工资以外有三方面的需求：安全、机会和承认。员工们必须感到安全，才能高水平、高效率地工作；他们需要有机会调到适合他们工作的部门和岗位，或者愿意在某种程度上进行改变，以改善自己的境况，并使其得到成长和发展；当员工有杰出表现时，应给予他们高度评价。只有不断地满足员工的不同心理需求，才能引发员工的自觉行为。

课堂思考

李女士在行政事业单位工作，是某办公室副主任，上面有分管领导A和主管领导B。分管领导A职务高于主管领导B，而且两人一直不合。一次，领导A找李女士谈话，让她私下打听下其他单位的一些先进的管理方法，但嘱咐不能告诉其他领导。她向其他单位的一些同行打探了情况，不过这件事让领导B知道了，领导B打电话问她，她就说了事情的经过。领导B这个人很有心计，很沉稳，他在单位工作20年了，很吃得开。第二天李女士找到了领导B，和他汇报了领导A交办的事，领导B很不高兴，告诉她不要多事！此后，领导B表面上对她还是如常，但是其实把赋予她的一些权利给剥夺了，让另外一个副主任去做。有些文件现在也不用李女士处理了。李女士很苦恼，心里想，她是倾向于领导B的，毕竟是他把李女士带入这个办公室的，没有他的指导，也许自己也没有今天的成绩。

如果你是李女士，你会怎么办？

第三节 股东关系

引导案例

2020年5月，《2020年A股上市公司投资者关系调查报告》发布，报告显示，参与调研的上市公司中，有47%的公司认为自身投资价值被低估，其中21%的公司认为投资价值被低估20%及以上；仅四成公司认为目前股价基本反映其内在价值。

该项调查由国内投资者关系管理和金融公关领域领先的专业咨询机构于2012年发起。600余家A股上市公司投资者关系管理工作人员参与了调研。2020年的报告在往年基础上，对国内A股上市公司投资者关系管理工作现状做出了更具系统性和细节性的描摹。

“上市公司的投资者关系管理工作水平差异较大，与投资者、媒体和公众等市场各方的沟通还不充分、不到位，这是上市公司与外界对企业价值认知存在巨大差异的最主要原因。”调查相关负责人如是说。报告显示，上市公司与投资者之间并不缺乏交流沟通的渠道，除了常见的电话和电子邮件方式外，以“上证e互动”和“互动易”为代表的投资者沟通网络平台已经成为上市公司与投资者沟通的重要渠道，投资者关系工作的互联网化趋势已初步显现。

但上市公司与投资者和媒体的沟通仍然不够充分。一方面，上市公司投资者关系工作系统性、科学性、精细性和持续性仍然处于较低水平，上市公司较难把握信息传递的内容、方式、频率和渠道。调查显示，中小板和创业板的受访上市公司对投资者和分析师进行数据化管理的比例不足五成；对监管层力推的自愿性信息披露，超过七成的受访上市公司表示仍处于思考和观望阶段。调查相关负责人认为，基础工作的欠缺无疑使得更深入和更具个性化的投资者关系工作以及更高层次的市值管理成为无本之木。

问题：结合案例，你认为投资者关系处理的关键是什么？

一、股东及股东关系

1. 股东

股东是指那些拥有某组织股票的投资者，他们有人数多、分布广、不直接参与组织的经营但很关心组织的盈利状况的小股东，也有人数少、股权多、直接参与组织经营管理和决策的董事会成员。也就是说，股东是企业的投资者，他们的利益与组织的发展息息相关。由此我们可以得出股东的概念，股东是指股份公司的出资人或投资人，是股份公司或有限责任公司中持有股份的自然人，他们有权出席股东大会并享有表决权。股东有权要求公司向其签发出资证明书，并设置股东名册，记载股东的相关信息。他们的决策关系到组织的生死存亡，因此，建立良好的股东关系是保证企业永续发展的重要条件。

2. 股东关系

股东关系是涉及企业组织融资来源的一种重要内部公众关系。企业的公关工作应当向投资公众不间断地提供真实信息，使公众了解作为投资对象的本组织，并做出可靠的价值估量以信赖本组织而为其投资。妥善处理好股东关系，是公共关系的一项重要职责。股东关系的基本目的是争取股东的了解和信任，创造有利的投资环境，稳定已有的股东队伍，吸引新的投资者，扩大企业的财源。

拓展阅读

股东公众是指组织的投资者，包括三个层次：董事会、广大股东和金融舆论专家。从本质上说，这种关系属于内部关系；从现象上看，又似外部关系，可以说是一种分散于外部的内部关系。他们大多是一群有“老板意识”的“外行”，但又是组织的“财源”。公共关系工作就是要了解股东们的心理，加强组织与股东的沟通，创造有利的投资气氛，最大限度地扩大组织的社会财源。

二、协调股东关系的方法

1. 维护股东的正当权益

投资是企业资金的主要来源，股东拥有参与经营管理权、优先认股权、经营成果分享权、剩余财产分配权、股份转让权等。企业在处理股东关系时，不论其持有股份多少，都应尊重其“特权意识”，努力维护其正当权益，保持与股东的良性沟通。

2. 加强与股东的信息交流与沟通

企业应保持与股东之间的联系，及时向其通报企业经营管理各方面的情况，如企业的经营目标、政策、计划、资金运用状况、股利分配方案和盈利预测等，为股东的投资决策提供充分、可靠的资料。

股东购买了组织的股票，自然而然会产生一种“主人翁意识”，会要求知晓组织的发展动向和经营成果，对组织的有关消息会特别关切。公关人员在处理股东关系时，不论其购买股票多少，都要特别注意尊重股东的“权益意识”。同时，也要收集来自股东方面的信息，报告给领导层，从而改进本组织的经营、管理、产品和服务等。

保持组织与股东之间的有效沟通，必须利用各种传播手段。一般来说，与股东联系的常用方式有以下几种。

（1）年度报告。这是联系股东最常用的，也是最主要的工具。年度报告内容一般应尽量详尽。例如，财务状况的详尽说明及统计数据、生产和销售的具体数额、人事安排、工作组织状况、劳资关系和其他问题等。编制年度报告时不可将其编成统计报表，其版面、内容到印刷装帧都要适当讲究。年度报告一般包括以下内容：封面、财务概况、目录（就长篇报告而言）、董事长致辞、专文、财务报告、资金平衡表、统计数据、图表、领导班子简介等。

（2）股东大会。这是除年度报告外另一种联系股东的重要方式，是企业经营者陈述业务的一个特别的机会，也是股东们对企业一年来的经营表现情况的一次审核，因此要予以特别注意。股东大会可能是企业一年中最重要的会议，有些大企业的这类会议支出费用是相当高的。一般情况下，企业主要领导人应主持或出席会议。为了使股东大会开办得富有创意，可附加一些增加活力的内容，如提供一顿美餐、放映一部影片、赠送本公司的产品、选择旅游胜地举行会议等。

此外，与股东联系的手段还有写信、发送电子邮件、邮寄产品样品、分发季度报告、进行个人专访和电话联系等。

3. 视股东为可靠的顾客

股东与企业之间不只是单纯的财务关系，股东还是企业的所有者，其个人利益与企业利益休戚相关。企业应激励和吸引他们参与到企业的生产和销售活动中来，利用他们的社会关系去发展企业的销售网络。股东可以说是企业最忠诚的顾客，企业应大力开发股东这个强大的顾客群，他们往往会成为组织及其产品的义务推销员、宣传员。利用他们广泛的社会关系扩大产品销售网络是明智的做法。因此，良好的股东关系不仅能保证企业财源稳定，还能为企业开辟新市场。

拓展阅读

一家公司如果有1000个股东，而每个股东又有100个朋友和同事，假使每个股东都说这家公司的好话，就有近10万个潜在的顾客，这是一个很可观的市场。某食品公司每逢重大节日便准备一套本公司的罐头样品，分送给每一位股东。股东们为此感到特别骄傲，对产品产生强烈的认同感，不仅向外界极力夸耀和推荐本公司的产品，而且在重大节日前会准备好一份详细名单寄给公司，由公司按名单把罐头作为节日礼物寄给他们的亲友。为此，该食品公司每年重大节日前后都会额外收到一大批订单。

4. 请专家对股东施加影响

为了做好与股东之间的关系维护工作，企业还应当注意充分利用金融舆论专家的影响。专业金融舆论专家主要指股票经纪人、投资银行家、证券分析师、金融新闻人员等。据调查，约有一半的股东缺乏股票及商业的基本知识，仅有45%的股东平时会阅读、浏览与金融相关的资讯，他们的投资意向易受金融舆论专家的影响。因此，要想稳定已有的股东队伍，引起潜在投资者对本组织的兴趣，扩大股东规模，就应当与那些专业的金融舆论人士加强合作，通过他们来对股东施加影响。

本章小结

社会组织需要处理的内部公共关系多种多样，在组织内部需要处理员工关系与股东关系，这是很重要的内部公共关系。

在维护员工关系时，组织应做到：了解员工的基本状况；满足员工的合理物质需求；承认和尊重员工的个人价值；与员工充分沟通，实现信息共享；营造良好的组织文化和内部氛围。

在协调股东关系时，组织应维护股东的正当权益，加强与股东的信息交流与沟通，视股东为可靠的顾客，请专家对股东施加影响。

实操演练

练习1. 某知名饭店非常重视员工培训，并成立了员工培训中心。新招聘的员工一到饭店就被送到培训中心接受长达一年的业务培训，全部费用由饭店承担。时至今日，该培训中心已先后培训了5届员工。然而，由饭店花大本钱培训的员工，特别是核心员工在近两年先后跳槽。在第一届参加培训的40人中只有10人目前还留在饭店，而饭店管理者并没有予以关注，他们认为这是偶然现象，以至于第二届、第三届也只剩下7人。你若是相关部门负责人，面对大量人才流失，你会采取何种措施？

练习2. 目前，班级内部不是很团结，班内学生分为很多小团体，充分的沟通多集中在同寝室的同学之间，跨寝室同学之间的沟通不够顺畅，学生与班干部之间也有一定的误会与矛盾，出现个别学生不能统一行动的情况。作为班长，请写一份处理班级内部公共关系的建议书。

复习思考

1. 组织内部公共关系有哪些？应如何处理？
2. 如何与内部公众进行有效的沟通？
3. 如何正确对待员工的投诉？
4. 如何把股东发展为组织忠诚的客户？

第四章 4

勇于开拓　善交外友
——协调外部公共关系

案例导入

不忘初心，薪火相传，在沪企业界人士用奔跑为建党100周年献礼

2021年5月8日上午，由半淞园路街道、老西门街道、上海市各地在沪企业（商会）联合会共同主办，半淞园文商体发展联盟协办的“不忘初心 薪火传承——迎接建党100周年 百名企业家黄浦滨江跑”主题活动在黄浦滨江开启，来自上海各重点企业的百余名企业家代表聚集在黄浦滨江世博码头江畔参加本次活动。以奔跑跨越历史，用脚步丈量百年奋斗历程，上海企业界人士用这种独特的方式对建党100周年表示祝贺与崇敬之情，展示了自己跟党走、学党史、积极接受红色教育的良好形象。

1．传承红色基因　重跑红色之路

本次活动采取“红色教育+营商服务+健康运动”相融合的方式，深入挖掘黄浦区特有的红色记忆和街区文化，增强居民群众体验性、互动性，优化营商服务环境，激活企业参与度、共鸣感，以健康方式传承时代精神与民族力量。

2．学党史强体魄　汲取奋进力量

围绕“学史明理、学史增信、学史崇德、学史力行”的主题，此次活动主办方通过在赛道附近设置党史主题宣传展，以及各种互动答题闯关环节，让学党史既有意义又有趣，传承党的诞生地之“红色基因”。

3．政策宣传领头跑　营商环境添助力

发挥滨江区位优势，整合优质资源，着力搭建“政府—企业”“企业—企业”互通双赢之路径，以更便捷高效的服务，推动实现多方资源共享、发展共促。本次活动邀请了附近辖区内的众多骨干企业家共同参与，现场配有营商服务专员，通过政策咨询讲解等多种形式，让前来参加跑步的企业家们了解黄浦、爱上黄浦，着力优化营商环境，助力企业“加速跑”。

习近平总书记在多个场合反复强调：“学党史，悟思想，办实事，开新局。”为此，半淞园路街道、老西门街道、上海市各地在沪企业（商会）联合会结合自身的实际情况，用奔跑的脚步丈量黄浦的红色热土，庆祝建党100周年，一路奔跑，一路学习，追寻真理的足迹，传承红色基因，秉持初心前行，用激情与担当迎接下一个辉煌百年，可谓恰逢其时，既展示了自身爱国爱党的形象，又提升了自身党史学习能力，为良好营商环境的构建奠定了思想政治基础。

问题：在国庆节、建党节、消费者权益日等节日期间，总能看到很多企业界人士开展各种纪念或展示活动，请谈谈原因。

学习目标

知识目标：明确外部公共关系的含义、类型与特点；熟悉客户关系、政府关系、社区关系、新闻媒体关系、竞争对手关系等外部公众关系。

能力目标：掌握社会组织与客户、政府、社区、新闻媒体、竞争对手协调关系的方法与技巧；能够帮助组织协调好纷繁复杂的外部公共关系。

素养目标：树立双赢观念，培养社会责任感和大局意识。

开篇导读

社会组织在长期的公关实践中经常会遇到一些棘手的问题，比如原材料成本上涨，导致产品不得不提价，这就要求组织要想方设法让公众接受新价格，最起码不排斥；组织为了加速自己的发展，就要争取获得政府的一些政策支持，那如何才能说服政府，给予较大的支持呢？为了实现与公众广泛、有效地沟通，需要借助新闻媒体的力量，那么要如何处理好与新闻媒体的关系呢？可以发现，外部公众类型繁多，且都关系着组织的外部发展，这就要求组织能妥善处理并协调好外部公共关系，创造组织发展的“朋友圈”。

微课05 妥善处理组织外部公众关系

第一节 外部公共关系

引导案例

让乘客满意的服务

2022年8月的一天，上海至北京的G102次列车停靠徐州东站，上下车旅客较多。没多久该次列车驶离徐州东站，列车员小张发现商务舱里原本空着的三个座位有旅客乘坐，连忙轻步上前，微笑问好，核对车票，登记去向。当她接过车票查看时，不由暗暗一惊：不好，他们乘错车了！原来这三名旅客来自香港，此次结伴到内地旅游，现从徐州东去上海，但忙中出乱乘错了方向。此时，列车已经从车站开出，速度越来越快，下车已不可能。小张连忙送上茶水和小食品，一边用娴熟的粤语与旅客交谈，安抚其情绪，一边通过对讲机向列车长汇报了此事。列车长迅速赶到现场了解情况，同时查询了列车时刻表，并与济南西站取得联系，告知旅客可以在济南西站下车换乘去上海的列车，然后仔细交代了返程车次和换乘注意事项，请他们放心。三位旅客喜形于色，连连道谢。其中，一位女士说道：“不论我们走到哪里，即使远离家乡、举目无亲，我们都可以凭着乡音得到帮助，你们细心、周到、热情的服务让我们倍感温暖。高铁列车员靓，服务更靓，不愧为世界一流的服务品质！”不知不觉中，列车到达济南西站。小张送三位旅客下车，而站上的值班员已经在站台上等候接应。

问题：请总结列车长和列车员小张是如何协调处理乘客关系的。

一、外部公共关系的含义

社会组织在长期的发展中往往会面临外部环境的不确定性，所要面对的外部公众众多，常见的有客户、政府、社区、新闻媒体、竞争对手等。外部公众构成了组织生存与发展的重要外部环境。每一个社会组织都应当有针对性地采用各种方法，建立与外部公众的良好关系。外部公共关系是指与组织运行过程发生一定联系的所有外部关系的总和。外部公共关系主要包括客户关系、政府关系、社区关系、新闻媒体关系和竞争关系等。

拓展阅读

“盟友”的力量

社会组织的盟友就像一个“联合舰队”，类型多种多样，常见的盟友包括：

（1）新闻媒体盟友。这是社会组织最常见的盟友力量，其优势在于时效快、覆盖广、权威性强和可信度高。

（2）意见领袖盟友。通常是社会组织在从事公共关系工作中可借助的信息来源，比如他们可借助自己的网络媒体平台影响粉丝，其优势在于覆盖精准、操作灵活、可信度高、口碑良好。

（3）专业组织盟友。这是公关盟友中的中坚力量，专业组织盟友的优势在于可信度极高、权威性极强、交互性好。

（4）忠实粉丝盟友。他们被称作种子用户，是社会组织的免费宣传员，借用粉丝的力量做公关已经屡见不鲜，其特点是交互性好、触及效果好，但可控性较差。

（5）官方盟友。政府官方的介入可以正确引导舆论和维护正常秩序，也是社会组织不可忽视的一类盟友。

二、外部公共关系的类型与特点

组织的外部环境是复杂的，外部公众也是多种多样的。组织只有通过有效地传播和沟通，取得外部公众对组织的认同、理解、支持与协作，才能与他们建立起广泛的、良好的、合作共进的关系。

1. 外部公共关系的类型

（1）客户关系。客户是企业组织所面临的范围最广、数量最多、差异性最大的公众。客户关系的公关目标就是促使客户形成对组织及其产品或服务的良好印象，建立组织信誉，提高组织在广大客户中的知名度。

（2）政府关系。政府关系是任何社会组织都避不开的一种关系，因为任何组织都不能超越政府的管理。与政府及其工作人员建立良好关系的基本目的是争取政府对本组织的了解、信任和支持。政府的认可和支持是最具权威性和影响力的。

（3）社区关系。社区是任何社会组织都必然要与之发生联系的外部公众，组织的许多活动都有赖于社区的支持和协助。职工的生活、交通、子女教育、能源供应、安全保障等都需要社区协助解决。只有把这些问题处理好，才能解除职工的后顾之忧。同时，组织对社区也有不可推卸的责任和义务，与社区建立良好的互助合作关系是组织外部公关工作的重要内容之一。

（4）新闻媒体关系。新闻媒体关系是指组织与新闻传播机构以及新闻界人士的关系。新闻界公众是公关工作对象中最敏感、最重要的一部分。这种关系具有明显的两重性：一方面，新闻媒体是实现组织与公众有效沟通的重要工具；另一方面，新闻媒体又是组织特别重视的公众。工具与对象的统一，决定了新闻媒体关系的特殊性和重要性。与新闻媒体建立良好关系的目的就是争取新闻媒体对本组织进行有利的舆论宣传和通过新闻媒体与广大公众实现有效沟通。

（5）竞争关系。竞争关系也叫同行关系，即组织与同行其他组织之间的关系。在公共关系领域，不鼓励和强调同行业组织之间的竞争，组织应协调好与竞争者之间的关系，争取合作，实现共赢。

2. 外部公共关系的特点

外部公共关系具有整体性、变化性、相关性的特点。

（1）整体性。整体性是指他们不是单一的群体，而是与一个组织运行有关的整体环境。任何组织的生存和发展都离不开一定的外部公众环境，这些外部公众环境以整体作用方式对组织产生影响，因此，组织的公关工作必须面对所有的外部公众，而不可只注意其中某一类而忽略其他公众。对任何一类公众的疏忽，都可能导致整个公众环境的恶化，要用全面、系统的观念来面对外部公众。

（2）变化性。变化性是指组织的外部公众不是一成不变的，而是一个处于不断变化之中的开放的系统。任何组织的外部公众，其性质、形式、数量、范围等均会随着主体条件、客观环境的变化而变化：有的关系产生了，有的关系消失了；有的关系扩大了，有的关系缩小了；友好关系变成了敌对关系，竞争关系转为协作关系等。外部公众环境的变化，必将导致公关目标、手段的变化；同时，组织自身的变化也会导致外部公众环境的变化，变化的结果又反过来会影响、制约组织的发展。

（3）相关性。相关性是指外部公众不是抽象的，而是具体的、与特定组织相关的。外部公众是对应一定的公关行为主体而存在的。一群人之所以成为某组织的公众，是因为他们与该组织具有一定的相关互动性，即他的态度、意见和行为对该组织有影响，甚至决定其成败；同样，该组织的政策和行为也对这些公众产生实际的或潜在的影响。这种相关性是组织与公众形成公共关系的关键。寻找公众、确定公众的重点就在于寻找和确定这种相关性，从而确定自己的工作目标。

三、协调外部公共关系原则

在处理与协调外部公众关系时，组织应秉承公众第一、注重传播沟通和兼顾社会效益的原则去进行，才能建立良好的外部发展环境。

1. 公众第一原则

做好外部公众关系协调，正确处理组织与相关公众的关系时，必须树立“公众第一”的指导原则。组织对于各类公众，不但应当平等相待，而且必须充分尊重、悉心呵护，站在公众角度思考问题，满足公众合理需求，维护公众合法权益。只有这样，才能真正赢得公众的信任、支持与合作，创造和形成有利于组织发展的良好公共关系环境。

2. 注重传播沟通原则

组织只有建立与各类外部公众通畅的信息传播与沟通渠道，才能及时了解和分析他们的需求以及意向，真实、准确地反映和把握舆论的发展趋势，以利于组织在协调外部公众关系中正确决策、调整应对；只有建立与各类外部公众通畅的信息传播与沟通渠道，才能增进了解与信任，化解矛盾与冲突，促进互助与互利，以利于组织在良好的公众关系状态下赢得支持。由此形成宝贵的形象资源和优势，形成和谐的外部公共关系环境，实现组织的可持续发展。

3. 兼顾社会效益原则

组织在协调外部公众关系时，必须考虑社会效益。社会效益的内容包括许多方面，例如，社会产品的生产、人们生存环境的改善等。但是最基本的一点是，每个社会成员都能够分享到社会整体发展与进步所带来的益处，例如，某个城市由于所有组织及市民的共同努力，在经济发展的基础上，城市建设得不错，住房井然、街道洁净、公园美丽等，这一社会效益应被该城市的所有组织及市民所分享，因为他们共同生活在这一社区。

课堂思考

社会组织在处理与协调外部公共关系时需要注意什么？

第二节　客户关系

引导案例

能洗地瓜的洗衣机

青岛“海尔”是中国家电知名品牌，纵观该企业的发展历程，我们会看到海尔的成功不是偶然的，因为它始终站在公众利益的立场上高标准要求自己。能“洗地瓜的洗衣机”就是这样研制出来的。在海尔大力开发西部家电市场时，一位四川用户给海尔集团写了一封信，反映海尔洗衣机的出水管经常被堵住。海尔一向把用户的问题当作自己的课题，随即派人前去调研了解情况。结果发现，四川农村种地瓜的农户特别多，当地人就用洗衣机来洗地瓜，洗得又干净又快，就是出水管容易被泥堵住。有些人认为该用户在信中提出的问题太荒唐，而海尔却认为用户没有错，反而认为是用户向自己提出了一个新课题、新期待。海尔积极与该用户取得联系，在了解了洗地瓜用户的详细需求后，立即加以改进，推出了可以洗地瓜的洗衣机，受到当地用户的热烈欢迎和支持肯定。

问题：该案例带给我们的启迪是什么？

一、简述客户关系

客户是社会组织所面临的范围最广、数量最多、差异性最大的公众。客户关系是指各类产品的消费者与公共关系主体之间的关系，有时又称为顾客关系。客户关系的公关目标就是促使客户形成对组织及其产品或服务的良好印象，建立组织的信誉，提高组织在广大客户中的知名度。

微课06　处理顾客关系的方法（上）

微课07　处理顾客关系的方法（下）

二、处理客户关系的方法

处理客户关系主要应做好以下工作。

1. 提供品质优良的产品和服务

这是建立良好客户关系的物质基础。客户关系是由于客户对产品的购买欲望和购买行为而产生的。没有适合客户的优质产品和服务，就不可能有稳固、良好的客户关系。组织必须根据客户的需要，提供优质可靠、价格适宜的产品。同时，高质量的产品也不等于一切，还必须要有高质量的服务保证，必须坚持“销售真正始于售后”的观念，及时为客户排忧解难。

2. 收集客户信息，了解客户心理

这是改进客户关系的重要环节。只有了解客户的需求意愿和对组织的意见，才可能使产品和服务更好地满足客户需要，也才能让客户感到满意，产生对组织的好感。客户信息包括客户的年龄、职业、性别、爱好、对组织的意见和评价等。公关人员应将这些信息及时传达给有关领导和部门，以督促他们根据客户的意见不断改进工作。

3. 传达组织信息，进行消费管理

这是组织赢得客户理解和好感的主要措施。传达组织的信息主要是希望客户更多地了解组织及其业务范围，并以此争取客户的信任和支持。所谓“消费管理”就是对消费者进

行消费教育、消费引导，形成消费者的系列化，创造稳定的消费者队伍。消费教育是消费管理的基本途径，目的是为消费者提供免费的介绍、示范、指导、咨询、培训等，满足他们的知晓欲望，帮助他们形成科学的消费观念。消费教育与消费引导是一种长期的公共关系战略，必须有耐心和长远的眼光。坚持不懈、锲而不舍的消费教育和消费引导的结果便是形成消费者的系列化，即在消费者中培养起本组织产品或服务的爱好者、崇拜者，形成组织对消费者的吸引力和凝聚力。

4. 妥善处理客户的投诉，争取客户的谅解

微课08　让顾客满意的策略

这是公关人员的基本功。再好的客户关系也不可能保证不发生任何差错和纠纷。一旦出现差错和纠纷，必须迅速答复和处理，以稳定客户，降低影响，并诚恳地进行解释和解决实际问题，以减少客户被竞争者拉走的概率。要做好客户工作，就必须加强和改进与他们的联系。

（1）口头联系。这是最常见的联系方式，包括回答消费者的问题、电话征询意见、用户座谈会等形式。

（2）书面联系。包括编辑出版物和产品介绍手册、信函往来、公告、广告等形式。

（3）特殊联系。包括组织消费者参观、举行联谊活动、举办展览、开办赞助活动等形式。

（4）视听联系。包括利用大众传播媒介播发视听节目、组织文艺演出等形式。

5. 树立优良形象，与客户建立长期合作关系

要建立与客户的长期合作关系，还必须与客户保持经常的信息沟通和感情交流，主要可以通过开放组织、邀请联谊、举行座谈、专门征询等方式来实现。另外，还可以借助节假日让利、酬宾等形式，使公共关系主体不仅可以在客户心目中保持深刻的印象，还可以营造熟悉、亲切的氛围。

拓展阅读

国际商业机器公司（IBM）的经营哲学是：服务至上。虽然他们的产品质量不是最好的，而价格又比同类产品稍贵，但他们的客户队伍却非常庞大，因为他们有别人无法相比的服务。亚特兰大某公司的一位经理回忆IBM公司的售后服务说：“记得上次我们的计算机出了毛病，几个小时内救兵纷纷‘从天而降’。IBM公司给我们派来了多位专家，有从欧洲飞来的，有来自加拿大的，还有来自拉丁美洲的。”可见，优质的产品和完善的服务，对组织、客户都有利。

课堂思考

怎样实现与客户的有效沟通？

第三节 政府关系

引导案例

官方通报两起借建党100周年违规营销宣传案例

2021年是伟大的中国共产党成立100周年，为严格规范商业营销行为，营造喜庆热烈、严肃庄重、团结奋进的社会氛围和良好市场环境，国家市场监管总局自2021年2月起在全国范围内开展违法违规商业营销宣传集中整治行动。查办多起借庆祝中国共产党成立100周年名义开展违法违规商业营销宣传案例，其中两起典型案例公布如下：

1. 河南某信息技术有限公司违法广告案。当事人为点睛软件服务（360搜索产品服务）地区代理商，在收取王某广告推广费后，未予审查即通过360搜索发布含有“迎接建党百年大庆典”“政府权威部门批准特别发行”等内容的广告，违反《中华人民共和国广告法》相关规定。2021年3月16日，河南省平顶山市卫东区市场监管局依法没收当事人广告费0.88万元，并处罚款94.50万元。针对王某涉嫌私刻企业公章，冒用他人名义发布虚假违法广告等涉嫌犯罪行为，市场监管部门已经按程序移送公安机关。

2. 某文化发展有限公司借“建党100周年”宣传炒作违法广告案。当事人在其自建网站上发起“邀请您成为建党100周年纪念酒总设计师”问卷调查活动，对相关商品进行前期宣传推广，网页中使用与“中国共产党成立100周年庆祝活动标识”近似的含有中国共产党党徽的“100”图形；使用“建党100周年——传承百年奋斗目标 做中国酒业的文化引领者”等表述，对企业形象进行宣传；在“天安门建国70周年纪念酒”等商品广告中使用中国人民解放军形象等，违反《中华人民共和国广告法》相关规定。2021年5月12日，北京市朝阳区市场监管局依法对当事人做出罚款80万元的行政处罚。

国家市场监管总局表示，希望广大市场主体以案为戒，切实增强法律意识，自觉守法，合规经营。市场监管部门将持续依法严厉打击借庆祝建党100周年等名义从事商业炒作牟利违法违规行为，坚决维护良好广告市场秩序。

问题：结合案例谈谈维护与政府的关系应从哪些方面入手？

一、简述政府关系

政府是指国家行政机关。政府对社会进行统一管理，具有包括组织领导经济建设在内的管理职能。政府根据社会正常运转和发展的要求，对各种组织的活动进行指导、调节、监督和检查，任何组织都必须接受政府的集中统一管理。在政企分开、市场机制充分发挥作用的环境中，企业不再隶属于政府部门，而成为相对独立的经济单位，企业和政府的关系变成了纳税单位与资源配置及宏观调控部门之间的关系。但是，企业仍需要更为主动地争取政府部门的支持。企业公关部门必须与有关政府机构保持良好关系，取得政府的支持和理解，淡化和协调政府与组织之间的矛盾，在政府心目中建立奉公守法的组织形象。

二、协调政府关系的方法

1. 全面、及时、准确地了解与组织有关的政府法令、法规与政策措施

只有全面、及时、准确地了解与社会组织有关的政府各项法规与政策，才能为所在组织的决策提供依据。政府是通过政策法令来管理社会的，了解和掌握这些信息，以保证组织的活动在政府许可范围内进行，这是政府关系工作中的一项基本内容。同时，也要关注和研究政府政策法令的变动，注意按照政策法令的变动来修正组织的方针政策和实际活动。

拓展阅读

2018年10月23日，人民网区块链频道宣布成立。目前，人民网在区块链领域初步形成了内容、科研、培训、资本的“四位一体”业务格局，此后将继续扎实推进业务布局，推动区块链价值的普及传播和区块链行业的健康发展。此次区块链频道的正式上线，将使人民网能够更好地把握发展脉络、整合行业资源、推进产业布局，在区块链领域的网络舆论生态中发挥“领航者”“排头兵”作用。人民网总裁在谈及区块链的行业现状时，将当前区块链行业概括为“四个没有改变”：第一，区块链作为新一代技术的定位没有改变；第二，区块链技术仍处于早期阶段并有待持续完善的状态没有改变；第三，区块链具有广泛应用前景的逻辑没有改变；第四，中央和各级主管部门积极推动区块链发展的态度没有改变。他认为，各级党政部门不仅是区块链政策的制定者，并且已经成为区块链的应用者和场景管理者，相关尝试和应用正在加快推进。区块链本质上是一套治理架构，其核心是基于多种技术组合而建立的激励约束机制。加强对区块链的治理和规范不仅有利于区块链的健康发展，更有利于提升国家治理体系和治理能力的现代化水平。

2. 向政府有关部门及时通报情况，保持沟通渠道畅通

政府的政策和措施都是根据社会实际需要制定的，在执行中也有一定的灵活性和变通性。组织应及时把自己的困难和需要向政府主管部门通报，尽量争取到有利于组织发展的政策、支持和帮助。因此，公关人员应与政府主管部门的领导者和工作人员保持经常性的联系和沟通，构建和谐的人际关系，提高办事效率。

3. 加强组织在政府部门中的影响力

组织的公关人员应抓住周年庆典、开业剪彩、新产品或新技术问世等机会，主动邀请当地政府主管部门的领导同志出席，并请他们给予指导，从而密切本组织与政府部门之间的关系。同时，也要积极发展自身的实力和影响力，形成组织的竞争优势和核心竞争力，

得到政府部门及其领导者的重视和信任，不断提高组织的社会地位，加强组织在政府部门中的影响力。

课堂思考

请谈一谈协调好与政府关系的意义。

第四节 社区关系

引导案例

IBM的社区公关

世界知名企业IBM坚持企业并非只是赢利，还要取之于社会、用之于社会的经营理念，并从事很多社区公益事业，取得了很大的社会影响。为此，还获得了公关基金会评选的“最佳社区关系奖”。

该公司具有一个专门从事公益活动的公共服务部，该部门对于公益事业的选取，采取了“宁为鸡头，不为牛后”的原则，不做其他企业一窝蜂都去做的事情，而是洞察先机，挖掘别人尚未发现的而又是社会急需解决的问题。为此，该公司组织开展了多项社会公益活动，其中最著名的是改善社区环境的“认养地下道”和“认养民权公园”活动。

为了清除社区环境的死角，消除地下道脏乱问题，IBM公司首先开始了“认养地下道”活动。第一，估算该活动需要的经费；第二，邀请社区伙伴，发挥众人力量，再找市政府协商，共同解决经费问题；第三，在取得政府支持后与另外四家企业共同认养了部分地下道。最终，该活动取得了极大的成功。在“认养地下道”活动的成功带动下，IBM的公关服务部又进行了“认养民权公园”的活动。此次活动的主题是环保。该公司在“认养民权公园”之后，发动员工以及员工家属三百余人参与民权公园的清理工作。在IBM公司的精心护理下，民权公园焕然一新，并连续两年被市政府公园路灯管理处评选为“认养”绩效第一名。

问题：结合案例，分析企业处理社区关系的关键是什么？

一、简述社区关系

1. 社区关系的含义

社区关系指的是组织与所在地的地方政府、社会团体和其他组织以及当地居民之间的睦邻关系。任何一个组织都在特定的社区内运作，组织与所在社区有一个良好的关系，能够保证组织的正常生产和职工的稳定生活，能够得到社区的多方支持。

2. 协调社区关系的意义

（1）可靠的后勤服务。组织的生产活动有赖于社区，尽管生产所需的原材料并不一定局限在社区内，但生产中所必需的水、电、交通等，则必须依靠社区提供。所以，良好的社区关系使得组织可以得到可靠、周全的后勤服务。

（2）良好的员工生活环境。组织的大部分乃至全体员工可能都生活在社区中，他们要在社区内购买生活用品、参加各种社会活动、与他人交往等，如果组织与社区的关系维护不到位，可能会导致员工的生活环境恶化、生活水平和质量降低，进而影响员工的工作热情。

（3）充足的劳动力资源。雇佣当地劳动力可以为组织节省开支，便于培训和管理，并可加深与社区居民的联系。良好的社区关系有利于组织招收有较高水平和教养的员工。

（4）稳定的购买力。组织在社区中生产或经销，均希望能够由社区本地的购买力来消化一部分产品，这样一方面可以减少产品的运转费，另一方面也可及时了解产品的缺陷，便于迅速改进。

（5）友善的社会环境。一个友善的社会环境，可以使组织得到多方支持和帮助，获得良好的经营环境，以减少组织与社会的摩擦及纠纷，为组织发展创造天时、地利、人和的条件。

二、协调社区关系的方法

组织要在所在社区做一个合格“公民”，就必须满足社区对一个组织的基本要求。这些要求包括：①安全生产，使员工和社区居民有一个安全的生活环境；②环境卫生，有效地控制“三废”，保证社区不受污染并进一步美化社区环境；③支持公益活动，兴办教育、发展文化、赞助福利事业等，尽力承担社会义务；④维持社区安定，为社区提供就业机会，增强治安保卫力量，培养员工的和谐亲善风气，促进社区公众安居乐业；⑤帮助社区繁荣，以自身在资金、设备、技术、人才上的优势帮助发展乡镇、街道企业，促进社区经济发展。

组织协调社区关系主要有以下方法。

（1）积极履行应尽的义务，做社区“合格公民”。组织作为社区的一员，必须遵守地方性法规，服从当地政府的领导，做到安全生产、守法经营、照章纳税、保护环境等；还要认真避免或纠正组织行为对社区的不良影响，妥善处理与社区之间的矛盾。有条件的组织，还应将自己的文化、福利设施向社区公众开放。

（2）热心社区事业，争做社区“好公民”。组织要关心和支持社区建设，积极参与社区的各项公益活动，努力为社区出力、做贡献。例如，积极赞助社区文化、体育活动；资助养老院、残疾人基金会等社会福利机构的活动；资助社区办学，发展社区教育事业；当社区发生天灾人祸等意外事故时，积极为社区排忧解难。这样，才会受到社区的欢迎；否则，对社区事业毫不关心、“一毛不拔”，就不会在社区有好“人缘”。

（3）加强与社区公众的沟通。加强与社区公众的沟通包括增进组织对社区的了解和促进社区对组织的了解这两个方面。一方面，要增进组织对社区环境的了解。例如，开展各种方式的社区关系调查、意见征询和交流等活动。通过这些工作，组织的公共关系部门可以提高社区公共关系工作的针对性。另一方面，要促进社区公众对组织的了解，组织应当主动和经常性地向社区通报情况。例如，可以通过大众传播媒介和各种印刷品等努力宣传组织；通过邀请社区公众参加座谈、参观和联谊活动等方式加强情感交流：通过积极参加社区各类型活动，使社区对组织有更多、更细致的了解和认识。

课堂思考

1. 社区公众与其他公众有什么不同?
2. 当组织利益与社区利益发生冲突时，应如何处理?

第五节 新闻媒体关系

引导案例

"瘦肉精"事件

前些年，央视3·15特别行动节目曾抛出食品安全重磅炸弹，曝光某肉制品企业在食品生产中使用了"瘦肉精"猪肉，其引以为豪的十八道检验形同虚设，竟然没能检查出"瘦肉精"，一时间市场哗然。

由于国内火腿肠和冷鲜肉市场品牌集中度非常高，在消费者心中，该企业几乎已经是火腿肠的代名词，占有绝大部分的市场份额。在其陷入瘦肉精危机之后，一些不知名的地方品牌也不被消费者所信任，被排除在购物清单之外。消费者一时间不知该如何选购品质安全的肉制品。

此时，一些知名肉制品企业及时出来澄清，引以为鉴，宣称自己坚持以产品质量和服务为先导来获得消费者的认可，并请电影明星做代言，其一系列行动也获得了消费者的认可，提高了市场占有率，它们也很快从地方知名品牌成为全国性品牌，很多消费者将信任的目光转向了这些企业。

消费者的消费偏好出现动摇或者改变时是重要的公关契机，社会组织要抓紧机遇，以质量和服务为基础，并借助必要的媒体平台宣传自己，进而实现成功。

问题：在"瘦肉精"事件影响下，肉制品企业是如何重新得到市场信赖的?

一、简述新闻媒体关系

新闻媒体主要是指新闻传播机构与记者。我国的媒体，特别是国家级的新闻传播媒体，具有影响力大、威望高等特点，对社会政治、军事、经济、文化、艺术以及消遣娱乐等都有巨大的影响力，任何组织和个人都不应轻视它的作用。社会组织要维护良好的声誉，想要得到舆论的支持，就必须处理好与新闻媒体的关系。

二、协调新闻媒体关系的方法

1. 熟悉新闻媒体

公共关系人员要了解新闻报道的特点，熟悉各种新闻媒体的报道特色、编辑方针、编辑风格、版面安排、发行时间和渠道以及各自拥有的读者、听众、观众的情况，遵守他们的职业准则，尊重他们的职业道德，并掌握基本的新闻写作知识和技巧。只有这样，公关人员在与新闻媒体打交道时才能做到得心应手。

2. 与新闻媒体保持经常联系

公共关系人员应当加强与新闻媒体的日常交往，广交朋友。如重大节日向新闻界发送贺卡、纪念品，举办各种样式的活动等，以增加公共关系人员与新闻界人士的友谊；也可以主动邀请新闻界人士前来参观，让记者了解组织的各方面情况，为组织提供新闻宣传的机会。

3. 支持新闻界人士的工作

应本着热情友好、实事求是、一视同仁、以诚相待的原则，对记者的采访提供必要的支持和帮助。向新闻界提供的信息应实事求是，不能隐瞒事实真相、欺骗社会公众；尤其是遇到有损组织形象的事情，更应积极与新闻界配合，力争挽回影响，重塑组织形象。对待新闻媒体要一视同仁，千万不能重大报、轻小报，重电视、轻电台，重名记者、轻小记者。如无特殊情况不应拒绝记者采访，要设身处地为记者着想，积极主动地为记者安排与组织领导人或有关专家见面，及时为记者提供有价值的信息，以便新闻媒体客观地报道组织的政策和活动。

4. 主动向新闻媒体提供组织信息

公共关系人员应主动向新闻界提供有新闻价值的素材，如有关新产品、新生产线的投入使用，企业的重大庆典，产品价格的大幅度调整等具有一定新闻价值的信息。当组织中发生的某些事件引起新闻界的关注时，应积极地配合新闻媒体进行报道。对于组织来说，这是最好的软广告，也是塑造组织良好形象的最佳时机，同时还能加深与新闻媒体的良好关系。

5. 正确对待新闻媒体的批评报道

当新闻媒体发表了不利于组织形象的批评报道后，组织应虚心接受并及时采取补救措施，挽回不良影响，并恳请再予传播，切不可对新闻媒体的批评报道置若罔闻，甚至反唇相讥。如果新闻媒体的批评报道有失实之处，亦应诚恳地向新闻媒体提供真实情况，澄清事实真相。切不可剑拔弩张、兴师问罪，或得理不饶人。

拓展阅读

把握新闻工作与公关工作的共同需要

新闻工作与公关工作有许多相似之处：首先，媒体人员与公关人员具有“角色”上的相似性，都起着“中介”作用。二者都扮演着“喉舌”和“耳目”的社会角色。由于角色的相似性，双方拥有共同语言。其次，公关界与新闻界之间是相互需要、相互协作的关系。公关工作需要运用大众传播手段形成有利的社会舆论，塑造组织形象；而新闻界也只有与社会各界建立广泛联系，才能保证新闻来源渠道的畅通。

课堂思考

某新闻媒体报道了你所在组织的“负面”事件，你作为公关人员应如何处理？

第六节 竞争关系

引导案例

第一位淘宝买家

淘宝成立于2003年，当时有很多人不看好淘宝，因为那时互联网不是很发达，了解网购的人也不多，很少有人网购，线下实体店规模庞大，初创期的淘宝面临激烈的市场竞争。那么淘宝的第一位买家是谁呢？他就是来自西安的焦同学，他成为在淘宝上第一个吃螃蟹的人，而且正是他的第一次交易，让创办者看到了曙光，证明了他们是正确的。据悉，为了回馈这个敢于吃螃蟹的人，淘宝直接给了焦同学一个持续102年的特权，那就是“支付宝钻石会员”，这个特权非常不错，不仅有信用卡每月5万免费还款额度，还有高铁贵宾厅休息室等众多特权。其实，焦同学当时购买的是一个二手的相机，他也担心淘宝网是骗子，后来淘宝的客服亲自打电话沟通以及考虑到淘宝的“担保交易”功能，才最终完成了这第一笔交易。从中也不难看出，淘宝是一个非常重视顾客的企业。通过为顾客提供细致周到的服务，从而得到他们的青睐，便能够在激烈的市场竞争中越战越勇，实现长远发展。

问题：淘宝在激烈的市场竞争中不断发展壮大带给我们什么启示？

一、简述竞争关系

1. 竞争关系的含义

竞争关系是指组织与同行业组织的关系，也叫同行关系。竞争是市场经济的基本特征，在市场经济条件下，同行业之间的竞争和冲突是难以避免的，组织应当协调好与竞争对手之间的关系，尽量争取合作共赢，避免恶性竞争。一般来说，同一行业所面临的原料、市场、技术、信息等情况基本是一致的，彼此间有着密切相关的利害关系，相互之间很自然会产生一种竞争关系。

课堂思考

独特的广州迎春花市

广州迎春花市是我国独一无二的民俗景观，它不但呈现了古老的岭南春节习俗，更与广州人的生活密切相关。迎春花市融合了广州人“讲意头”的传统，从而形成了自己独特的花卉语言。比如，标价的数字与发财致富有关，“3”“8”“9”与“生”“发”“久”谐音，寓意生生猛猛、发财大利、长长久久，而花卉的品种、价格也很讲究。

广州花市本来只是一个卖花的市场，后来才慢慢形成花街这样一个具有浓郁岭南特色的场所。与北京、上海和深圳相比，广州花市起步较晚，但是发展很快。它没有北京的厚重，没有上海的洋气，没有深圳的快节奏，但广州有突出的岭南文化特质，轻松、悠闲的生活方式使广州更生活化、市民化，而这些城市特质皆融入了广州花市的发展中。

思考：结合该案例回答，与北京、上海和深圳相比，广州的花市有何特征？带给你何种启迪？

2. 当代市场竞争的特点

当代市场竞争的特点如下。

（1）竞争范围日益扩大，从地域性市场到全国市场，从国内市能转到国际市场。

（2）市场性质逐渐变化，从卖方市场到买方市场，从生产者导向到消费者导向。

（3）竞争重点不断转移，从物质要素（如质量、品种、规格等）方面的竞争转向非物质要素（品牌、服务等）方面的竞争。

二、协调竞争关系的方法

1. 正确看待竞争对手

组织的竞争对手并不是敌人，正确看待竞争对手可以促进组织的成长与发展。首先，是明确竞争的目的。组织与同行业的竞争，并不是要分出你死我活，而是为了共同促进、共同发展，同行业之间既是对手，也是伙伴。其次，同行业的组织由于生产同样的商品或者提供同样的服务，必然有许多共同语言。通过比较双方的共同点和差异处，可以使组织互相学习，长足发展。再次，组织之间可以通过信息沟通，做到从竞争到联合，实现优势互补、分工协作，提高组织的整体效益。

2. 及时处理纠纷

组织间的激烈竞争往往会产生各式各样的纠纷，因此，为了生存和发展，危机的一方必然采取各种措施摆脱不利的局面。在竞争中发生纠纷，首先要冷静分析；然后采取相应对策，尽可能使矛盾缓和；最后平息事件，彻底解决纠纷。切忌使矛盾激化，把事情搞僵。

3. 遵循道德规范

组织之间的竞争应当遵循社会普遍遵循的道德规范，用光明正大的手段进行竞争，在竞争中看到对手的优势，弥补自己的不足，在竞争中成长。并且，要用良性的竞争树立组织的良好形象，为组织营造良好的发展环境。在竞争中，组织应当积极提高自身能力，通过加强管理、努力创新、提高质量以及加强服务等方法取胜，而不能采取尔虞我诈、损人利己的方法来竞争。

拓展阅读

企业与企业之间竞争的焦点主要集中在价格、渠道、广告、商标和技术等领域。但是企业与企业之间只有建立既竞争又合作的关系，才能让自身适应环境，维持自身的存在与发展。企业要注重维护行业的经营秩序，力求同竞争者之间达成利益共识，并可利用双方资源优势实现局部合作，缓解彼此间的敌对情绪。同时，也要树立防范意识，对核心技术和经营决策采取保密措施，并要预防竞争者采取尖锐的竞争手段，对企业生存造成威胁。

课堂思考

市场竞争追求“双赢”局面的关键是什么？

本章小结

努力协调好组织的外部公共关系，为组织创造良好和谐的外部发展环境是实现组织目标与可持续发展的必要条件。其中，处理好客户关系是外部公共关系中最重要的内容，也是为组织创造良好外部公共关系环境的核心与关键所在。要与客户建立良好的关系，关键是要维护消费者正当合法的权益，为消费者提供满意的产品和服务。

组织外部公共关系除了客户关系外，还有与政府、社区、新闻媒介、竞争对手的关系。组织需要了解、掌握与协调组织与这些外部公众和谐相处的方法与技巧，要处理好这些外部关系必须遵循相应的原则并采取相应的方式方法。

实操演练

练习. 某大学校园旁有一家服装厂，这家服装厂的生产车间与这所大学的办公区隔墙相望。有一段时间，这家工厂借鉴国外的先进经验，为消除工人在重复劳动中产生的疲劳感和单调感，每天上午9:00～10:00会在车间内播放各种流行音乐。可是，这段时间正是大学的教学、科研人员从事研究的“黄金时间”，他们需要一个安静的环境，使自己的大脑进入工作状态。然而，从一墙之隔的服装厂传来的“震耳欲聋”的流行音乐破坏了他们的工作环境，使他们无论如何也无法高效率地工作。这引起了大学里的教学、科研人员的不满和愤怒，他们多次找厂方交涉，但始终没有结果。无奈，学校方面不得不采取行动，向报社反映情况，呼吁社会舆论的支持及政府的干预。

（1）假如你是服装厂的公关部主任，请你解决大学教学、科研人员与服装厂的矛盾。

（2）结合实际谈谈发展社区公共关系的意义。

复习思考

1. 组织与外部公共关系不融洽的原因有哪些？
2. 请结合实际，谈一谈应对客户投诉有哪些技巧。
3. 有良好社会责任感的组织为何会得到政府的好感与信赖？
4. 社区公众为什么属于“准自家人”性质？
5. 在与媒体建立关系的过程中，如何做到尊重媒体从业者？
6. 竞争都是有害的吗？你怎么看待竞争？

第五章 5

方法立身　科学从业
——掌握公共关系工作程序

案例导入

易居乐农项目助力精准扶贫

1．项目调研

农业是我国最传统的一个产业。在大多数农村，传统农业生产还是当地人赖以生存的方式，但受制于天气及市场等的变化，以及务农人员在推广方面的非专业方法，导致收入较低。

我国很多农村和城市居民之间的信息沟通并不对称，但是现在的百货、零售、菜市场等运营业态方式都在不断地变革当中，加之移动互联网的兴起，相信可以通过努力来打破上述的信息不对称，让贫困地区的好产品通过一定的途径直接跟城市居民产生联系，从田间到餐桌，做到无缝连接。

易居乐农凭借与开发商、物业、社区等多方的深度合作，以“乐农社”为线上平台，打造我国农产品消费流通扶贫的新模式：把CSA（社区支持农业）的理念在千百万社区里进行推广，让广大城市居民通过“乐农社”接触到来自贫困地区的好产品，再通过在线上下单消费的方式来切实地让农民增产增收，持续脱贫致富。

2．项目策划

跨界创新，打造“媒体精准”的新模式。为打造一档原创的精准扶贫公益节目，易居乐农在策划伊始，对节目的定位便不止于一档电视节目，而是一项综合的、长期的、实效的扶贫工程。通过该节目报道出来的扶贫产品，将会有合作企业全程跟进，为贫困地区创造稳定的、持续的供销保障。

易居乐农《我们在行动》首选扶贫工作重点地区，零片酬参与的艺人、媒体人和企业家组成助农团队，由东方卫视制片人、主持人带领，深入贫困地区的田间地头和村民各家各户，与村民同吃同住，挖掘开发当地富有特色的优质农制产品。节目通过“下乡选品、产品研发、订货会推广、社区销售”四个核心步骤和流程，并通过电视频道、新闻报刊、社交平台等全方位的媒体力量，为贫困地区打造特色销售产业链。

3．项目实施

执行时间：2017年11月—2018年6月。

第一站，陕西省澄城县刘卓村。助农团队走访了当地贫困户，最终确定将有着400多年传承历史的刘卓手工挂面作为扶贫产品，打造“爷爷的面”品牌。在订货会上，因为嘉宾们一系列的营销造势措施，直接为村民们谋得了20吨的销售订单；如果按现有产能，要到2019年年中才能完成这20吨的订单。

第二站，云南省新平彝族傣族自治县马鹿寨村。助农团队一同体验了当地的沃柑产业，实地采摘与考评，确立了“阿哒的柑”品牌。在订货会上，助农团队更是一举卖出165吨沃柑，销售额达到520万元。节目播出之后，马鹿寨村的2万箱沃柑全部售罄，强烈提振了沃柑种植基地和当地村民的信心，未来将有更多贫困户参与沃柑产业。

第三站，广西壮族自治区龙胜各族自治县地灵村。助农团队将当地世代耕种的红糯米作为拳头产品，几经谈判终于说服当地几家合作社合力打造“龙胜胭脂米”品牌，在订货会上帮助当地将滞销的50吨红糯米销售一空。全村共有231户贫困户，绝大多数都种植了红糯米，滞销的红糯米得以全部售出，解决了村民的燃眉之急。

4．项目评估

利用媒体影响力，传播精准扶贫理念，引发公众积极响应。易居乐农《我们在行动》多期节目的收视率位列同时段节目类前三名，同时还获得了社会各方的一致认可。该节目还被评为2018年第一季度广播电视创新创优节目。节目播出期间，东方卫视节目公益宣传片共播出近600条，掀起全民公益的风潮，引发行业内外高度关注，多家主流媒体纷纷发表评论，给予节目高度的评价。在网络反馈方面，易居乐农《我们在行动》豆瓣评分超过8分，微博热门标签“我们在行动”累计有220多万个词条，节目话题总阅读量突破2.3亿次；随着节目的每周播出，百度指数每期涨幅逾50%；在天涯、豆瓣、知乎等热门社交平台形成多个话题，评论几乎“零差评”。此外，参与节目的演艺人员和企业家对节目褒奖有加，不仅选择零片酬加盟，还纷纷慷慨解囊为贫困县设施建设尽心尽力。同时该节目也收获了众多社会企业以及普通百姓的支持，在每站的订货会环节都会有企业和群众踊跃参与订购，为贫困地区村民提供了长期的销路保障，真正践行了党和国家提出的精准扶贫、乡村振兴的要求。

问题：1．此次公关活动的主题及诉求是什么？

2．结合案例，分析精准扶贫、乡村振兴的历史意义。

3．试分析此次公关活动成功的原因。

4．如果你来策划和实施此次公关活动，你会有什么建议？

学习目标

知识目标：熟悉公共关系调查的内容与过程；了解公共关系计划的意义与原则；明确公共关系实施的原则与特点；理解公共关系评估的意义与原则。

能力目标：掌握公共关系调查的步骤流程；能够对调查搜集的信息进行加工处理；掌握制订公共关系计划的基本步骤，能策划具体的公共关系活动；能有针对性地选择公共关系传播媒介，帮助组织开展有效传播；掌握公共关系评估的方法，高效、准确进行评估工作。

素养目标：树立科学的公共关系工作理念，培养严谨的调查、计划、实施与评估意识。

开篇导读

社会组织开展任何公共关系活动都是一个动态的过程，都有特定的阶段和环节。这要求公关从业人员要明确公共关系工作的程序，必须做到一环扣一环：从调查研究开始，到拟定策划方案，稳妥实施方案，最后总结评估。美国公共关系专家卡特利普和森特把公共关系工作的基本程序总结成“四步工作法”：调查计划、实施与评估。一般来说，公共关系工作人员应按照这四个步骤来开展公共关系活动，解决各种公共关系问题。

第一节 公共关系调查

引导案例

“李宁”的教训

在北京奥运红利的刺激下，李宁公司推行激进的扩张策略并收获了丰厚的商业利润，而北京奥运开幕式上的惊艳之举更让李宁品牌走上了巅峰。

但时隔两年，刚刚打开的美丽篇章却因为一场错误的品牌升级而画上了休止符。2010年，李宁公司启动了品牌重塑计划，具体内容为：对李宁品牌进行换标，同时把消费人群定位为“90后”，品牌定位为“时尚、酷、全球视野”。随后，“90后李宁”的广告一时间铺天盖地。依据李宁公司的市场战略，在定位“90后”以后，公司开始对产品提价销售，价格平均提高7%至17.9%不等。提价之后的市场反应便是销售量下滑，营业收入下跌，紧接着李宁公司开始面临高库存的危机，这也让李宁公司彻底陷入被动。

纵观此次教训，正是因为李宁公司的“90后”定位让李宁品牌陷入困境，李宁并没有认真调研分析当前年轻人面对价格差距不大的同类型品牌时不选择李宁的原因，就盲目进行品牌升级，以至不被市场认可。

问题：请问“李宁”的教训是什么？

公共关系调查是开展公共关系工作的前提，是“运筹帷幄，决胜千里”的依据。通过调查研究，公关人员能够准确地找出组织现在的公关状态以及存在的问题。公共关系调查的对象和内容十分广泛，调查使用的方式主要有正式和非正式调查两种。正式调查方式往往运用统计手段，而非正式调查则借用一些社会学的手段。

一、公共关系调查的对象与内容

公共关系调查是公关人员根据本组织的公共关系目标采集、搜寻、选择公共关系信息的活动。调查的目的主要是核实公共关系状态，澄清组织所存在的公共关系问题，甄别公众对组织的意见、愿望和要求，为规划和改变组织的形象提供依据。

1. 公共关系调查的对象

组织的公共关系工作的对象是公众，而公众是广泛的，每一次公共关系调查不可能以所有公众为对象，而应当以目标公众为对象。所谓目标公众，即需要调查的问题所直接涉及的有关公众。例如，有人提出组织出版物的阅读效益不高，那么，为了核实这个问题，就要对读者进行调查，读者就是这一调查的目标公众。

2. 公共关系调查的内容

公共关系调查的主要内容包括公众问题、组织所处的社会环境状况以及组织自身情况等。

（1）公众问题调查。这种调查主要是收集各种不同类型的公众对组织的看法。首先，了解各种不同类型公众的特点以满足他们的要求，协调与公众的关系；其次，进行组织知名度和美誉度调查，以掌握公众对组织形象的评价；再次，要知道公众对组织有什么建议以改善组织的服务；最后，收集公众对组织开展的公共关系活动的反馈信息，以便及时调整组织的公共关系工作。

（2）社会环境调查。这种调查是了解组织所处的外部环境中的社会经济、政治、法律等的发展状况及其他组织的情况。首先，应了解社会的发展状况，如人口发展趋势、个人需求变化、地方文化差异、社会思潮、社会时尚等；其次，应了解社会经济状况，如国家的经济政策、财政金融信贷状况、生态环境和自然资源的保护状况、市场状况、竞争对手的状况、原材料和新能源供应状况、行业地位、发展中的风险和机会等；再次，掌握当地政府的政策、行业协会的章程等；最后，了解国家的有关法律、法规；第五，了解其他组织的公共关系开展情况。

（3）自身情况调查。公共关系工作的开展要求组织既要了解外部环境，更要掌握自身情况。对自己所在的组织的基本情况有所了解，才能设计出不脱离组织实际的、独具特色的公共关系活动。首先，必须全面了解组织的基本情况，包括组织过去的发展历程，产品生产、经营状况，产品或服务的特点，市场分布和占有率，职工队伍状况，领导经营决策水平，组织的文化建设，对社会的贡献和作风，与主要客户的关系等。其次，定期征询内部公众的意见，调动其积极性。再次，调查组织的领导人在公众中的地位和形象，以帮助领导人树立或改善形象，提高威信，增强影响力。最后，调查组织内部各部门之间的协调配合情况，找出影响协调的障碍及排除方法，使组织发挥整体效能。

二、公共关系调查的过程与方法

1. 公共关系调查的过程

正式的公共关系调查遵循一定的逻辑步骤，即：找出问题→设计问卷→抽取样本→实施调查。

（1）找出问题。这是公共关系调查过程的第一步。这项工作看似简单，其实不然。因为组织收集到的可能是真实的信息，也可能因种种原因得到一些虚假的信息。所以，组织要尽可能多地掌握公众对某类问题的看法，去伪存真，充分掌握准确信息，才能发现真正的问题所在。

（2）设计问卷。为使所调查对象真实而又准确地反映事实，必须认真设计问卷。设计问卷是将确定的问题具体化、指标化。问卷设计是否恰当，关键在提问。只有提那些可以得到答案的问题，调查才会有效。比如："你对××公司的印象如何？"这样的问题很难得到准确答案。而如果问："你认为××公司的办事效率高吗？"则可能比较容易得到"是"或"否"的明确回答。提问分开放式和限制式两种：①开放式提问。开放式提问对应的是开放式问题，对回答的内容限制不严格，允许调查对象有各种答案，因而统计处理就比较困难，并且成本较高。例如："今天的广告中哪些因素令你讨厌？"那么将会收到各式各样的答案。②限制式提问。限制式提问对应的是限制式问题，这种提问的目的性较强，且限制了回答的范围，通常采用"是—非"式问题，或从限定的几个答案中进行选择的问题。为了捕捉调查对象真实的想法，一般采用"语义差异量表法"，被调查者可以在两极判断中进行选择。两极间通常有五至七个等级可供选择。由于限制式提问容易回答、方便统计，许多组织在公关调查中都采用这种方式。同时，在问卷设计时还应注意问题的表述。提问不恰当、不明确或错误，都将导致调查失误。比如："你经常看广告吗？""经常"如何界定？这类主观色彩很浓的概念表述很容易造成混乱。此外，不要让调查对象判别某些专业性很强的问题。比如："你对这家公司的管理成效作何评价？"这样的问题，调查对象就很难给出答案。

（3）抽取样本。组织面对的公众很广泛，不可能向全体公众开展调查，因而必须抽取样本。抽取样本是公关调查中最重要且最复杂的一个环节。抽样是统计学上的一个概念，抽样调查是相对于普遍调查而言的，样本是相对于总体而言的。总体是指所要调查对象的全部，样本是指从总体中抽取出来进行调查的那一部分。公共关系调查采用抽样的方法不仅可以省力、省钱、高效率，而且可以使调查更系统科学、更富客观性和准确性。

抽样必须遵守随机性原则来保证其科学性和准确可靠性。所谓"随机性原则"，就是在抽取样本时要按照一定的标准和要求来抽取，使调查对象总体的每一个对象都具有均等的被抽取的机会。这种抽样方法叫随机抽样。随机抽样又可分为以下两种：①简单随机抽样。即从调查总体中任意抽取若干个体为样本，是一种最简便的抽样方法。②分层抽样。如果被调查对象是各种不同类型的公众，采用简单随机抽样就很可能得出不易归纳、总结的结果。在这种情况下，采用分层抽样更适合。分层抽样是将调查对象总体分为若干层，然后在各层中抽取相同数量的样本。分层标准视调查目的、内容而定，年龄、性别、职业、生活方式等都可以成为分层的标准。分层抽样的客观性、准确性、可比性要优于简单随机抽样，但不如简单随机抽样方便、灵活，因而可根据需要综合使用两种方式，互为补充。

影响调查结果精确度和可信度的主要因素是抽取的样本数。确定样本数是一个重要的技术性工作。具体调查时选取样本数的多少应考虑下列因素：第一，总体中样本单位之间的差异程度；第二，调查任务要求的精确度和可信性；第三，时间、人力、财力等客观条件；第四，调查的目的、任务以及统计分析方面的要求。

（4）实施调查。这是调查过程中的最后一个步骤，它要求公关调查人员根据问卷设计和选择的样本进行实际操作。实施调查可采用多种渠道，如网络、电话、面谈等。在实施调查时，具体采用何种手段，要根据调查的任务要求和被调查者的特点来确定。

为使调查卓有成效，在进行调查时还应注意以下几点：第一，采取中立态度，以第三者的角度客观提问；第二，建立和睦关系，使被调查者愿意发表意见；第三，尊重被调查者的判断；第四，灵活进行调查提问，给被调查者一定余地；第五，对被调查者表示感谢。

2. 公共关系调查的方法

调查的成效与所使用的方法密切相关。可以用于公共关系调查的方法有很多，如访谈法、观察法、民意测验法、跟踪调查法、文献资料研究法等。

（1）访谈法。访谈法是调查者通过与被调查者面对面的交流来获取有关信息的方法。访谈法分个别访谈和集体访谈两种。个别访谈是由调查者同被调查者逐一进行面对面的谈话，并将回答记录下来；集体访谈是以座谈会的形式进行，由一名或几名调查者亲自召集一些被调查者进行讨论，并做好记录。访谈虽然具有灵活性的优点，但也存在效率低、标准化程度低、费用大、对调查者的个人素质要求较高的缺点。访谈效果在很大程度上取决于调查者的表达能力、人际交往能力、分析判断能力等。

（2）观察法。观察法是由调查者在调查现场观察被调查者，从而形成调查材料的一种调查方法。它分为参与观察和非参与观察两种。参与观察是观察者扮演一定的角色和被观察者一起活动，从活动中了解有关信息。如公关人员和员工一起劳动，就可观察了解员工的士气、行为、情绪等；到商店站柜台，可了解顾客的喜好和要求。非参与观察是调查者作为旁观者而了解有关信息的调查方法。观察法省事、省钱，所获信息自然、真实，但可能存在信息肤浅并带有较大的偶然性等弊端，还要受观察者的经验、阅历所限而带有更多的个人主观色彩。

（3）民意测验法。这是由被调查者直接填写书面问卷的一种调查方法。公共关系的民意测验不能走过场、摆花架子，必须要有诚意。具体做法是：根据调查目的拟定调查表，发给被调查者，然后根据答卷统计并推算。调查表的设计要求可按前面所述的问卷设计进行。

（4）跟踪调查法。这是由调查人员选择一些固定的调查对象和固定的问题，进行定人定事的连续、深入调查。一般做法是将印好的调查表定时发给被调查者，然后由调查人员定时收回或由被调查者定期寄回。这种方法的主要优点是调查对象固定、资料比较可靠和系统、可比性强、费用较低、省时、省力、回收率高；缺点是持续时间长，易使被调查者产生厌烦情绪或某种心理负担而影响真实性和回收率。

（5）文献资料研究法。这是利用第二手资料摘取与问题有关的情报进行研究的方法。第二手资料包括各类文字资料（报纸、杂志、书籍、有关文件、统计资料、赠言、题字、群众来信等）和各种声像资料（广播、电视、录音、图片、电影等）。调查者将这些信息资料进行数量、质量、时间、频率等方面的统计分析。在统计分析时从两方面入手进行：

一是进行内容分析，即将信息资料本身作系统化、数量化的统计分析；二是进行形式分析，对信息资料的表现形式进行统计分析，如时间、载体、种类、版面、频率等。使用文献资料研究法必须建立在有完善、有效的信息收集系统的基础上。信息社会最大的特点就是信息量大、流量快，社会各方面的动态都会在各类媒体的报道中有所体现，只要公关人员用心去收集、分析，便可从中获得有价值的情报信息。

拓展阅读

A酒店企业形象与服务调查问卷

尊敬的客户：

非常感谢您对A酒店的大力支持和信任！本酒店将一如既往地站在客户的立场，为客户的利益尽职尽责，争取客户最大的满意，客户的完全满意是我们奋斗的目标。为了进一步了解客户对本酒店服务质量的满意情况，我们将展开客户满意度调查工作，您的任何有价值的意见和建议都是本酒店的宝贵财富，并将激励我们更加努力地工作，不断改进提高，最终为您提供更优质的产品和更满意的服务。此外，为了答谢您的宝贵意见和建议，我们将定期从优秀的调查问卷中抽取10名客户，赠送精美礼品，以示鼓励。谢谢！

客户信息：

姓　名	
电　话	
传　真	
E-mail	
单　位	
地　址	
微　信	

1. 您是否有经常到三星或四星级酒店消费的习惯？

   a. 有　　b. 没有

2. 您到A酒店消费的次数有：

   a. 1～2次　　b. 3次及以上

3. 您光临A酒店的原因是（可多选）：

   a. 交通便利　　b. 档次高　　c. 价格合理、实惠　　d. 服务态度好

   e. 环境幽雅　　f. 经别人介绍

4. A酒店给您的整体印象是：

   a. 非常满意　　b. 满意　　c. 一般　　d. 不满意

   e. 非常不满意

5. 您对A酒店以下方面的满意度是（请画“√”）：

内　容	非常满意	满　意	一　般	不 满 意	非常不满意
外观形象					
舒适度					
价格					
服务质量					

6. 您对A酒店服务人员业务水平及服务态度的评价是：

a. 非常满意　b. 满意　c. 一般　d. 不满意

e. 非常不满意

7. 下面有几家同档次的酒店，请选出您听说过或曾去消费过的酒店（若没有，请直接跳至第9题）：

a. B酒店　b. C酒店　c. D酒店　d. E酒店

8. 请根据第7题所选，您认为相比较之下彼此的竞争优势何在（请画“√”）：

名　称	外观形象	舒适度	价　格	服务质量
A酒店				
B酒店				
C酒店				
D酒店				
E酒店				

9. 在您下次光临A酒店时，您打算或希望得到哪些服务？

10. 您会向朋友推荐A酒店吗？为什么？

您填写好本调查问卷后，可以直接投放到客户意见箱内或传真、邮寄给我们。

地址：×××

电话：×××　　传真：×××

三、公共关系调查的信息处理

公关人员通过调查得来的信息只是原始信息，必须对其进行加工处理，使之成为简洁明了的材料，才能供编制计划时采用。处理调查信息包括两项内容：整理调查资料和形成调查成果。

1. 整理调查资料

整理调查资料就是对调查中所取得的全部资料进行统计、检验、归类，识别出与组织关系较大的信息，然后从中确定问题。对公共关系来讲，就是确定组织的形象问题。方法是将调查所得信息按知名度和美誉度两方面进行归类，然后采用“组织形象四象限图”对组织形象进行准确检测，用“组织形象要素间隔图”找到组织实际社会形象与组织自我期望形象间的差距。

（1）组织形象检测。利用组织形象四象限图（见图5-1）可统计、标示出组织的实际形象地位。

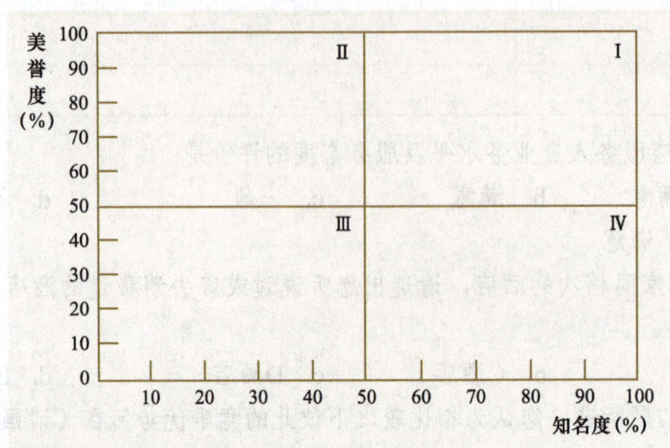

图5-1　组织形象四象限图

在图5-1中，横坐标表示知名度，纵坐标表示美誉度。全图分成四个象限区，每个象限区代表了不同的组织形象地位，反映出四类不同的公共关系状态。

Ⅰ象限区表示高知名度、高美誉度，说明组织的公共关系处于良好的状态。

Ⅱ象限区表示低知名度、高美誉度，说明组织的公共关系处于“酒香巷子深”状况，但有良好的发展基础，工作重点是提高知名度。

Ⅲ象限区表示低知名度、低美誉度，说明组织的公共关系状况不佳，相关工作需要从零开始。

Ⅳ象限区表示高知名度、低美誉度，说明组织的公共关系状态处于“臭名远扬”的恶劣境地。公关工作应先扭转坏名声，努力提高质量，改善服务，挽回信誉。

组织要了解自己在公众心目中的实际形象地位，先分别计算出本组织的知名度和美誉度的百分比，然后在坐标上标出即可。知名度和美誉度的计算公式为：

$$\text{知名度}=\frac{\text{回答知道组织存在者数}}{\text{被调查人数}}\times 100\%$$

$$\text{美誉度}=\frac{\text{对组织有良好评价者数}}{\text{回答知道组织存在者数}}\times 100\%$$

例如，某组织进行抽样问卷调查，共调查了相关公众1000人，答卷中有800份说知道该组织的存在，有200份对组织有较高赞誉。按上述公式可求得该组织的知名度为80%，美誉度为25%，然后便可将该组织的实际形象地位定位在Ⅳ象限区内。

（2）组织形象要素分析。组织形象的内容不是单一的，而是由诸多因素构成的。为了剖析组织形象地位的成因和公关工作的具体要点，公关人员应当制作组织形象要素间隔图。具体方法是：运用语义差别量表法制作组织形象要素调查表（见表5-1）作为分析工具。

表5-1 组织形象要素调查表

项目＼评价	好（50）	较好（40）	一般（30）	较差（20）	差（10）
质量					
服务					
信用					
效率					
规模					

该表的制作方法是：首先，将组织形象分解成为质量、服务、信用、效率、规模等要素，并用3～9个等级来评价每个要素（上表共用5个等级：好、较好、一般、较差、差），每个等级差为10。调查时，请调查对象就自己的看法在表中相应方格中做上标记。其次，公共关系人员对所有回收表格进行统计计算：①统计各要素的总分。②计算各要素的算术平均数。例如，某组织调查了100个公众，其中服务要素的评价为：5人认为最差（5×10），15人认为较差（15×20），20人认为一般（20×30），30人认为较好（30×40），30人认为好（30×50），则服务这一要素的算术平均数为36.5。③将各要素的均值标在"组织形象要素间隔图"（见图5-2）上，并连接成线。最后，将此线与组织的自我期望形象线相比较，即可找出二者之间的差距。在图5-2中，某组织除了质量一项要素的实际评价（实线）与自我评价（虚线）接近外，其他各项均有相当大的差距，尤其是信用和效率。

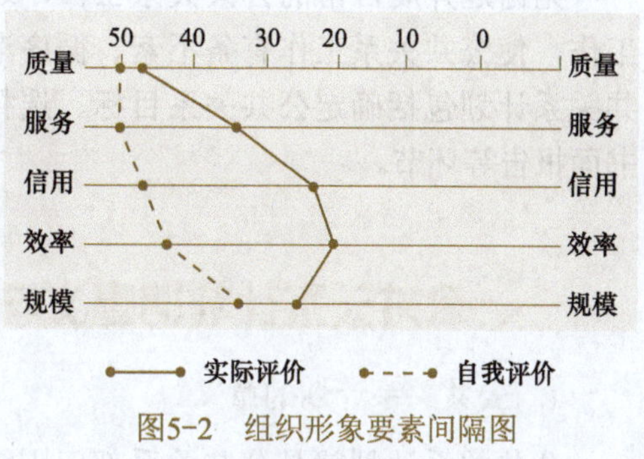

图5-2 组织形象要素间隔图

2. 形成调查成果

形成调查成果是对整理好的调查资料进行文字分析，写成完整的调查报告，并及时提供给有关部门或人员。调查结果最好是以生动、形象的方式表现出来，使有关部门和人员易于接受和理解，避免枯燥乏味的数字和抽象的文字说明。同时，调查成果应当立案存档，以便检索、查询。

课堂思考

参考"拓展阅读"中的问卷，设计一份关于本校形象的调查问卷。

第二节 公共关系计划

引导案例

九牧王的诉求

九牧王是我国男装行业的典型代表企业。2005年以前，该企业一直以“西裤专家”为核心形象诉求，公关策划方案都是为了打造九牧王“西裤专家”这一名号。2005年之后，九牧王因为企业发展的需要，由西裤向全面男装进行多元化迈进，此时九牧王营销传播的瓶颈就凸显出来了。从此时到未来几年内，九牧王需要营销公关解决的核心问题是：实现从“西裤专家”到“男装专家”的形象转变。其实，经济发展进入新时期以来，很多中国品牌都面临形象转型的问题，如何做好形象转型关系到企业品牌在未来是否能够可持续发展。

思考：**分析九牧王公关形象诉求转变的意义。九牧王的公关经理应采取什么措施实现这个转变？**

无论是开展日常的公共关系工作，还是组织一项专题活动，都需要做好公共关系计划工作，使公共关系工作有条不紊、循序渐进地展开，避免混乱状态，减少盲目性。拟定公共关系计划包括确定公共关系目标、选择目标公众、制订具体的公共关系行动方案、形成书面报告等环节。

一、公共关系计划的意义与原则

1. 公共关系计划的意义

公共关系计划就是公共关系部门围绕如何提高本组织的知名度和美誉度而设计出来的行动方案及其文件。制订公共关系计划对有效地开展公共关系工作，实现组织的公共关系目标有重要意义。公共关系计划可以增强公共关系工作的目的性。公共关系工作的目的是要不断完善组织的形象，而选择什么样的公共关系活动才能实现这一目的，恰好是公共关系计划中所要解决的基本问题，以保证公共关系工作顺利进行。

2. 公共关系计划的原则

为了使公共关系计划能发挥其应有的作用，拟定时要注意以下原则。

（1）目标明确具体。计划的目标表述应清楚无误，目标应有一整套指标体系，易于量化。目标过于空洞或脱离实际容易导致公共关系工作的不确定性，无法确定量度标准而使计划落空或难以实现。

（2）公共关系目标与组织的整体目标协调一致。每个组织都有自己的发展战略规划，公共关系计划是组织整体规划内的一个组成部分。因此，公共关系计划应当有助于整体目标的实现。

（3）计划性与灵活性统一。由于主客观条件的可变性，公共关系实践活动是富于变化的。过于刻板的计划不利于应付一些突发事件或偶然因素。因此，公共关系计划必须要有弹性，准备多种方案，做出多种应变准备。例如：公共关系活动的经费要留出一定比例（一般为10%）作为机动费用；时间和人员的安排也应留有余地。

（4）计划要有一致性、连续性。公共关系工作的效果是靠日积月累的，计划中所列的公共关系活动不能断断续续进行。公共关系计划必须在组织的公共关系总目标范围内作周密安排，使各项活动的具体目的有一致性，前后有连续性。

（5）计划要富于创造性。公共关系活动是一种创造性活动，新奇别致、出人意料的公共关系活动计划，不仅能提高执行者的积极性，提高成功率，而且易于赢得公众好感，为公众所接受。

二、公共关系计划的基本步骤

1. 确定公共关系目标

公共关系目标是公共关系活动的方向，没有目标或目标不明确就无法制订公共关系的通盘计划，也无法开展公共关系活动。公共关系目标包括公共关系总目标和实现这一总目标的具体分解目标。

（1）公共关系总目标。公共关系总目标是指与组织发展战略相一致的公共关系活动的奋斗方向。例如，华润集团的总目标是：向多元化、现代化、国际化的大型跨国企业集团迈进。依据这个总目标，华润集团公司的公关部确定的公共关系总目标是：在国际范围内树立华润公司完全具有多元化、现代化、国际化水平的跨国企业集团形象。

（2）长期目标。长期目标涉及组织长远发展和经营管理决策等重大问题。长期目标相对于总目标而言，应更加具体；但是，长期目标仍比较抽象。长期目标所涉及的内容往往还不具有直接现实性，一般在短时期内不能实现，需要几年的时间才能达到。比如在华润集团公司总目标之下，公共关系人员至少可以制订三个公共关系长期目标：①树立企业经营多元化形象；②树立企业信息、管理、决策现代化形象；③树立企业业务范围国际化、全球化形象。

（3）近期目标。近期目标是由长期目标派生出来的具体、明确的公共关系目标。近期目标不仅内容具体、明确，而且目标实现与否的质量标准也应当是具体、明确的。近期目标是对长期目标的分步骤、分阶段的实施，受长期目标的控制。

（4）即时目标。即时目标是根据公共关系工作所面临的突发性问题或突然出现的重大机遇而制定的目标。

公共关系目标分类没有固定模式，公共关系人员应根据编制计划的需要灵活掌握。另外，要确立公共关系目标的原则：①整体性原则。公共关系部门是组织整体结构的有机组成部分，其活动应有助于整个组织活动的展开，并体现和符合组织的整体利益，故公关目标的确立应从组织的整体利益出发，与组织的整体目标一致。②急需性原则。公共关系部门所面临的公关工作是繁多的，由于人力、物力的限制，不能同时进行，只能选择最急需解决的问题制定目标。③效能性原则。与组织交往的各类公众各有其不同利益，他们对组织的权益要求也有所不同，甚至相互背离。而公关部门是无法同时满足各方面要求的。因此，在确立目标时要抓住重点，优先选择那些收效较大的工作去做。④长远性原则。公共关系活动主要着眼于组织的发展，因而公共关系工作目标应能超脱于组织的局部利益和暂时利益之上，应考虑到组织的长远发展，切忌急功近利的短期行为。

2. 选择目标公众

确定公共关系目标后，必须明确谁是这项工作的具体对象，即目标公众。由于公共关系目标的性质、内容不同，公共关系工作所面对的具体公众也不一样。这就要求从组织的一般基本公众中划分出具体公共关系工作目标所指向的公众。

例如，任何一家酒店都应当坚持欢迎各界人士光临，一视同仁地为所有顾客服务的理念。但是，每一家具体的酒店都必须根据自己的特殊条件和特定环境，在服务方针上侧重于某一类型的顾客，形成自己的服务特色。广州中国大酒店和广州花园酒店是两个各具特色的著名酒店。中国大酒店邻近广州商品交易会所在地，交通又极为便利，酒店内的商务设备齐全，客房比较大，适合用作洽谈生意，具有吸引商务人士的有利条件。而来华经商的企业家和商务人士住酒店首先考虑的是方便做生意，只要商务设施齐全、服务周到、舒适，一般不会计较房价。因此，中国大酒店的公关部确立了着重吸引来华经商的企业家和商务人士的公关目标，以来华经商的企业家和商务人士为目标公众，开展宣传，取得显著效果。广州花园酒店则为所有顾客服务，以“花园酒店是广州人的酒店”为目标而确定广大市民为目标公众，积极参加当地的有影响力的节日文化活动，采取各种优惠措施，满足各层次消费者的需求，树立起良好的形象，被广州市民誉为“我们的酒店”。

3. 制订具体的公共关系行动方案

公共关系行动方案的制订包括三个方面的内容。

（1）确定公共关系活动的主题。公共关系目标的实现并不是一蹴而就的，而需要通过多种多样的活动来达成，把这些活动连接起来的就是公共关系活动的主题。主题的表述方式宜多样化，可以是一个简明的陈述，也可以是短语、口号。比如，广州中国大酒店开业一周年的主题就是：“中外通商之途，殷勤款客之道。”公共关系活动的主题应力求特色鲜明、便于记忆。

（2）选择活动方式和传播渠道。如果公共关系活动的主题是要传播信息，让公众知晓组织的某种情况，就可选择大众传播、会议、讲演、展览等活动形式。如果公共关系活动的主题是属于联络感情、社会交往方面的，就可利用招待会、茶话会、联谊会、信件来往等活动争取公众的信任与好感。如果公共关系活动的主题是要改变公众的态度、引起公众的关注，就可采用售后服务、消费指导、赞助、支持公益活动等方式，或通过纪念、庆祝等大型社会活动来维护和树立组织的良好形象。

在制订行动方案时，无论使用何种方式和渠道，都要考虑到人、财、物、技术等方面的现实条件，统筹兼顾、机动灵活，保证公共关系主题活动目标的达成。

（3）编制公共关系预算。编制公共关系预算是公关部门的一项基本管理职能。公共关系预算是指按照预定的目标，将完成任务所需要的费用一一开列出来。通过预算还须找出活动的成本，找出全年从事公共关系活动的费用总额，然后估算以目前组织的实际情况来看可否承担这笔费用。编制预算有助于公共关系部门按期“施工”，便于组织对公关活动进行监督管理。最后，有了预算，公共关系工作的成效评估就有了成本效益方面的基本依据。公共关系预算包括全年预算和单项预算：①全年预算。这是以一年为期的公共关系工作成本预算。编制全年预算有两种方法：一是按照企业产品销售量抽成，即从总收入或纯收入中抽取一定的比例作为公共关系经费。例如，广州白云山制药厂曾经明确规定：每年固定地从利润中提取相当于产值1%的资金作为该厂的信誉投资经费。1985年，该厂的生产总值达17亿元，因而相应的从利润中拨出170万元作为公共关系活动经费，主要用于制作公共关系广告、赞助各类社会性活动以及参加、支持一些纪念性活动等。另一种预算方法是目标作业法，即先制定全年公共关系目标和计划，然后按照计划将所需各项费用项目详细列举出来，最后核定总金额作为预算极限。②单项预算。这是关于实施某个具体的公共关系活动计划所用的预算。预算方法是把按计划开展活动的各项费用开列出来，合并后的总金额即为预算额。

公共关系预算编制好后，应请各级主管审查，然后将预算内容分发给有关部门，让其了解自己部门可使用的费用金额。

预算内容一般包括人员、经费、时间三个方面。

第一，人员预算。这里的人员预算是指对实施公共关系计划所需要的人员进行预算，实际上是工作量的预算。

第二，经费预算。经费预算主要包括各种传播材料的制作费、各种活动的成本费、使用大众传播媒介的费用以及交通费、出差费等。

第三，时间预算。指对完成该项计划的实施工作所需时间进行预算，也就是为实施计划制作一个时间进程表，规定好每一项工作内容的时间耗用，以便公关人员“按时施工”。

4. 形成书面报告

制订公共关系计划的全部工作完成以后，应当把计划落实到文字上，形成书面报告。撰写书面报告无固定格式，但要包括以下内容。

第一，背景概述。包括组织面临何种问题，这些问题产生的原因、解决的策略等。

第二，目标。指针对所确定的问题而制定的具体的公共关系工作目标，在目标中必须明确通过努力可能达到的效果。

第三，具体措施。为实现目标而采取的相应举措，如选择何种媒介、开展哪些活动等。

第四，预算。详细开列出所需人员、经费和时间的清单明细。

拓展阅读

按照步骤去制订公共关系计划并不代表计划就可以付诸实施了，还要对计划进行可行性评估与论证，这一点往往是最容易被忽视的。一般来说，如果公共关系人员在制订好一份计划后就立即实施，极易造成由于遇到种种困难而不得不经常修改计划的情况，从而造成人、财、物的浪费。因此，在计划实施之前，认真评估论证该计划是否可行是非常重要的。

计划的评估论证一般由有关领导、专家和实际工作者对计划的可行性提出问题，由制订计划人员答辩论证，也可以通过召开座谈会的方式进行。评估论证的目的是要明确制订的计划的各个环节是否都是必要的、有无遗漏、相关措施是否完备、是否具有现实性、完成计划的主客观条件是否具备、如何变通等。

课堂思考

为自己所在的院校策划一次公关活动。

第三节 公共关系实施

引导案例

凯洛格公司的产品宣传

凯洛格公司的“早餐有益”观念推广活动表明，如果企业只制订公关计划，却不策划传播活动并认真组织实施的话，无论多么完美的计划也毫无意义。凯洛格公司是一家生产谷类食品的国际性公司，在世界许多国家和地区，“凯洛格”几乎成了“早餐”的象征。它之所以获得这种形象，是该公司向世界各地推行“早餐有益”这种观念的结果。在1961年，凯洛格公司的人员发现，许多国家的早餐只是咖啡加面包，这不利于人们的健康。于是，凯洛格公司决定向销售本公司产品的所有国家开展一次大规模的传播活动，让这些国家的人们接受吃早餐有益于身体健康这一观念，并借机大规模地推销凯洛格的产品。为了使这一计划得以顺利实施，凯洛格公司主要做了以下三个方面的工作。

首先，凯洛格公司在销售本公司产品的所有国家和地区成立了“凯洛格营养委员会”，由当地的知名营养专家组成，其主要任务就是向公众讲授有关营养的基本问题，编写有关营养方面的资料向当地媒体和公众分发。

其次，凯洛格指令该公司的公关协调人定期准备有关讨论营养问题的新闻稿，把它译为不同语言向不同国家的新闻媒体传递，并注意收集新闻媒体对新闻稿的反馈信息。

最后，凯洛格公司制作了一部名为《向良好健康问早安》的影片，该影片被发往世界各地，观众达数百万人。同时，凯洛格公司又专门为年轻人制作了一部名为《营养天地漫游》的影片，于1976年发行。发行两年间，观众就已达520万人。凯洛格公司还与学校、医疗单位、青年团体、托儿所、政府机构以及一些以教育为主要内容的电视台联系，经常到这些地方放映这两部影片。

通过实施以上这些大规模的宣传活动，凯洛格终于实现了自己的公关目标，使许多人都相信从营养学的角度看，吃好早餐，尤其是食用以谷类为主的各种早餐食品是合理的。

问题：凯洛格公司的“早餐有益”观念推广活动取得成功的关键是什么？

公共关系计划一旦被采纳，就需要将计划内容变为现实，这个过程就是公共关系计划的实施。它是整个公共关系工作中异常重要、也是最为复杂的一个环节。重视公共关系计划的实施，对提高公共关系工作的效率和效益有着重大意义。

一、公共关系实施的原则

公共关系计划目标能否实现以及实现的程度如何，关键在于实际的操作。公共关系人员在具体的实施过程中不能“跟着感觉走”，而要必须坚持一定的原则，以保证公共关系计划的有效实施。

1. 目标导向原则

目标导向是保证实施活动不偏离计划目标的一个重要原则。这就要求公共关系人员能够掌握实施进程中的“轨迹”，控制活动的范围，一切行动计划均要紧紧围绕计划目标而展开。为了切实遵守目标导向原则，可以使用线性排列法或多线性排列法，使所有公共关系活动有序地进行。

线性排列法是按照公共关系内容的内在联系将所有活动项目逐一排列出来，一步一步地向目标迈进。线性排列法的优点在于可以使工作人员头脑清醒，循序渐进，避免出现工作的混乱局面和人、财、物的浪费现象；缺点是比较费时间，缺乏灵活机动性。

多线性排列法是同时将所有行动展开，共同向目标推进。多线性排列法的优点是节省时间、灵活机动，但需同时投入大量人、财、物。使用多线性排列法还要求各环节、各部门、各人员之间达到整体协调状态，否则实施过程可能出现杂乱无章、混乱不堪的局面。

2. 时效性原则

所谓时效性原则，是指在实施活动中善于把握利用有利时机，以最大限度地发挥公共关系的作用，提高公共关系效果的原则。它要求公共关系人员在实施中，对活动展开的时机进行精心的选择与安排，借助恰当的时机而收到良好的效果。选择公共关系活动开展的时机应把握好以下要点。

（1）利用重大节日或事件。要善于利用重大节日或事件为公关活动的开展营造良好的气氛，或适时推出与之相关联的公关活动，以扩大活动的影响。

（2）开业之机。组织成立、开业时是开展公共关系活动的大好时机。由于新的组织在公众心目中还是一张白纸，如能抓住这一时机，实施公共关系活动，就可为组织良好形象的塑造奠定基础。

（3）拓新之时。一般而言，公众对组织推出的新产品或新的服务项目，一开始往往持观望态度。公共关系人员及时地运用各种形式的活动对其进行宣传和介绍，可以尽快地消除公众的观望心理，促使他们进行新的尝试。

（4）失误或被误解之时。组织一旦产生失误或被公众误解，造成“形象危机”，就应当立即通过公共关系手段消除危机，取得公众的谅解，维护组织的声誉。

以上仅仅是从组织的生存与发展的角度来谈公共关系实施中的有利时机。其实，在组织的日常或偶然事件中都隐藏着许多公共关系的契机，只要善于观察、分析，是不难找到的。

3. 针对性原则

这是根据目标公众的特点，有针对性地开展活动，以获得良好的公共关系实施效果的原则。因为只有目标公众理解接受了组织的公关意图，公共关系活动才能取得成功。

二、公共关系实施的特点

公共关系计划的实施是一个复杂、多变的行动过程，其目的是要将公共关系工作的良好愿望和理想的设计付诸实施，使公众了解组织、赞赏组织。因此，公共关系计划实施的一个显著特点是“付出的努力让社会知道，面临的困境求公众理解”。具体来说，实施活动有以下一些特点。

1. 动态变化性

公共关系计划的实施是由一系列相互关联的实践活动构成的。由于计划毕竟是一种理论的东西，无论怎样周密的计划都可能与实际情况有一定的差异。在实施计划的过程中，难免会遇到一些新问题、新情况，需要经常改变、修正或调整既定方案。这是一种正常现象。如果不考虑时空的变化，而固执地按“既定方针”办事，就难免导致失败。尤其是当目标公众对组织所开展的公共关系活动产生反感时，就应立即停止执行计划，找出原因，重新制定措施。

2. 创造性

制订计划、规划蓝图，需要创造性思维，而实施计划就是一个艺术再创造过程。公共关系人员在实施计划过程中要充分发挥自己的创造才能，将公共关系蓝图变为生动、形象的具体活动，达到出奇制胜的效果。

3. 影响的广泛性

任何公共关系活动的目的都旨在形成、改变或影响目标公众的某种态度或行为。一项公共关系计划成功实施后，或多或少地会使目标公众对社会组织的印象产生不同程度的变化，甚至有时还会对整个社会文化、习俗产生深刻的影响。

三、公共关系实施的媒介

人类传播媒介的发展，经历了从结绳记事、驿马送书、传令旗、烽火台等原始方式到今天的报纸、杂志、广播、电视、电报、电话、网络等高科技手段的演变，这是数千年来人类文明发展的写照。社会组织可以利用的传播媒介十分广泛，主要有以下三类。

1. 人际传播媒介

这是指个人与个人之间进行信息传播所使用的媒介，它包括语言传播媒介和非语言传播媒介两种。借助语言传播媒介进行的人际传播方式有谈话、演讲、谈判、报告、电话、电报、名片、信函等；属于非语言传播媒介的有手势、表情、姿态、动作等。人际传播媒介的优点在于双方交流充分，反馈及时，内容保密，便于加深相互之间的了解，增进感情；缺点是传播范围小，速度慢，短时间内很难让多数人知晓某一信息，主要适用于组织内部的信息交流。

2. 组织传播媒介

组织传播媒介是指组织自身所能直接控制的媒介，主要有内部简报、公关刊物、黑板报、广播室、闭路电视、员工手册、宣传窗等。组织传播媒介的优点在于传播内容切合组织实际情况，能引起员工的极大关注，且制作简便、费用低廉，组织对传播的时间、内容、方式也可加以控制，能较好地反映组织的意图和想法；缺点是影响面小，对外部公众几乎没有影响力，远不及大众传播媒介。

3. 大众传播媒介

大众传播媒介是指传播范围广泛的几种传播媒介，主要包括报纸、杂志、广播、电视、网络等。其中，前两种称为印刷媒介，中间两种称为电子媒介，最后一种称为数字媒介。

（1）报纸。报纸是以国内外的政治、经济、文化等新闻为主要内容的散页式定期出版物。报纸作为印刷媒介的“元老”，具有自己独特的优势：威望高，可信度强，容易赢得公众信赖；容量较大，可发表一些篇幅较长、阐述问题较深的文章；读者有很大的选择余地和阅读自由；便于保存、携带和查阅；累积阅读率较高（一般估计，阅读报纸的读者最低可达报纸发行量的两倍以上）。但报纸也有局限性：传播速度不如广播、电视、网络迅速及时；与电子媒介和数字媒介相比，显得不够生动、形象；读者受到文化水平和理解能力的限制。

（2）杂志。杂志是指有固定刊名、按一定顺序定期出版的印刷读物，以装订成册的形式发行。杂志的优点在于种类繁多，形式多样；针对性强，读者范围比较明确；印刷精美，感受强烈，记忆深刻；不受地域和时间限制，重复阅读率高，其传阅率高于报纸。但杂志出版周期长，不能迅速、及时地报道新闻事件；读者不仅受文化水平限制，而且受到专业知识和专业兴趣的限制，普及性较差。

（3）广播。广播是在我国较为普及的一种电子媒介。它依靠声音进行传播，对象广泛，不受文化水平的限制；传播速度快，真实感强，可充分调动人的想象力；收听方便，可边收听边从事其他活动；节目制作简单方便，价格低廉，是传统媒体中最便宜的。但广播只作用于人的听觉，传播的信息不容易被记住，难以给人留下深刻印象；听众收听时受到节目播出时间限制，只能按顺序收听，选择性差；由于没有图像，其生动性和感染力不如电视；信息不易保存，除非及时录音，否则稍纵即逝，无法找寻。

（4）电视。自电视出现以来，就以其独特的魅力在传统媒体中占据了绝对优势。它运用现代科学技术，把文字、声音、图像集于一身，使观众有身临其境之感，具有巨大的吸引力和感染力。电视传播面广，拥有庞大的观众群体；电视传播迅速，通过现场直播，观众可观看到全球正在发生的任何重大事件。但是，电视也存在一些局限，如机动性差、节目选择余地较小、制作成本高昂等。

（5）网络。随着计算机、通信和信息技术的发展，网络延伸到了社会的各个角落，扩展到人类交往的各个方面，为人类提供了继报刊、广播和电视之后又一个崭新的传播媒体。1998年5月，在联合国新闻委员会年会上，国际互联网被正式承认为“第四媒体”。实际上，“第四媒体”是不同于传统大众传媒的全新的传播媒介，它包含了人类信息传播的两种基本方式，即人际传播和大众传播，因而它的发展突破了传统大众传播模式的框架，具有超越报刊、广播、电视等传统大众传媒的新优势，如信息量大、信息表现形式丰富多样、受众广泛、传播迅速、能跨越时空界限、信息传播过程中的交互性强、能够提供个性化的服务、成本低廉等。网络作为一种集合了传统大众传媒优势的“第四媒体”，向传统大众传媒提出了严峻的挑战。但是，传统的大众传媒如报刊、广播、电视等并不会被网络所取代，它们仍然具有自己独特的媒介特性和优势，如雄厚的社会基础、完备的信息来源、成熟的工作队伍、完善的管理方式、良好的社会信誉等，受众需求的多样化也为媒体的多样性发展提供了基本的社会需求保证。面对网络媒体的挑战，传统媒体一方面要保持自己的优势，同时要积极调整以适应网络时代的要求，实现报刊、广播、电视的数字化。报刊的数字化，指的是传统报刊的网络版，即电子报刊。电子报刊不再是传统意义上的报刊，它是互联网传播的一部分。广播、电视的数字化指的是广播、电视信号的制作、保存、传输等过程的数字化，传播的方式与传统的广播电视并没有什么不同，只不过信道内存在的是数字信号而不是模拟信号，因此广播电视数字化的结果并没有改变广播电视的传播属性，它仍然是传统意义上的大众传播。当然，广播电视数字化也为广播电视的网络传播埋下了伏笔，数字化以后的信号可以通过传统的广播电视设备传输，也可以通过网络进行传播。因此，传统大众传媒与网络相结合，将是大众传播媒介发展的一个新趋势。社会组织应当利用网络媒介加速全球化传播，艺术地展示组织形象，扩大组织知名度，提高组织美誉度。

拓展阅读

制作公关活动实施手册

活动背景：此部分的撰写通常由客户方与策划方共同完成，在活动邀请函、新闻稿等文件中也会有所体现，主要是让参与人员和工作人员对活动有基本的认知。

活动要素：活动既定的举办时间、举办地点和参加人员。

活动流程：活动既定的议程，晚会演出类活动通常称为“节目单”。

活动规模及人员构成：活动既定的参加人员总数和构成，比如一场新闻发布会的规模为200人，其中主办方领导为10人，特邀嘉宾为10人，合作机构代表为30人，媒体记者为120人，公司内部参会人员为20人，公关公司工作人员为10人，总计200人。

布置方案：图文并茂地呈现场地布置方案，包括3D部分的平面布置图、效果图、人员流动示意图、主要尺寸图和设计小样、设计尺寸、制作材料、制作数量等。

流程控制：主要是针对活动现场流程部分的音响系统、视频系统、灯光系统、舞美道具、礼仪小姐、节目演出、摄影摄像和催场等的工作说明，并要求在活动流程进行到某一时间节点时完成相应的工作。

保障方案：如嘉宾接待、安全保障、应急疏散等方案，以保障活动的顺利举办。

各种清单：活动执行所需的各种人员、物料的汇总表，主要包括设计制作清单、AV（Audio Video）设备清单、物料清单、礼品清单、工作人员联络表、现场音视频文件清单、节目清单等。

人员分工：对公关公司执行活动的人员架构、上下级关系和工作分工进行说明。

课堂思考

请尝试为学校毕业晚会制作公关活动手册。

第四节　公共关系评估

引导案例

海底捞坚持“服务高于一切”的理念

“服务高于一切”是知名餐饮品牌海底捞的服务理念，而消费者对海底捞品牌理念的最初印象也正是来自于对它行事风格的耳濡目染。就以北京市场为例，海底捞刚开始进入北京市场时，在北京不仅有小天鹅、德庄、秦妈，还有阳坊涮肉、东来顺、老北京涮肉等一众火锅品牌，如何在这个大牌云集的市场分得一杯羹呢？海底捞高层管理者决定从每一件细微的小事上下功夫，制订的服务计划中明确提到，要给顾客提供“全天候服务”，让顾客在海底捞能够真正感受到“优越感”，甚至会觉得“不好意思”，让顾客感觉到受宠若惊。当时海底捞公司内部部分人员及业内人士对海底捞的“服务高于一切”的理念有不同看法，他们认为火锅行业比的还是产品，产品好吃就能征服客户。面对不同声音，海底捞的高层管理者也曾自我怀疑过，公关部为此专门做了评估，邀请业内专家、各地消费者参与。这次评估所覆盖的人群广泛，有效率较高，最终证明“服务高于一切”的理念适合海底捞的现状，这让海底捞高层坚定了目前的服务战略。最终，海底捞凭借独特的服务获得了北京消费者的认可，去过海底捞的顾客也开始为其做口碑宣传，海底捞不仅站稳了脚跟，还获得了良好的口碑。

问题：是什么让海底捞坚定执行“服务高于一切”的理念？

公共关系的总结评估是对公共关系工作的结果进行总结与反思，反映了公共关系工作人员的主观能动性。总结评估既是公共关系“四步工作法”中的最后一步，也是进行更高一级新的公共关系工作的开始的一步，起着承上启下的重要作用。评估反馈工作不仅是在公共关系活动结束时是必要的，而且应当在连续不断的公共关系工作各阶段中进行：调查阶段要评估信息的准确性、可靠性和问题的确定性；计划阶段要评估各种可选择的方案；实施阶段要评估行动措施。同时，应将评估的结果及时地反馈到公共关系过程中去，以便在下一阶段吸取经验教训。

一、公共关系评估的意义

公共关系的总结评估是改进公共关系工作的重要环节。通过总结评估，可以及时发现公共关系工作的方向是否偏离了原计划，以便不失时机地调整工作内容和方式；同时，及时从成败中吸取经验教训，以便采取更为有效的行动。

公共关系的总结评估能帮助组织审时度势。组织在经营管理上的各种失误和不足，都可以在总结、评估中反映出来，有利于组织根据总结评估的结果来审视自己的宗旨、政策、经营管理方法上的优势和劣势，以便调整自己的行为，把握发展的时机，使组织在竞争中知己知彼、百战不殆。

公共关系的总结评估还能使内部公众和领导人看到公共关系工作的明显效果，使之自觉地重视公共关系工作，为今后工作取得更多的支持和帮助。通过总结评估，可以消除障碍，减少公共关系工作的阻力。

公共关系的总结评估也可以总结出新经验，提出新问题，形成新理论，从而丰富和发展公共关系的理论和实务。

二、公共关系评估的原则与方法

1. 公共关系评估的原则

公共关系的总结评估不能随心所欲，而应遵守以下重要原则。

第一，客观准确性原则。公共关系的总结评估要坚持说真情、说实话，既不为组织的公共关系工作的失误辩护，也不能把公共关系工作说得尽善尽美。评估应真实地总结出所取得的成绩和效果、所遇到的挫折和失败，做到喜忧兼报。为了做到客观准确，公共关系人员就不能只凭主观感觉，而必须采用一些科学的评价方法进行总结评估。

第二，分清成绩和责任原则。公共关系工作是由具体的公共关系人员去完成的，分清人员的成绩和失误是总结评估工作的重要组成部分。只有对人员的成绩和责任做出合乎实际的估价，并分别给予奖励与批评，才能调动人员的工作积极性，增强其责任观念，提高人员素质、工作水平和工作质量。

第三，定性、定量分析相结合的原则。对公共关系工作的效果作定性分析就是要求对各种检测、评估结果进行概括分类，把评估归纳成若干大类，做出总体好坏、升降的估计和评价，并说明原因，提出证据，标明性质，得出结论。对公共关系的定量分析是要求对定性分析的结论能用统计数字衡量。例如，理解程度加强、牢骚减少、投诉下降、求职者增多等，都要用具体的数据表示。

2. 公共关系评估的方法

总结评估主要是对公共关系工作进行定性和定量的测定，一般分为效果调查法、研究分析法、高层评价法。

（1）效果调查法。效果调查法是通过对公共关系工作产生的效果做广泛的调查，从而对公共关系工作进行评估。它包括以下三方面。

第一，专家意见调查。公共关系评估人员拟定调查项目，制定评价标准，邀请有关方面的专家，让其匿名、独立地发表意见。若意见分散无法集中，可汇集整理后反馈给各位专家，让其再评价，直至意见基本统一为止。

第二，公众舆论调查。这是评估中最重要的方法。进行舆论调查可以运用在调查阶段所使用的方法来对公众的舆论进行前后对比，再制作一次“组织形象四象限图”，就可知通过活动后组织的形象地位是否发生了所期望的变化。或者可以通过问卷调查来检测计划目标是否达到。比如：一项公共关系方案的目标是要将某公司的知名度由10%提高到20%。而实施后通过问卷方式进行调查，发现只有15%的调查对象表示知道该公司的存在，或知道它是从事什么业务的。由此可见，该组织扩大知名度的公关目标未能达成。

第三，媒体报道调查。新闻媒体对本组织所开展的公共关系活动的报道情况，包括报道的角度、次数、版面及媒体的覆盖面、重要性等，以衡量公共关系工作的成效。

（2）研究分析法。公共关系部门把调查收集来的有关公共关系活动过程的重要信息，经过去粗取精、去伪存真、由此及彼、由表及里的抽象、概括、分析和综合，可以得出公共关系工作效果的正确评价。在研究分析中，除了对过程有正确的评价外，还应重视对结果的解释。尤其是当发现预期的结果没有发生时，为了给今后的工作提供帮助，还要注意从以下几个方面查找原因：第一，公共关系方案的主观成分是否太多，是否脱离了实际；第二，是否充分考虑到各种外界环境因素的综合影响作用；第三，准备工作是否充分，是否因此造成了实施中的失误或偏差；第四，公共关系人员素质是否有保障；第五，评估本身是否存在失误，如方法不当、标本选择不当、评估人员水平低等。

（3）高层评价法。公共关系工作的效果如何，在很大程度上还要看组织领导层的评价。为使最高管理者对公共关系的效果做出恰当的判断与评价，必须如实将定性、定量的评估结果以正式报告的形式传达给决策层。

在报告中应当把公共关系工作的评价与组织的总目标、总任务联系起来。如果事前制订了公共关系的计划和预算，应在报告中将计划中的预算与实施预算结果加以具体比较。在报告中，应尽量引用具体可见或可测量的成果作附加说明。引用有影响力的外界评价，以增进领导层对公共关系工作的信任感。在必要时还应将公共关系工作的成效反馈给组织的其他内部公众，以增加内部公众对公共关系工作的了解和支持。

报告的形式常用的有书面报告和口头报告两类。书面报告有年终总结、年度报告、定期备忘录和工作报告、情况通报、简报等；口头报告有小组会议、委员会会议、工作汇报会等形式。无论采用何种报告形式，若辅以图表、图片，可以使报告更加生动、形象，使效果更加理想。

拓展阅读

公共关系的总结评估内容十分广泛，主要涉及以下几方面。

第一，对公共关系活动的投资收益估价，包括对组织长远的经济效益、社会效益的宏观和微观的分析、评价。

第二，对公共关系活动完成组织的使命、解决组织亟待解决的问题情况以及对组织总体形象的作用进行分析、评价。

第三，对公共关系活动给组织带来的近期和远期影响、效果作分析、评价。

第四，对公共关系活动给组织的生存与发展带来的影响，包括成绩和损失及原因等进行分析、评价。

第五，对传播力度进行分析、评价，比如媒体发布相关信息的数量、转载的数量以及媒体跟进报道的数量等。

总之，公共关系评估的测量指标还有很多，比如评估覆盖率、评估有效率、传阅率、形象提升水平、销售提升水平等。公共关系评估既要评价公关活动对组织内部造成的影响，也要评价给组织外部环境带来的影响。

课堂思考

公共关系评估是对公共关系实施的一种总结与考评，有鉴于此，你还可以用哪些指标评估公共关系实施效果？

本章小结

公共关系工作的基本程序包括公共关系调查、公共关系计划、公共关系实施和公共关系评估四个阶段，这是一个不断循环递进的过程。

公共关系调查是组织就公众对组织形象的评价进行统计分析，用数据或文字形式显示公众的整体意见，或者就某一具体公关活动的条件进行实际考察的过程。

公共关系计划是组织为实现战略目标和公共关系活动的成功而事先进行的有科学程序的谋划、构思和设计最佳方案的过程。

公共关系活动能否获得预期效果，不仅要看公共关系活动的方案是否可行，更要看方案如何实施。公共关系方案实施是公共关系工作程序中最复杂、多变的关键环节。

实操演练

练习1．每逢我国现行的法定节假日（如劳动节、国庆节和春节等），各大商场、超市都忙着推出五花八门的促销活动，有的提供“买三百送一百”的消费券，有的开展“买一赠一”的优惠，有的开展“购物满一百抽奖”活动，有的“定时限量抢购”等。在接下来的节假日里，请同学们以小组为单位，自行选择2～3家商场、超市，认真深入地开展实地调查。在采访商家、听取顾客反馈的基础上，结合小组的实际观察，运用所学知识，撰写一份调查报告，分析哪一家的做法最具吸引力、最有创意、最有实效。

练习2．假设你是某企业的公关经理，你所在的企业生产出了一种适用于中老年人的营养保健品，试分析如何利用母亲节这个节日，通过策划一项公共关系活动来提升企业形象，增强用户认可，促进产品销售。可从以下几个方面进行考虑：①活动主题；②广告标语；③媒介选择；④简要说明策划这一活动的各环节安排及注意事项。最后，撰写一份规范的公共关系活动策划书。

练习3．策划一次活动，提升班委成员在同学们心目中的威信。制订好活动计划后在班级实施，并对效果进行评估。

复习思考

1. 简述公共关系调查的意义和程序。
2. 简述公共关系调查的主要内容。
3. 常用的调查方法有哪些？其各自的特点是什么？
4. 简述制订公共关系计划的步骤。
5. 公共关系活动方案的实施有哪些要求？
6. 公共关系效果评估有何现实意义？
7. 简述公共关系效果评估的原则和方法。

第六章 6

以活为动 事必辉煌
——策划公共关系专题活动

案例导入

接力出征！格力电器再送13名员工参军入伍

“国家需要就是企业义不容辞的社会责任，就是我们要去做的。”2022年3月16日，珠海市征兵办与格力电器举行2022年上半年入伍新兵欢送仪式，格力电器董事长寄语即将走出企业、踏入军营的新兵时表示，有国才有家，做好征兵工作是格力电器的责任，应征入伍是格力人的光荣。

通过层层选拔，13名员工从80多名应征报名员工中脱颖而出，成为准新兵，其中有5人主动选择到新疆等边远艰苦地区服役。在欢送仪式上，2021年退役的11名企业员工，身穿迷彩服，带领2022年上半年入伍的13名企业大学毕业生员工，在军旗下庄严宣誓，把保家卫国的钢枪交到了新战友手中。

格力电器历来有拥军报国的光荣传统，鼓励员工参军报国，退役返回岗位后优先使用提拔，免去后顾之忧，大大激发了员工的参军热情。2019年以来，格力电器每年都有近百名大学毕业生员工报名应征，已有51名优秀员工参军入伍，多人在服兵役期间被评为“四有”优秀士兵。

珠海市征兵工作领导小组相关人员表示，企业征兵实践，不仅拓展了征兵范围，开辟了兵员征集新渠道，还实现了“部队兵员有保障、企业形象有提升、员工素质有提高”的“三赢”目标。

启示：公共关系是“内求团结，外求发展”的艺术，外部公众是组织发展的重要推动力量。因此，企业不仅要追求经济效益，更要追求社会效益，多承担社会责任，展示自己的爱国情怀，响应国家号召，以得到广大外部公众的尊重和喜爱，从而为企业的发展创造良好的外部环境。

学习目标

知识目标：了解公关策划的含义、目的、意义；熟悉公关策划的特征与原则；明确公关专题活动的含义和策划流程。

能力目标：掌握举办各类公关专题活动的方法及要求；能够通过策划、举办专题活动达到传播目的。

素养目标：树立科学、务实的公关策划意识，培养良好的组织、协调能力。

开篇导读

如果说公共关系是一门艺术的话，这门艺术集中表现在策划的过程及其所形成的活动之中。公关策划是公关实践中最富创造性的工作，是公关工作成败的关键。要确保公关策划的成功，必须深入理解公关策划的基本理论，掌握公关策划的战略与策略的精神实质，学会公关策划的基本方法和技巧。

公关专题活动是围绕一个明确的主题而策划开展的公关活动，它是组织就某一方面的问题与公众进行重点沟通。公关的目标正是通过策划一系列的专题活动而实现的。公关专题活动的种类很多，如赞助、来访接待、开放参观等，这些活动各有特点，因而在策划与组织时要加以区分。

第一节　公共关系策划概述

引导案例

台湾“铁路节”

为庆祝每年一度的铁路节，台湾邮政公司在节日期间正式发行“台湾老火车站”系列邮票。首日发行典礼在已被列为古迹的嘉义老火车站举行，嘉义林区管理处的二十六号蒸汽老火车头也重出江湖，载送游客进行复古山林之旅。上千名铁道迷和邮迷齐聚抢购拍照，在发行典礼上，更涌入大批邮迷抢盖三处临时邮局纪念戳及阿里山蒸汽火车之旅纪念戳。

台湾的铁路始建于1887年，当时的台湾首任巡抚刘铭传以他卓越的眼光，坚持向清政府争取在台湾大规模修建铁路。1887年6月9日，台湾的第一条铁路开工。该工程相当艰难，修建铁路的工人们不畏艰辛，用了4年时间完成了这一重要交通工程。为了纪念这个非常有意义的日子，人们把第一条铁路开工的6月9日这一天定为铁路节。现在，铁路节在台湾非常有名气。每年的6月9日这一天，台湾铁路部门都要面向公众开展和铁路有关的专题活动，旨在让人们缅怀历史。

问题：结合该案例谈一谈为何要设置铁路节并举办一系列活动？

公关策划是通过规划和设计各类公关活动，以实现塑造良好的组织形象的目的。公关策划是公关人员遵循科学的原则和方法，充分发挥想象力和创造力，制订最优公关活动方案的过程。

一、公共关系策划的含义

1. 策划概述

策划，含有筹划、谋划、抉择等意，是人类社会中经常进行的一种活动。大至两国交兵，小至造屋建房、见面洽谈等，均需三思而后行。策划与人类社会生活紧密相关。

按哈佛企业管理丛书编纂委员会的解释，策划是一种程序，是一种运用脑力的理性行为。所有的策划都是指向未来事物的。也就是说，策划是针对未来要发生的事情，在找出事物发展因果关系的基础上衡量未来可采取的途径，做出目前决策之依据的一种社会活动。简单地说，策划是预先决定做什么、何时做、如何做、谁来做。策划如同一座桥，它连接着我们目前之地与未来我们要经过之处。

策划的步骤以假定目标为起点，然后订出策略、政策以及内部作业计划，以求目标之达成，并对可能的成效做出评估与论证。策划是一个无限发展的过程，在策划执行过程中或结束后，应将反应或结果及时进行反馈，并在新的起点上开始策划的第二次循环。策划是一种连续不断的循环，即反复策划，以求方案切实可行和高效。

由此可见，策划既是一种观念或思维活动，又是人类的实践活动。策划是领导科学、战略科学、经济学等学科密切关注的理论问题和实践问题。

策划活动的历史源远流长，伴随人类的文明进步而不断地丰富和升华。策划就其本身而言，需要丰富的知识、高超的智慧、深厚的谋略以及科学的决策思维。应谙熟古今中外的策划谋略，并能古为今用、洋为中用、推陈出新。

我国拥有悠久的历史、灿烂的文化，纵览浩若烟海的中国文化典籍，散见其间类似的策划词汇有很多，如深谋远虑、玄机妙算、运筹帷幄、运智铺谋等。我国古代策划谋略之精髓，集中地反映在《孙子兵法》《三十六计》等典籍中，至今为中外政治家、军事家、经济学家们推崇备至。古人的谋略观留给我们无尽的启迪，其核心就是：凡成事立业，均需满腹韬略，善于对未来的发展进行周密的策划。

2. 公共关系策划

由于研习者层次不同和立意角度不同，学术界对“公关策划”的理解或认识不尽相同。归结起来，公关策划的基本内涵离不开五个主要因素：策划者、策划依据、策划方法、策划对象、策划效果测评。因此，总结前人经验，可以对公关策划作如下理解：所谓公关策划，是指公关人员在公关工作中，为了实现塑造组织形象、协调组织内外关系的目标，在调查研究基础上，运用已经掌握的知识和经验，遵循科学的原则和方法，发挥想象力和创造力，对公关的战略和策略进行运筹、规划或设计，并制订公关活动方案的过程。

公关策划根据任务和目的的不同，一般有两种：一种是全局或长远性的，即围绕组织总体形象的设计和长远目标而进行的策划；一种是专项性的，即为解决某个公关具体问题，围绕一个或几个公关专题活动进行的策划。

公关策划的含义是丰富的，主要有以下几个方面。

（1）公关策划由公关人员主持完成。人们常把公关人员分为三种：具体操作者、组织指挥者、公关专家。公关策划主要依靠公关专家来完成，国内外情况大体如此。将这些由高档次、高水平人员组成的公关专家策划出来的“成果”付诸实施，便是公关操作者和组织者的职责。当然，公关策划不能完全由公关人员闭门造车，由组织内部公关人员主持的公关策划最好由公关部门的负责人、公关咨询专家和组织领导人（如厂长、经理等）一起完成。

（2）公关策划紧紧围绕组织目标服务。公关活动是组织整体活动的有机组成部分，其活动应有助于整个组织活动的展开，并体现和符合组织的整体利益。公关策划活动是组织公关活动的重要组成部分，也必须服从组织的整体公关目标。公关策划在谋求组织自身的最佳效益时，既需考虑到与组织整体利益的一致性，还须考虑到组织自身利益与社会整体利益的一致性。

（3）公关策划以公关调查为基础条件。“没有调查，没有发言权”。公关策划不可能凭空产生，只能建立在科学的调查研究基础之上。当然，在公关策划活动中，理论的指导和经验的借鉴也是非常必要的。没有理论的指导，策划成果会缺乏深度或高度；没有成功经验的借鉴和帮助，策划作品会很难实施或实施效果很难保证。

（4）公关策划必须遵循科学的原则和方法。公关策划是科学与艺术的结晶。一方面，它必须遵循科学的规律和原则，按照科学的理论和方法进行运作；另一方面，它又具备艺术创造性，用独特的魅力和尽可能完美的艺术形式去感染、吸引公众，使公众在美的感受中潜移默化地接受公关人员传递的信息，转变态度，发展积极行为。离开了科学的指导，公关策划必然步入误区，陷入庸俗；离开了艺术的创造，公关策划就失去了生命力，变得干瘪和教条。

（5）公关策划包括战略策划和策略策划两种基本类型。战略策划从宏观上为实现组织总体目标的长期性和整体性服务，它是公关策略策划的基础；策略策划是组织为实现公关目标和宏观策划所采取的具体对策与特殊手段，它是战略策划的具体化。战略策划和策略策划反映的是组织的整体与局部、长远利益与当前利益之间的辩证关系。两者既有区别，又有联系。策略策划是战略策划的一部分，它服从于战略策划，并为达到战略目标服务；而战略目标又必须通过策略的执行来一步一步地完成。战略策划内容在一定时期内具有相对稳定性；而策略策划则具有较大的灵活性，随具体情况而变化。战略策划和策略策划的区分是相对的，随时间空间的转换，在一定范围内的战略任务，在另一范围内则可能是策略任务，反之亦然。

（6）公关策划包括谋略、规划、设计等几方面工作，开展这几个方面工作的实质就是寻求和制订公关最优活动方案的过程。

二、公共关系策划的目的和意义

1. 公共关系策划的目的

公关策划的目的是通过规划、设计最优公关活动方案以实现组织的目标，塑造良好的组织形象。

为了便于理解公关策划的目的，我们从系统理论角度，把公关活动的开展看作是一个系统工程。公关策划在这个系统中居于十分重要的地位，它对整个公关活动具有前瞻性、指导性和决定性的作用。我们可以从以下两方面来认识公关策划在公关活动中的地位。

（1）公关策划在公关活动过程中的位置以及与其他公关活动的关系可以用图6-1来表示。

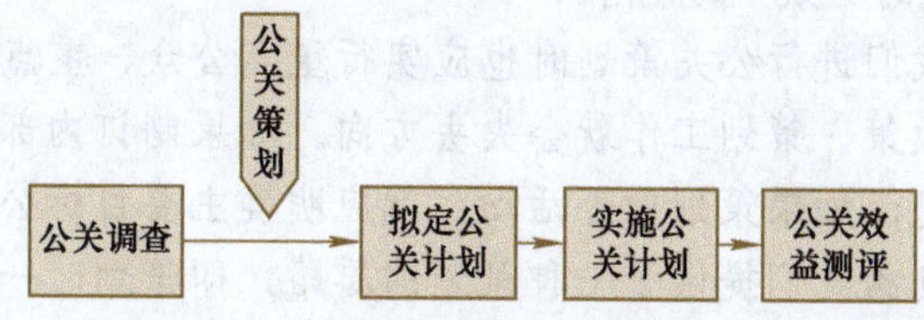

图6-1　公关策划与其他公关活动的关系

从图6-1可知，一方面，公关策划承上启下，对整个公关过程，特别是后三步起着决定作用。另一方面，公关策划又会及时收集反馈信息（图中用虚线表示），再度做出更高层次的策划以指导公关活动向更高更深方向发展。

（2）公关策划对公关活动中若干要素的影响可以用图6-2表示。

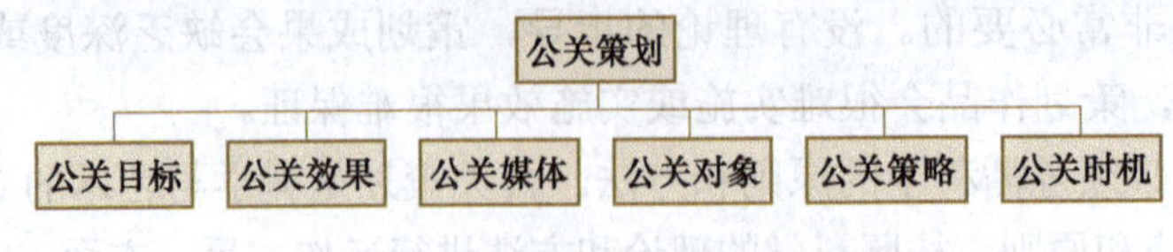

图6-2 公关策划对公关活动的影响

一项公关策划，首先要解决的问题是：为什么要进行这次公关活动？公关目标是什么？对象是谁？公关策略是什么？如何把握最有利的公关时机？如何选择最佳媒体？怎样获得公关活动最佳效果等。当然，公关策划不可能对每一问题均衡用力，而必须在动态中把握平衡，有所选择，有所侧重，并确定问题解决的先后顺序。只有这样，公关活动才能获得高质量的效果。

2. 公共关系策划的意义

（1）保证公关工作的计划性。精心酝酿的公关策划，可以更有效地找准公关目标和对象，确定公关战略和策略，把握最有利时机，选择最佳媒体等，保证公关工作重点突出、主次分明，使公关活动有计划、有步骤、有重点地进行。

（2）保证公关工作的最佳效果。公关工作以塑造组织形象、协调内外关系作为基本职能，公关策划从战略目标做出有序的规则，从策略上提供了保证，从而使组织目标的达成成为逐渐累进过程。通过策划，确保其目标、对象的准确性，活动内容、方式的可行性，确保公关活动投入少而效益好，获得最大的综合效益。

（3）公关策划是社会组织竞争制胜的法宝。公关竞争是社会组织竞争的重要组成部分，面对日益加剧的市场竞争，组织所应思考的已不再是“人无我有”的问题，而是“人有我新”的问题。

拓展阅读

公关策划中的“二八”法则

“二八”法则是指管理过程中实行“关键的少数，次要的多数”的原则，也称“帕累托法则”。意大利经济学家帕累托在研究银行存款规律时发现了这样一种现象，即不到20%的客户其存款额竟占全部银行存款额的80%以上，于是主张重点管理好20%的重点客户，因而提出了“关键的少数”的概念。

根据这个法则，我们进行公关策划时也应实行重点公众、重点关注的方针，以点带面，没有重点就没有政策，策划工作就会失去方向。如果制订内部工作计划，就应着重解决好员工的意见问题；如果策划对外活动，就应明确主要目标公众，并时刻关注他们的反应。“二八”法则给我们提供了一种策划的思路，即策划时一定要抓住重点，工作才会事半功倍。

三、公共关系策划的特征和原则

1. 公共关系策划的特征

（1）目标性。无论哪种层次的公关策划，都以一定的目标为指向。目标性要求在进行公关策划前，策划人员需要了解组织到底应塑造什么样的形象，公关活动到底重点解决什么问题和问题排列的先后顺序。

（2）灵活性。社会组织的内外公众和环境的稳定是相对的，而变化是绝对的。这就要求公关策划必须具有灵活性，适时适度地调整公关策略，有时甚至要调整公关目标，以便卓有成效地实现动态策划。

（3）有效性。任何公关活动都要讲求效果，公关策划如果不能产生实际效果都是资源的浪费。有效性要求每次公关策划都要从组织实际出发，做到切实可行、卓有成效。公关策划是组织宏观运作中的重要组成部分，涉及内外各部门，它必须从实际出发，量入为出，讲究实效，合理安排，协调组织人力、物力、财力，力戒浮华、不切实际，才能产生实际效果。

2. 公共关系策划的原则

（1）求实原则。实事求是是公关工作的准绳，也是公关策划最基本的原则。公关是一项应用性和实践性都很强的工作，只有真心实意，才能取信于公众。在公关策划时，必须以事实为基础，如实准确收集调查信息，做出组织可操作实施的公关策划内容，才能保证公关策划的切实可行。

（2）系统原则。公关策划活动是一个有机整体，它涉及公关活动过程的各个方面，需要从系统的整体与部分之间相互依存、相互制约的关系中，把握系统特征及其运动规律，实现整体最优化。公关策划需要寻求与公关活动各个环节的有机结合，寻求它们之间的最佳搭配，在动态中取得最大的综合效益。

（3）创造原则。公关策划需要充分发挥想象力、创造力，这样才能使公关策划实现既定的目标和艺术上的创新。公关策划的创新，是公关策划者在已有知识和经验基础上，打破传统思维定式，刻意求新，设计生动活泼的公关活动，使公众乐于接受组织所传递的信息，进而做出积极的行动。

拓展阅读

公关专家杜·纽萨姆认为：“公关活动的成败主要取决于公关人员的创造性。”好的创意，超凡脱俗、别具一格，可以由此形成一个新颖别致、恰当精炼、极具吸引力的主题。有了好的主题，再去设计公关活动的方式和传播手段，让主题具体形象、生动完整地展现在公众面前，成为公众乐于接受的公关活动。一些公关活动难以产生较大影响，一个极其重要的原因就是缺乏创意，使公关活动流于形式、落于俗套。

1. 创意的实质

公关创意是公关人员针对公关目标所进行的构思或想象，是在特殊时空条件下为表现公关主题和实现公关目标所进行的一种创造性思维活动。公关人员通过独特的设想与构思，设计公关活动的主题和内容，提出总体思路，并考虑怎样去表现这种主题、怎样设计活动内容，从而获得预定的效果。

公关创意不仅具有一般创造性思维的共同点，同时又具有其特殊性。第一，它是公关人员发挥主观能动性和创造力，有意识的特殊创造活动。公关创意有明确的目的，即为更好地解决组织面临的公关问题而构思，谋求新颖独特的方式来取得最佳公关效果。第二，它讲求独创性和求实性的统一。公关创意一方面强调打破常规、出奇制胜，另一方面又要求必须以公众利益和社会价值为尺度，符合社会伦理道德，把实现组织目标同履行社会责任有机地结合起来。

2. 公关创意开发的过程

公关创意的开发往往经历准备、酝酿、启发、成型、验证完善等几个阶段。

（1）准备阶段。公关人员根据组织的总体目标和具体目标，收集各种信息和资料，围绕公众的特点和需求，结合组织自身状况，提出公关创意的方向。

（2）酝酿阶段。公关人员对收集到的各种信息进行分析，找出组织存在的问题，遵循相对明确的方向和目标，最大限度地调动创意团队的知识、经验和想象力，运用抽象思维、形象思维，经过讨论、设想、借鉴和扬弃等工作，寻求创意的线索和思路。

（3）启发阶段。经过头脑风暴和交流讨论，收集所有的想法和灵感，综合分析，增补完善，使这些想法和灵感变成构思，并使这种构思转化为可以反映目标的形象，这是创意的关键阶段。

（4）成型阶段。公关人员通过深思熟虑将各种相关的奇妙构思转化为具体的创意，并进行深化和提炼；之后经过充分的分析、推导、论证，将创意形成具体的文案。

（5）验证完善阶段。将成型方案送至有关部门或专家会审，并争取在可能的情况下将方案在小范围内进行实验证实，进一步完善创意方案。

课堂思考

根据所学的知识，请分析公关策划是一种战略还是策略。

第二节 公共关系专题活动策划

引导案例

鸿星尔克的大手笔

2021年7月，河南多地因连续的大暴雨而导致水患，很多企业、知名人士，甚至普通网民都在尽力捐款。而国产运动品牌鸿星尔克捐款5 000万元，一个几乎淡出人们视线的国货品牌，因低调而大手笔的捐款，成为大家争相点赞的对象。

网友们涌进鸿星尔克官微评论区表态，“下一双鞋子必买鸿星尔克”“刚刚从直播间买了双鞋支持你一下”。有权威媒体评论道：鸿星尔克2020年亏损2亿元，2021年第一季度亏损6 000万元。能在连年亏损的情况下拿出5 000万捐款，这已经不只是良心企业了，我们甚至可以称之为“国货之光”！

果然，这个行为让大批网友直接“破防”，于是大家自发把鸿星尔克刷上热搜，集体涌入线上直播间、网店和线下门店，将产品一扫而空，用真金白银支持民族企业。

这导致了鸿星尔克网上和线下实体店爆火的现象，许多消费者为了感谢鸿星尔克对河南的支持，也在回馈鸿星尔克的善意。鸿星尔克线上直播间销售额大涨，截至2021年7月25日下午，鸿星尔克直播间销售额已经突破1亿元，观看人数达到了1.48亿。只听见直播间的网友喊：“主播上一双贵一点的鞋。”只见主播摸了半天，才拿出一双349元的鞋，网友又问：“还有更贵一点的吗？”主播回答说：“这双已经是最贵的了，平时我们都是卖七八十元的鞋！”

问题：让网友对鸿星尔克如此疯狂的关键是什么呢？

一、公共关系专题活动的含义和策划流程

1. 公共关系专题活动的含义

公关专题活动是指社会组织为了实现公关目标，围绕一定主题进行的，有目的、有计划、有步骤地组织公众参与的各种社会活动，又称为公关特别活动或公关特殊事件。公关专题活动的形式很多，常见的有各种庆典活动和赞助活动等。公关专题活动跟一般公关活动相比，具有其鲜明的特点。

（1）针对性。公关专题活动具有明确的目标，活动的策划和程序的安排都要围绕着其目标进行。

（2）传播性。公关专题活动传播范围广泛，通过活动参与者的人际传播将信息传递给公众。

（3）协调性。公关专题活动要求活动目的与内容协调、内容与形式协调、实施操作管理过程也要互相协调。

（4）效益性。组织为活动进行人力、物力、财力的投入，公众为活动付出时间和费用，因此，应达到双方共赢、互相受益的效果。

（5）灵活性。公关专题活动形式多样，举办时间的长短也不受限制，其规模大小随需要而定，活动内容也可以根据需要做出不同安排，在活动过程中也可以做适时调整。

有公关专家形象地指出：“优秀的公关工作＝正确的公关意识＋科学的公关活动。”这说明，在正确公关思想的指导下，通过计划、实施有效的公关活动，可以为组织营造一种“天时、地利、人和”的发展环境。公关专题活动因主题突出、影响面广、效果卓著等特点成为公关工作的重要组成部分。

2. 公共关系专题活动的策划流程

（1）制订实施方案。公关策划人员需要列出具体的实施方案，包括筹备工作的要求、工作计划的进度表等。在拟订实施方案的同时，还要拟订财务开支的计划，办理公关专题活动的报批手续。

（2）开展筹备工作。这一阶段的主要工作一是全面开展各项筹备工作，二是拟订应急程序计划，三是拟订具体的传播计划。

（3）活动举办。这是最重要也是最紧张的工作阶段，关键是做好现场的指挥和协调，要做到有条不紊，充分发挥公关人员的综合管理能力。

（4）活动评估。每一项公关专题活动计划实施之后，都应该进行评估工作，明确实施效果，总结经验。

二、各类公共关系专题活动的策划与实施

1. 赞助活动

所谓赞助，是指社会组织以捐赠的方式，向某一社会事业或社会活动提供资金或物质支持的一种活动。出资的组织通过该活动，达到宣传自己、树立期望形象的目的。通过赞助来参与社会活动，可以把组织与社会公众紧密联系起来，使广大社会公众在参加社会活动的同时，潜移默化地接受该组织的各种信息，增进对企业的了解和支持。同时，赞助还可以引起新闻界的注意，提高组织的知名度和美誉度。

赞助的种类很多，常见的有以下几类：赞助各类体育活动；赞助各类文化活动；赞助教育事业；赞助社会福利事业；赞助各类出版物；赞助社区活动；赞助有关学术理论活动；赞助建立某一职业奖励基金，以推动该职业的发展等。尽管不同赞助活动的目的可能有所差别，但其终极目标——树立组织的良好形象，赢得公众的好感和支持，却是一致的。

（1）赞助活动的策划实施步骤

为加强对赞助的管理，达到宣传和提高组织知名度与美誉度的目的，需要按照一定的步骤来实施。一般而言，企业实施赞助活动的具体步骤如下。

1）成立专门负责赞助的机构。为充分发挥赞助的作用，达到目的，首先应成立专门负责赞助的机构，如赞助委员会或赞助审查小组，具体负责处理与赞助有关的所有事宜。比如，确定赞助政策和赞助方向、制订赞助计划、审核和评定具体的赞助项目等。

2）赞助项目的具体实施。在完成以上工作的基础上，还应派出专门的公关人员，负责具体赞助项目的实施。在具体的赞助活动中，企业的公关人员要充分利用赞助活动所提供的所有机会，扩大组织的影响。

3）赞助效果的测定。每次赞助活动完成之后，都要对赞助的效果进行测定。对赞助效果的测定，要求将赞助的具体实施情况和赞助之后社会公众与新闻界的反应，与赞助计划中的目标逐项对照，以检查赞助计划的完成情况，分析赞助成败的原因，并形成文字报告，归档保存，为以后赞助活动的实施提供研究资料。

（2）赞助活动的策划实施技巧

要做好赞助工作，应把握好以下几方面技巧。

1）不要盲目赞助。赞助不是一个孤立的行为，不能为了赞助而赞助。赞助活动的开展一定要为组织的整体战略服务，并受制于整体战略。赞助作为一种营销手段，应将其纳入到组织的整体营销战略中来考量和规划。

2）充分利用赞助活动所提供的机会。赞助后要尽量利用赞助活动去宣传组织，树立组织勇于承担社会责任的良好形象，吸引公众的关注，获得更多的曝光和社会好感度。

3）考虑参与赞助活动的新闻媒体的数量和质量。参与赞助活动的新闻媒体的数量和质量不仅从某种程度上显示了赞助活动的规模和档次，还直接关系到赞助的效果，从而对组织的宣传效果有着很大的影响。

4）严格控制赞助活动的预算。必须严格控制赞助活动的预算，不得超过赞助机构批准的赞助预算，以防止预算失控。

（3）赞助活动策划实施时的注意事项

为了使赞助活动取得最佳效果，公关人员在策划赞助活动时，要注意以下事项。

1）明确自己提供赞助的目的，选择最能达到这一目的的赞助活动，并以此确定本组织对外提供赞助的主要对象、款项比例和基本原则。

2）对赞助活动的需求情况进行深入调查和研究，将赞助项目和基本原则预先通知一切可能向组织请求赞助的对象，要求其在赞助的年度计划制订前提出申请。

3）对请求赞助的项目和活动进行可行性研究。

4）建立严格的管理与财务审计制度，将组织的赞助活动纳入科学管理的范畴。

5）在制订赞助的年度计划时，有几个原则性问题应首先考虑：一是尽量使赞助活动与组织的活动“合拍”；二是尽量照顾社会公益事业；三是机动款项只能用于临时的重大活动；四是一定要量力而行，充分衡量赞助的效果和收益后再决定是否赞助。

6）及时对赞助活动进行总结和评价。

7）对适宜或不能满足其要求的赞助请求对象，应坦率而诚恳地解释组织的有关赞助原则，坦诚告之自己的难处，委婉地表示减少赞助费和不宜参与赞助的意向。

2. 来访接待活动

来访接待是公关活动中的一项重要的日常性工作。由于各种原因，一个组织要面对很多的来访者，如记者、协作单位、股东、上级主管部门、投诉的顾客、社区团体、索取赞助者、参观团体、参会人员、外宾等。对于来访接待，公关人员绝不能掉以轻心，而应充分认识到该项工作的重要性。

（1）来访接待活动策划实施的意义

第一，它是公众了解组织的第一步，也是组织给公众的第一印象，它直接关系到组织的社会声誉和形象；第二，来访接待是公众与组织直接而具体的接触活动，它不仅涉及公众的利益，同样也涉及公众的尊严、情感等问题；第三，“见微知著”，平凡而日常性的接待工作，也能反映出一个组织的整体素质和形象；第四，接待工作既是公众了解组织的窗口，也是组织了解公众的窗口。因此，公关人员应认真做好来访接待工作。

（2）来访接待活动策划实施的技巧

要做好来访接待工作，应把握好以下几方面技巧。

1）要做好接待的准备工作。接待的准备工作应从两方面进行，即公关人员自身的准备工作和接待环境的准备工作。

2）对所有来访者都应以礼相待，切忌“以衣帽取人”或“以事由取人”。在做外宾的接待工作中，应特别注意有礼有节、不卑不亢。

3）对所有来访者都应热情周到、真诚相待，处处替客人着想。

3. 开放参观活动

开放参观是组织对外部公众开放，让其到组织内部观察了解组织的机构、设施、生产活动和各种成果的一项经常性活动。它对于组织的长远利益和公关工作的顺利开展是很有价值的。

（1）开放参观活动策划实施的意义

开放参观活动是组织与公众直接接触，展示自己特点、表达自己意愿的最佳机会；同时，也是一个组织的负责人听取公众意见和意愿的极好时机。组织应妥善组织这一活动，虚心征求公众意见，借此改善经营管理，提高组织的社会地位和信誉度，使开放参观活动取得多重效果。

（2）开放参观活动策划实施的技巧

要组织好开放参观活动，一般要求做好以下几方面工作：突出开放参观活动的主题；确定好开放参观时间；妥善安排参与活动的人员；认真规划开放参观活动的路线；妥善安排开放参观活动的细节；准备适当的纪念品。

4. 会议

会议是公共关系实务工作中的一种重要沟通方式，是施展公关工作技巧的最好场所之一。一位公关专家曾说：“会议是公关活动的窗口。”会议的种类很多，不同类型的会议，安排和主持的技巧各有特色。但无论何种会议，一般都应注意把握好以下原则和要求。

1）会议的主题必须鲜明突出。每一个会议都应有一个或几个明确的主题，会议所要达到的目的也必须是清楚的。

2）会议的内容必须是与会者共同感兴趣或者是与他们密切相关的事情。

3）会议时间应尽量缩短。时效观念是现代组织活动水准高低的一个重要指标，为了节省会议成本，提高工作效率，要将可开可不开的会议省去，同时尽量开短会。

4）根据会议的阶段，把握好会议的进程和特点，争取最好的会议结果。会议一般分为导入、讨论和总结三阶段。

5. 仪式庆典活动

仪式庆典活动是社会组织自身重大事件的仪式活动、组织所处社会环境中相关的节日庆典和大事庆典活动的总称。

仪式庆典活动由于其异乎组织平常活动的特殊性和隆重性，常常成为组织开展公关专题活动的契机。组织可利用仪式庆典活动来渲染组织形象，扩大组织的知名度，提高组织的美誉度；可借助其广交朋友、化解积怨，打下未来发展的基础；还有助于组织建立更丰满、更完整的形象。

公关人员在组织仪式庆典活动时，一般应注意以下问题。

1）明确仪式庆典活动的主题，并围绕主题来设计安排活动的内容。

2）拟定仪式庆典活动的程序，落实有关任务，明确相关人员的职责与分工，做到有条不紊、忙而不乱、井然有序，以保证活动的顺利进行并取得较好的效果。

3）拟定邀请宾客的名单，并保证其能准时、心情舒畅地赴会。

4）尽可能地为仪式庆典活动安排一些能渲染气氛和促进交流的活动。

5）尽量争取新闻报道，以扩大仪式庆典活动的社会传播面和影响力。

6. 展览活动

展览是通过实物、文字、图片和图表来展示组织成就的公关传播形式。开展展览活动的目的是介绍产品和服务，并据此促进业务发展；介绍组织和组织成就，促进公众对组织的了解。

（1）展览活动策划实施的特点

一般而言，展览活动有以下几个特点：第一，它是一种复合性的传播方式，其传播效果十分理想；第二，它是一种非常直观、形象和生动的传播方式，能给出席展览的公众留下深刻印象；第三，它能给组织提供与公众进行直接的双向沟通的机会；第四，它是一种高度集中和高效率的沟通方式；最后，它是一种综合性的大型活动，往往能成为新闻媒体的追踪对象，是新闻报道的好题材，对社会公众的影响较大。

（2）展览活动策划实施的技巧

组织展览活动，应注意采用以下问题：明确展览活动的主题和目的；明确参观公众的类型；选择合适的展览地点；培训展览活动的工作人员；成立专门的机构或小组，负责与新闻界进行联系；准备好展览活动所用的各种辅助宣传资料，如幻灯片、录像带、各种小册子、目录卡等；设计展览徽章，准备有关的纪念品并确定展览活动的费用预算等。适时地运用展览技巧，如实施让利措施、邀请社会知名人士出席展览活动等，以此活跃气氛、提高展览会的知名度、扩大展览会的影响。

拓展阅读

专题活动是一种能给人以直接刺激的媒介，这种直接性是报纸、杂志、广播、电视等大众传播媒介所不可比拟的。因此，专题活动可以这样理解，为达到一定的目的，在一个特定的时期、特定的场合下，使成为对象的每一个人都能亲身体会到直接针对性的某种刺激媒介。在文化成熟、信息多元的今天，人们一方面要求通过大众信息达到一种平衡，而另一方面也开始追求通过特别信息以产生与他人有所不同的差别感。在这种新时代的潮流下产生的专题活动，是以其特别交流媒介的新职能而出现的。

课堂思考

请判断，公关专题活动是以物质回报为准则吗？为什么？

本章小结

公关专题活动是指社会组织为了实现公关目标，围绕一定主题进行的，有目的、有计划、有步骤地组织公众参与的社会活动。

公关专题活动具有以下特点：针对性、传播性、协调性、效益性和灵活性。

常见的公关专题活动有：赞助、来访接待、开放参观、会议、仪式庆典、展览等。每一项活动均有其特色，应精心策划和实施。

实操演练

练习1. 假设你是某汽车公司公关部的经理，请你拟定一份赞助一位车手无后援自驾车30日环游中国的计划书（要点：项目的起因、赞助的意义、赞助内容、车手的义务、相关公关宣传报道计划、其他内容等）。

练习2. 以校庆为主题，分组撰写一份5 000字左右的校庆公关策划方案。

复习思考

1. 简述公关专题活动的含义及特点。
2. 确定公关专题活动主题应考虑哪些因素？
3. 简述公关专题活动策划的流程。
4. 简述赞助活动策划实施的步骤和注意事项。
5. 如何做好展览会的策划与实施工作？
6. 如何才能做好来访接待工作？
7. 组织对外开放参观需注意哪些事项？
8. 应如何组织开幕典礼和签字仪式？

第七章 7

传有其法　播有其道
——把握公共关系传播

案例导入

“中国制造”与国家形象

自从加入WTO以后，“中国制造”开始走上国际舞台，其身影也越来越活跃。但是“中国制造”一开始并没有获得与之相匹配的品牌形象，甚至很多外国人把“中国制造”等同于“廉价制造”。“中国制造”的国际形象不甚乐观。

这其中固然有外国人对中国企业和产品不够了解，以及一小部分出口产品确实存在质量和安全问题的原因，但公关层面上的信息传播和沟通缺位、反应迟缓也是一个主要原因。我国政府和企业如何运用正确的公关传播策略和有效的危机管理策略进行积极应对，成为当时维护“中国制造”国际声誉和国家形象的关键问题。

为此，近年来我国政府开始有意识、有步骤、有节奏地推进“中国制造”的国家公关形象传播，包括推动沿海出口企业转型升级、推动高铁等中国高端装备走出去、推动标志性的重要海外工程建设等；甚至不惜重金制作和传播“中国制造”的形象宣传片，并利用在华外国友人、海外华商会、孔子学院、社交媒体等来传播“中国制造”的责任意识，这些传播举措在宏观上稳步提升着“中国制造”的国际形象。总体上看，在稳步推进“中国制造”的国家公关和“高端装备走出去”等措施的带动下，已经有不少中国企业塑造了“中国制造”的良好形象，得到了很多国家公众的认可与赞誉，极大地提升了“中国制造”的知名度与美誉度。

如今，越来越多的中国品牌和企业实现了“走出去”目标，航空、航天、高铁、计算机等高新技术令全球瞩目，“中国制造”已成为国家形象的闪亮名片。

问题：请谈一谈“中国制造”国家形象传播的重要意义。

学习目标

知识目标：熟悉公共关系传播的定义及特性，了解各类传播原理过程和规律。

能力目标：掌握公共关系传播的各种媒介；学习影响传播效果的各种因素，掌握提高传播效果的方法与技巧。

素养目标：树立正确的传播理念，培养传播宣传意识。

开篇导读

控制论的创始人诺伯特·维纳曾经说过："传播是社会的黏合剂。"没有传播，也就没有社会，因为是传播将人联系在一起形成了社会。传播是自人类产生以来就有的社会现象，传播行为是人类最主要的社会行为之一，任何人出生到世上，第一声啼哭就开始了信息传播，宣告他的出生。时时有传播，处处有传播，一切生产和社会活动都离不传播。人们的交谈、微笑乃至新闻报道、工商广告、政策宣传等都是传播行为，线上、线下全方位与立体化传播已经构建起来，它是维系人类社会的纽带。

微课09 开展公关传播活动的要素及其内容

第一节 公共关系传播概述

引导案例

星巴克"猫爪杯"的爆红

2019年2月，星巴克推出春季版"2019星巴克樱花杯"。其中，一款自带"萌"属性的"猫爪杯"迅速走红，不仅其网络搜索指数直线上升，还引发了"抢杯大战"。对此，许多网友直呼无法理解，称这不过是星巴克搞的"形象宣传"而已。

撇开争议，"猫爪杯"的火爆还得归功于星巴克高水平的传播手段：

（1）借助抖音、微博、小红书等平台做预热，通过关键意见领袖的宣传吸引更多消费者的关注，引爆产品热点。

（2）借势"猫消费"，因为现在养猫的群体愈加庞大，他们"爱猫及猫"，看到跟猫相关的主题商品会产生浓厚的兴趣，进而喜欢上"猫爪杯"。

（3）洞悉公众的心理诉求，如"炫耀"和"从众"等心理。

（4）外观设计非常卡通化，符合部分群体对产品外观形象的诉求。

问题：1. 星巴克借助了哪种传播媒体来推广"猫爪杯"？

2. 结合自己的体会，谈谈这种媒体的优点有哪些。

传播是连接公共关系主体和客体的桥梁。从一定意义上说，公共关系活动就是以大众传播、人际传播和组织传播为主要方法的一种组织与公众交流行为。因此，掌握传播的基本知识和公共关系传播的主要方式，对于有效利用各种传播媒介，为组织开展高质量的公共关系活动起到十分重要的作用。

一、公共关系传播的含义与特性

1. 公共关系传播的含义

传播是人类社会产生以来就存在的社会现象，人们的生产和社会活动都离不开传播。

由于传播媒介、模式和机制各有不同，传播形式纷繁复杂，因此，西方传播学者从不同角度对传播进行了解释。例如，亚历山大·戈德称“传播就是使原为一人或数人所占有的信息转化为两人或更多人所共同占有的过程”。卡尔·霍夫兰认为“传播是某个人（传播者）传递、刺激（通常是语言的）以影响另一些人（受传者）的行为过程”。西蒙·布朗纳认为“传播是将观念或思想由一个人传递到另一个人的程序，其宗旨是使接受传播的人，获得思想上的了解”。克劳德·香农和华伦·韦弗则认为“传播包括一个心灵可以影响另一个心灵的全部过程”。

上述观点中，有的把传播看作是传播者与受传者共同分享信息的过程，有的把传播看作是传播者劝服、影响受传者的过程。除此之外，还有一些传播学者把传播看作是传播者运用符号传递信息的动作、过程，是用语言交流思想。这些对于传播的认识莫衷一是、各有千秋，从中我们也可以看出传播的内在含义应具有的几个基本点：第一，传播的构成应包括传播者、信息内容、信息传播渠道和受传者等。第二，传播的基本内容是信息。第三，传播的基本性质是一种通过信息运动而展开的社会活动以及由此而形成的社会关系。第四，传播是一个有计划的完整的行动过程。因此，我们认为，传播是特定的个体或群体运用一定媒体或形式向受传者进行信息传递与交流的一种社会活动，是人与人之间信息的传递和分享。

2. 公共关系传播的特性

传播既是公共关系的一个基本要素，也是人类的一种特殊社会活动。它在形式和内容上有着自己区别于其他活动的特性，具体表现在以下方面。

（1）传播的社会性。传播是一种社会现象。人类离不开传播，凡是有人群的地方，都会出现形式不一的传播活动。个体在社会活动中都处在传播过程之中，没有传播，个体就不可能接受社会规范，实现从生物人向社会人的转化。在现代社会中，传播在组织社会行动，维护现存的社会政治、经济制度，宣传社会目标等方面亦发挥着重要的作用。

（2）传播的时代性。传播既是人类和人类社会生存与进步的前提条件，又受制于社会发展的水平和程度。人们在不同时代的认识水平、生产力状况和科学技术条件都影响着传播活动。无论从传播媒介、传播内容、传播模式到传播者与受传者的关系、传播符号的变化，还是从烽火台、马拉松到电报、电话、无线电，再到广播、电视、卫星通信、光通信等，无不表现出随着时代的发展，传播出现日新月异的进步。

（3）传播的双向性。这是指信息传播具有从传播者那里发出，传向接受者一方，然后信息被接受者用新的形式反馈给传播者的属性。传播就其运动方式而言，既有单向的，又有双向的。但从传播是一种信息分享活动来看，传受双方在传递、反馈、交流等一系列过程中都可获得信息。

（4）传播的符号性。人类进行信息传播要借助于一定的符号，它主要包括：语言符号、文字符号、图画符号、形象符号、音像符号、表情符号、动作符号等。一般信息传播都是一方制作传递符号，另一方接受或还原符号，使人们之间产生相互的动作，并从中共享其思想观念或理论的过程。

二、公共关系传播的基本要素

信息传播是沟通组织与社会公众之间的重要工具，而这一沟通是一种循环往复的运动过程。想要维系这一过程的正常进行，应当具备为之服务的基本要素。

1. 信源

信源，即信息的发布者、传播者。信源是信息产生的最初发源地，如果没有信源，信息就成为无源之水、无本之木。因此，信源是信息传播的基础。在公共关系工作中，如果是企业发出信息，企业的公共关系人员就处于信源的位置；如果是企业搜集信息，则社会就处于信源的位置。

2. 信息

信息是指信源所传递的内容。从公共关系传播的角度看，信息是指具有新内容、新知识的消息，包括观念、态度和情感等。在社会经济领域中，公共关系的信息传递主要有企业内部的经营管理信息、产品服务信息、市场情报信息、社会文化信息、国际市场信息、公众的消费结构信息、消费水平信息等。通过对这些信息资料的掌握，可以分析未来经济的变化发展趋势，把握企业未来的命运。

3. 媒介

媒介指进行信息传播过程中所应用的中介物。媒介与信息密不可分，离开了媒介，信息就不复存在，更不用说信息的交流和传播。在公共关系活动中，信息传播的媒介有多种类型，常见的有新闻媒介，如报纸、杂志、广播、电视、互联网、手机等；有实物媒介，如举办各种展览会、展销会等；有人际媒介，如举办各种研讨会、茶话会、新闻发布会等；有资料载体，如文献资料、视听资料、缩微资料、软件资料（指文字、图片、影像等与电子计算机、数码存储设备、云存储等相结合组成的信息传播媒介）。

4. 信道

在信息通信理论中，信道是指传递信息信号的电信频道。在公共关系的信息传播中，信道是指传递各种信息的流通渠道，主要包括信邮系统、电话、电报、广播系统、计算机网络传输系统等。信邮系统是文献资料传输的主要信道，它是经过邮局、移动通信或其他资料交换系统传递信息、信件的一种形式。信邮系统传递信息的空间较大，信息容量相对充裕，但传输信息的速度较慢，对信息传递的时效性有一定影响。电话、电报、广播系统是视听资料传输的主要信道。人们可以利用有线或无线电话、电报、广播设备，将信息传递出去，其传输信息的速度比信邮系统快。然而，在一定的时空范围内，通过这类信道传输的信息容量相对较小。计算机网络传输系统是软件资料传输的主要信道。在全球化时代，人们可以凭借在本系统内或全球范围内建立的电子计算机信息传输网络，将信息中心编制的软件资料内容及时、准确地传递到网络覆盖的各个角落。

5. 信宿

信宿，即接受并利用信息的人，也就是受传者。在公共关系活动中，如果是某一社会组织发出信息，信宿一般都是社会公众。要想使组织在信息传播中达到一定目的，必须使公众在思想上、行动上发生变化，从而要求组织公共关系人员了解社会公众的心理，选择社会公众愿意接受的信息传播媒介，使用社会公众喜欢的信道，以取得更好的传播效果。

6. 编码和译码

编码是指信息的传播者把所要传递的信息制成外界所能接受和理解的符号的过程。译码同编码相对应，它是指信宿接到信息后把符号还原成自己所能理解的内容的过程。新闻稿的写作过程、编写计算机程序等就属于编码过程。“仁者见仁，智者见智”道出了对同一事物，不同的人会有不同的理解和看法。一个组织向外部发出信息时就应在编码过程中，尽可能地理解社会公众的心理，适应信宿的要求，避免外界因素的不利影响，使组织的信息传递达到“高保真”的状态。

7. 反馈

“反馈”本来是电子工程学上的名词，指发出去的电波回流。在信息传播中，反馈既包括受传者对传播者发出的信息的回应，也包括信息传播者对发出的信息在社会公众中所产生的效果进行的搜集。根据反馈结果可以检验传播的效果，并由此采取进一步的改善行动。信息反馈可分为直接反馈和间接反馈：直接反馈是指组织人员直接接触社会公众，倾听其意见、看法和要求；间接反馈是指通过间接渠道，了解社会公众的反应和要求。

三、公共关系传播的基本过程

公共关系传播过程即对受传者进行信息传递与交流的过程，是特定的社会团体或个人根据一定的目的和受传者的心理行为规律，利用媒介向受传者传递信息，并取得受传者积极反应和自觉配合的过程。传播的起点就是传播者，其终点就是受传者。传播的内容称为信息，而信息又是通过各种符号来表达的。运用模式来说明传播过程及其内在各种因素的相互作用，是帮助人们了解传播过程的有效方法。在国外传播学发展历史上，形成了各具代表性的不同传播模式理论。

从构成要素建立传播模式的主要代表人物有拉斯韦尔和布雷多克。1948年，美国的哈罗德·拉斯韦尔在其所著《社会传播的结构与功能》一文中，不仅概括了传播的监视环境，社会内部协调，社会、文化传统的世代相传三大功能，而且将传播过程分为了五个组成部分来讨论，形成了描述传播行为的简便方法。他认为传播行为必须回答以下几个问题：谁（Who）？说了什么（What）？经过什么渠道（Which Channel）？对谁（To Whom）？取得了什么效果（What Effect）？由于各部分的英文首字母均为“W”，所以此模式被人们称为“5W”模式。作为政治学家的拉斯韦尔所提出的这一模式，较为明显的是基于传播是劝服性过程的认识，这对分析政治宣传更为适用。

1958年，理查德·布雷多克在研究中发现，除了拉斯韦尔提出的五个问题之外，还有更多可考虑的因素，为此，他在拉斯韦尔的基础上增加了传播行为的两个方面，扩充为

"7W"模式，即：谁？说了什么？经过什么渠道？对谁？在什么情况下？为了什么目的？取得了什么效果？布雷多克在这里补充强调了传递信息的具体环境和传播者发送信息的意图。

从运行过程建立传播模式的代表人物是香农和韦弗以及奥斯古德和施拉姆。美国数学家克劳德·香农是最早用模式来说明传播过程的人，他提出的传播模式虽然是从电子物理学角度出发的，但由于该模式与人类的传播过程有着极为相似的共同点，因此，对人们从基本原理上来理解传播有着十分重要的意义。1949年，克劳德·香农及其合作者沃伦·韦弗提出了信息传播的通信模式，也称香农—韦弗模式（见图7-1）。

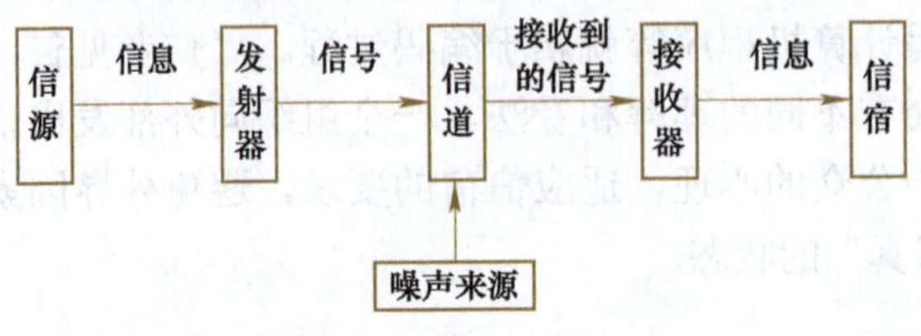

图7-1 香农—韦弗模式

此模式中展示了五个要完成的正向功能和一个负向功能因素，即噪声。传播过程中第一环节是信源，由它发出信息以供传播；然后，发射器将信息转变为某种具有象征意义的符号——信号（即信息），这些信号应当适宜于通向接收器信道；接收器则能够解释信号，使信号恢复为原始信息；最后将接收到的信息抵达信宿——信息的目的地或接受者。由于可能受到噪声的干扰，因此信号是不稳定的。例如，同一时刻、同一信道内如果通过许多信号，就有可能发生相互干扰，这可能会导致发出的信号与接收的信号之间产生差别。也就是说，由信源发出的信息与接收器还原并送达信宿的信息，这两者的含义可能不一样。由于此模式是直线、单向的，缺乏反馈，因此具有一定的局限性。后来，德弗勒于1966年在香农—韦弗模式的基础上又增加了一组要素，以显示出信源是如何获得反馈的，而反馈则使信源有可能使自己的传播方式更有效地适应信宿，增加发出信息的含义与接受信息的含义二者一致性的可能。

大众传播研究者威尔伯·施拉姆总结了香农—韦弗模式，以心理语言家C.E.奥斯古德的思想为基础，提出了循环性传播模式，也称奥斯古德—施拉姆模式（见图7-2）。

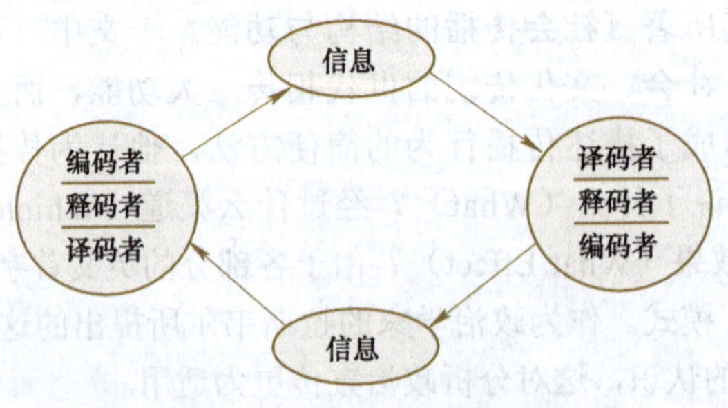

图7-2 奥斯古德—施拉姆模式

奥斯古德—施拉姆模式主要研究传播过程中各主要行动者的行为，把行动的各方描述成对等的，行使着相同的功能，即编码、释码和译码。施拉姆提出，信息的传播首先由传播者将信息进行编码，即把要表达的意思变成信息；当信息被受传者接受后，受传者进行解码，对内容有所理解。要达到好的效果，同时还要有一个先决条件，即传播者和受传者必须要有共同的经验，彼此才能沟通，以对信息进行分享。这个模式在分析人际传播时较为有用，但对反馈机制不是很直接的传播，如大众传播，则不尽合适。该模式强调了社会传播的互动性，并把传播双方都看作是传播行为的主体。参加传播过程的每一方在不同阶段都依次扮演着编码者、释码者、和译码者的角色，并相互交替。信息传播和接受的过程是循环往复、持续不断的。

上述学者的传播模式，反映了他们对传播过程研究的历史进程和对传播过程规律性研究的不断深化。但是，这些模式有时不尽适宜解释我国的传播现象，也不能完全科学地反映传播过程。因此，探索和建立符合中国国情的传播模式，具有极其重要的现实意义。

拓展阅读

中华民族自古以来就有重情义、知礼仪的传统，因此组织在从事公共关系传播活动时，既可以把传播看作一门学问，又可以看作一门艺术，可融入人文关怀元素，探索符合我国国情和民情的传播与沟通模式。为此，可从以下几方面考虑。

（1）适当融入人文关怀，取信公众。在公共关系传播中，我们习惯于用一些精确的统计数据、高深的专业话术以及严密的逻辑分析等进行理性说服，但在很多情况下，公众对冷冰冰的数字和干巴巴的理论并不感兴趣，如果能够结合人文关怀，可能会收到更好的“取信”效果。

（2）践行社会责任，获得公众信赖。企业在履行社会责任时的表现，往往会直接影响公众对其的信赖感，切实履行社会责任的企业更容易获得公众的好感。

（3）重视兑现承诺，强化公众信任感。所谓“一言为重百金轻”，重视兑现承诺的企业，更容易赢得公众的信任。

（4）放低沟通姿态，提升公众好感。有效、平等的沟通可以拉近企业和公众之间的距离，提升公众的好感，营造亲民的企业形象；无视公众的想法，甚至不屑和公众进行平等沟通，那么会直接给公众留下不好的印象，企业得不到大众的好感，不利于企业形象的树立。

（5）勇于承认错误，维护企业形象。在责任事故面前，巧舌如簧、推脱责任的企业，会失信于公众；而勇于承认错误、敢于承担责任的企业，往往会得到公众的谅解，从而维护和重塑企业形象。

课堂思考

公共关系传播应该是双向的，你怎么看？

第二节 公共关系传播媒介

引导案例

融入人文关怀的“互联网+”传播

在价格战频繁上演的电商行业，当当网CEO带领他的团队另辟蹊径，主打情感牌，与消费者达成情感共鸣，拉近与消费者的距离，走出了一条品牌传播的新路。

在双十一期间及农历新年来临之际，当当网分别以随包裹夹带“总裁信”“火车票”等形式主打亲情牌，在给消费者带来关爱的同时，取得了可喜的传播效果，成为电商企业中的一大亮点。

企业利用微博开展宣传工作，首先就是要抛弃“营销”思想，对微博进行重新定义。当当网CEO认为，微博是一个与消费者沟通的平台，应该将微博定位为用户的知己、朋友。微博运营铁的规则是：先朋友，后营销。通过微博互动与用户成为相互信任的朋友，然后才可以提品牌营销的事情。只有知心朋友的推荐，用户才会信任，进而可能付出行动。否则所有的努力都只是一厢情愿。作为用户的朋友，企业官方微博在发布信息时也应该站在消费者的角度，考虑他们会喜欢什么、关注什么，而不是一味发布产品、品牌的宣传信息。当当网在其官方微博上发送信息时，都会反复进行推敲，内容是否太商业化、是否会让消费者反感等。此外，对于消费者的反馈，也应该迅速给予回应，让消费者从心里感受到你对他的重视，从而进一步加深信任。

问题：当当网的微博宣传有什么值得借鉴的地方？

传播是人类社会中一项基本的活动，人们处在不断的传播活动之中。从不同的角度出发，可以对人类传播活动进行不同的分类。从公共关系角度来看，根据公共关系传播的方式和内容，公共关系传播主要有三种类型，即人际传播、组织传播和大众传播。了解和把握这三种传播方式及其与公共关系的联系，将有助于公共关系人员从理论上认识人类信息传递的不同形式，从而更有效地利用传播解决实际问题。

微课10　公关传播媒介

一、人际传播

1. 人际传播与公共关系的联系

人际传播在这里专指个人与个人之间的信息传播。个人间的信息传播不仅对人类社会的存在和发展起着重要的促进作用，而且人际传播也是公共关系活动的重要组成部分。在公共关系活动中，公共关系人员在很多场合下需要与职工、领导、顾客、记者等个人进行交往。人际传播是公共关系人员最为直接而且具体的工作。

人际传播与公共关系的联系主要表现在以下几个方面。

（1）在人际传播中，个人代表组织的交往行为是影响公共关系的重要形式。良好的公共关系是靠训练有素的公关代表对综合知识的熟练运用来实现的。个人在交往活动中表现的礼貌、态度、知识、修养等，往往直接影响对方对其所代表的组织的印象。

（2）通过人际传播，增进人际间的密切关系，可以为公共关系事业的发展打下良好基础。个人与个人之间的深厚友谊、相互信任是十分可贵的，它能增加双方对对方所代表的组织的信任度，为重大公共关系事业铺路搭桥，为组织运行发展提供最佳社会环境。

（3）良好的人际传播本身就是公共关系传播内容的重要组成部分。人际传播大多面对面进行，具体生动、有针对性、反馈及时，能收到大众传播媒介所难以达到的效果。

2. 人际传播的类型

人际传播包括面对面传播和非面对面传播两种基本类型。

面对面传播是人与人之间亲身的、直接的信息交流，包括语言传播（如对话、讨论、演讲等）和非语言传播（如手势、情绪、姿态等）。在大多数情况下，这种面对面传播中语言传播和非语言传播是互相补充、交替使用的。面对面传播的特点是：第一，信息传播双方交流充分、反馈及时，并能给对方留下直接的印象。第二，信息传播双方进行封闭式交流，内容是可以保密的。所以，交流双方可以更多地进行情感交流，更好地相互理解，从而较容易消除双方的疑惑和不解。第三，可以根据信息反馈及时调整要说明的内容，或对其做出进一步解释和澄清。面对面人际传播无固定的行为方式，它使每个参与者均有机会获得反馈，传播者可以从对方的反应中及时调整其传播态度和内容。但是，面对面传播也有其缺点，由于信息的传播范围小、速度慢，在很短的时间内，很难让更多的社会公众了解某一信息。因此，它主要适用于组织的领导、管理人员和公共关系人员与内部公众进行信息交流。

非面对面传播是指传播者与受传者之间使用文字媒介（如书信、报刊等）、电子媒介（如电报、电话、录音机、录像机等）进行信息交流的一种传播形式。随着现代科技的发展，相距遥远的传播者与受传者双方，可以通过计算机、电视机在荧屏内外进行交谈，也可以通过电视电话进行交流，这是一种新型的人际传播。因为通过文字媒介，特别是电子媒介来传递信息，大大缩短了传播者与受传者双方的空间距离。所以，这种人际传播方式适用于远距离的信息传播。

3. 人际传播的基本技巧

公共关系活动中进行人际传播的目的，就是要和公众进行有效的沟通。有效的人际传播，需要根据人际传播特点以及组织与公众的特点来进行。虽然人际传播是个人与个人的信息交流、信息沟通，但是在公共关系工作中，公共关系人员利用人际传播方式并不意味着其与公众的交往就是一种纯私人性质的个人交往活动，而是作为一个组织的代表来从事人际传播活动。因此，在公共关系活动中开展人际传播应把握以下技巧。

（1）以开放、平等、积极的心态和行为进行人际传播。所谓开放，就是对人讲心里话，坦率诚恳地表达自己的想法。社会心理学和传播学研究表明，当人们与自我暴露水平较高的人打交道时，最有可能进行较多的自我暴露。所以，公共关系人员应当具备坦诚、大方的个性。同时，人际传播的开放性应当与社会认同的准则相符合，掌握开放的分寸，因为过分开放也会适得其反，让人难以接受。另外，平等地进行人际传播也是实现良好沟通的重要一环。无论上级对待下级，还是服务人员对待顾客，缺乏平等的交流，都难以使人口服心服，也难以实现人际传播的目的。与人际传播的平等性同样重要的是人际传播的积极性。公共关系人员只有对公众表现出积极的关切，才能够培养出人际传播的良好氛围。反之，如果在人际传播中以消极的态度对待公众，就只会引起公众的反感，难以达到预期的目的。

（2）全面正确地运用人际吸引手段。人际传播中，恰当地运用人际吸引手段是取得成功的重要方面。在人际传播中，利用仪表取悦公众，属于初步和浅层的阶段。通过外貌、风度、气质吸引公众、获取好感的同时，公共关系人员更应对人际吸引的各种要素加以全面地理解和运用，促进人际传播目标的实现。首先，应根据人们态度的类似性进行人际吸引。俗话说，物以类聚，人以群分。人与人之间若具有共同的态度和人生观、价值观，就容易获得对方的共鸣和响应。在公共关系人际传播中，公共关系人员应该树立公众至上的意识，把公众利益作为组织制定政策和采取行动的根本出发点，并在人际传播中以恰当方式加以表现。只有尽量为公众着想，才能缩短彼此之间的距离，以达到最佳的沟通效果。其次，应根据人们交往的互补性进行人际吸引。所谓互补性，是指人们倾向于接近那些能够补充自己的需要和个性品质的人。因此，公共关系人员应该在自己的性格、观念和气度等方面培养出具有广泛适应性的“弹性”，学会与各种各样的人打交道，并在此交往中实现传播目的。最后，应通过提高交往的频率，提高人际吸引力。一个人对他人的接触次数越多，就越容易加深别人对他的印象和了解。根据这种交往频率与人际传播效应，就应当在公共关系工作中，经常有意识地与各类公众保持联系，与公众打成一片。

（3）顺应人际传播特点。人际传播有着区别于人类其他传播形式的特点。在人际传播过程中，应当顺应并利用这些特点进行实际操作。例如，随机性是人际传播的一个重要特点，那么在人际传播过程中，就应当注意通过公众的行为（如姿态、表情、眼神、动作等）和语言变化，及时了解信息发出后所引起的反应，而且注意根据这种反馈信息来审视自己的传播行为是否得当，测试传播效果，以便及时调整。这种在人际传播中的随机应变，有利于提高传播的有效性。又如，灵活性也是人际传播的一个重要特点。在人际传播过程中，应当根据组织需要和公共关系计划的需要，在实施过程中，不拘泥于固定的时间和地点限制，只要有利于传播内容的传递就应当扩大人际传播场所，利用各种适当的时间，不失时机地进行传播沟通。再如，针对性也是人际传播的一个重要特点。在人际传播过程中，传播者应当充分考虑到接受者的个性特点、心理特征、经验范围等多方面的情况，有针对性地开展传播工作。

二、组织传播

1. 组织传播与公共关系的联系

组织传播就是组织成员之间、组织内部机构之间的信息交流和沟通。具体地说，组织传播是由各种相互依赖的关系结成的网络，为应付外部环境的不确定性而创造和交流信息的过程。它的根本任务是清除或减少组织及组织成员对自身环境的不确定性，沟通组织内部的联系。在现代社会中，几乎每一个人都在一定的组织内工作和生活，上到国家机关，下至群众团体。组织沟通是疏通组织内、外渠道，密切组织成员及组织与组织之间关系，完成组织任务最重要的条件之一。组织传播是公共关系工作的一部分，通过良好的组织传播，可以促进组织成员对组织共同的目的、利益、价值观念等方面的认同，同心协力地去完成既定任务。

组织传播对于稳定组织成员，应付外部环境，内求团结、外求发展，维护和促进组织的生存和发展都有着重要的作用。通过组织传播相互交流思想、观念、资料、消息与情感，也是组织成员谋求共同谅解、相互配合的一种方法。在现代社会中，组织传播开展得如何，对组织既定目标的实现及其发展将产生直接影响。

组织传播是组织活动的源泉。积极有效地开展组织传播活动，可以使组织各种机制运转正常、保持活力。同时，组织传播又是组织关系的“黏合剂”，它的直接目的是稳定和协调组织成员间以及组织与组织之间的关系，适应各种不同的环境，维持自己的生存和发展。

由此可见，组织传播既是人类传播活动的方式之一，同时又是公共关系工作的具体工作方式之一，二者有着十分密切的联系。

2. 组织传播的类型

（1）组织正式传播。组织正式传播是指以正式的组织形式，或较为正规的组织形式进行的传播，是为工作进行的沟通，具有明显的贯彻组织意图、服务于组织某种任务或目标的色彩。这种类型的传播方式较为多样化，既可以通过文件、指令方式来进行，也可通过座谈会、汇报会等方式来进行，还可通过班组会方式进行。

（3）组织非正式传播。组织非正式传播是指组织内不按“职能路线”进行的信息传播活动，是以感情沟通为重点的传播行为。新型的工作关系是一种有着坚实感情基础的关系。在各类组织中，各种角色之间应特别注意感情联络、互敬互爱，在交流过程中应努力克服“角色”所设置的障碍。以非领导者的身份与公众进行的沟通，往往能够起到化解矛盾、增进友谊、增强信任感、增进内部团结的作用。联络感情的方式多种多样，目的都在于增进相互了解，密切人际关系，避免或缓解人际冲突。

3. 组织内部传播的主要形式

以组织内部信息沟通为主要内容的组织传播，从传播方向和流通走向上看，主要有三种形式。

（1）自上而下的传播。进行这种传播是指透过组织内部的各个层面，组织上层决策信息往下传递的过程。组织的规范、传统和领导者的权威大多是通过这种自上而下的传播来维持和发展。这种传播一般是管理层发布指令，争取组织各层次员工的合作与支持，并使员工获得采取行动的依据。同时，这种传播有利于员工准确、及时地接受和完成上级任务，并使员工认识其工作价值，激发其荣誉感。而且，这种传播有利于保持组织的统一和稳定。自上而下的传播一般是通过一定的媒介来进行信息交流的，一般以文件、会议、指令、指示的形式进行，有时也以公众传播方式进行，如演讲会等。

（2）自下而上的传播。这种传播是指在组织中，下级向上级表达意见和态度、反映情况、汇报工作的过程。良好的自下而上的传播能向决策者与管理者及时传递具体工作中的各项问题，便于领导及时掌握组织的工作进展情况，了解组织成员的想法和思想动态，由此，针对具体情况再度实施或调整组织的各项方针、政策。这种传播主要通过两种途径进行：一是组织成员或下级部门定期或不定期地以书面报告、口头汇报方式向上级传递信息；二是上级领导以召开会议或亲临现场的方式，向下级部门或组织成员索取信息。为了减少信息传递过程中的失真现象，这种自下而上的传播最好采取“直通”的方式进行，即尽量减少和避免中间层次，以提高信息传递的精确度，提高传播的质量。

（3）横向传播。这种传播是指组织内部机构之间、成员之间的同级同类的横向信息交流，例如部门之间、科室之间、车间之间、班组之间、员工之间的信息交流。这种交流是协调关系和行动、解决实际工作中的问题的有效渠道。同时，这种传播形式与前两种相比，有简化办事手续、节省交流时间的优点，亦可提高工作效率，并有助于培养组织的集体主义精神和建立组织成员之间的亲密关系。

在实际公共关系工作中，组织传播的这三种形式时常交替进行，共同构成组织的一个有机信息传播网络。三种传播形式相辅相成、互为反馈，对组织既定目标的实现及发展前途产生直接影响。

三、大众传播

1. 大众传播与公共关系的联系

大众传播是指传播者通过大众传播媒介向为数众多、范围广泛的社会公众传播信息的过程。现代社会信息容量最大的传播就是大众传播。在大众传播的过程中，传播者是一定的信息传播组织和机构；以电子技术或印刷技术为传播手段；传播对象是整个社会大众；信息扩散迅速广泛；传播者一般不与大众直接见面，但重视通过各种渠道收集反馈信息。大众传播媒介一般有报纸、杂志、广播、电视、书籍、电影、互联网、手机等。

从公共关系的发展历史看，公共关系的发展与新的大众传播媒介的出现和广泛运用是密不可分的。大众传播与公共关系的联系主要体现在以下几个方面。

（1）大众传播媒介具有的信息传播功能，是开展公共关系活动的基础，为公共关系人员开发信息资源创造了条件。在当今社会，大众传播媒介异常发达，为社会各界公众提供着消息、知识、思想、见解、广告和各种娱乐活动，并已经深入到人们生活中的各个角落。社会组织只有很好地利用它，全面地掌握它，才能达到组织与社会进行信息交流的最佳效果。同时，通过大众传播媒介向广大公众传递各种信息，汇集和分析各种信息，是提高公共关系工作效率的重要一环。

（2）大众传播媒介所具有的引导舆论功能，为通过公共关系活动树立组织形象、提高组织知名度提供了条件。在现代社会中，各种各样的传播媒介数量众多、日夜运转，使整个社会被大众传播所包围，各种传播媒介无时无刻不在向人们的大脑信息库输送资料和观点，影响着人们的生活。大众传播的一个重要社会责任就是把自发产生或煽动而引起的舆论引导到有利于社会和人民的方向上来，从而使社会朝着健康方向和预定方向发展。公共关系活动中必须运用大众传播媒介，根据受传者的要求和信息接受能力，通过传递组织的信息、价值观来获得公众的关注和认可，使组织知名度、美誉度同步提高，并在不断收集反馈信息的基础上，及时调整组织行为，以适应社会和公众要求。在如今的大众传播时代，组织越发注意自身形象的完善，重视公共关系工作，重视运用大众媒介向社会“推销”自己的良好形象，大众传播已成为社会组织公共关系工作的一种重要形式。

（3）大众传播媒介所具有的传递社会文化传统和提供娱乐的功能，为公共关系活动更好地接近社会公众、影响社会公众提供了最佳渠道。大众传播在传递信息、价值观的过程中，增进了社会的协调性。人们通过大众传播媒介，了解社会行为准则，掌握社会行为规范，继承文化传统，学习科技知识。在公共关系活动中，通过宣传政府或其他社会组织的价值观念和准则、规范，有利于提高内外公众的精神素质，形成与组织期望相一致的社会行为。根据大众传播所具有的娱乐功能，可以在公共关系活动中运用大众传播媒介，既可满足公众的娱乐需要，又可将组织所期望传递的信息寓于轻松的节目之中，最终达到潜移默化的作用，达到尽可能好的传播效果。

2. 大众传播的特性

大众传播与其他几种传播形式相比，具有其明显的特性。

（1）传播者为特殊的组织机构。在大众传播中，传播者往往是一个拥有现代化传播媒介的组织机构，比如报社、电台、电视台等；有时也以组织化的个人，如记者、编辑等形式出现，并由他们完成专业传播机构中的具体事宜。公共关系人员必须通过这种专门的传播机构来实现向广大公众进行传播沟通的目的。

（2）受传者广泛，且互不相识。大众传播面对的各类受传者，如读者、听众或观众，人数众多，量大面广。公众的背景各异，类型不一，千姿百态，而且，由于他们处于不同的社会群体，因此具有某种异质性，大多数都互不相识，彼此陌生。也由于在传播中，传播者与受传者相互之间不熟悉，其传播具有单向性，因此，受传者往往处于主动地位，可以根据需要进行选择，决定拒绝还是接受。

（3）传播信息公开而迅速。传播者是通过现代化媒介传递信息，其信息对社会中的所有人都是开放的，信息具有公开性、共享性。同时，由于传播者是通过现代化媒介传递信息，传播的速度非常迅速，社会影响面非常广泛，其影响的深度也不可低估，常常能达到改变公众观念和态度的作用。

（4）传播的目的具有不确定性。与人际传播和组织传播相比较，大众传播的传播者与受传者之间的心理距离较远，传播者难以确切了解受传者的意见，很难满足每一个受传者的要求。这样，传播者有时很难完全实现自己的既定目的。

3. 大众传播媒介的特点

不同的传播媒介具有不同的特性和效能。为了取得不同的传播效果，公共关系人员必须在信息传播活动中，了解不同媒介的不同特点和效能，从而做到“用其所长，避其所短”，发挥媒介的最佳效果。

（1）报纸。报纸作为媒介的元老，具有印刷媒介的所有特点。报纸的组织结构弹性较大，灵活方便，随时随地可以阅读、重读；读者的选择余地较大；资料易于保存和检索；便于携带，价格低廉。但是，报纸要求受传者具有一定的文化水平；传播信息不如广播、电视迅速及时；与一些电子媒介相比，显得不够生动形象。

（2）杂志。杂志是一种介于报纸与图书之间的印刷媒介。杂志除了具有报纸的一些特点外，其传递的信息较有深度性、持久性，而且具有一定专门化功能。杂志的印刷周期虽然比报纸稍长，但信息容量较大；相对于图书，其周期较短，信息容量较小。对一些专业性杂志来说，除了要求受传者具备一定水平的理解能力以外，还要求具有一定的专业知识和专门爱好。

（3）广播。广播是在我国非常普及的一种电子媒介。它依靠声音进行传播，对象广泛，传播迅速；广播的节目制作较为简易、方便，成本较低廉；其信息具有易得性和机动性，可以使受传者有一定的参与感。但是广播不便于受传者反复收听，选择性较差，其生动性和感染力也不如电视。

（4）电视。电视是大众媒介中大众性最为突出的媒介之一，不仅信息覆盖面广，且不受受传者文化水平的限制。电视具有明显的生动性，图声并茂、色彩纷呈，对受传者的影响极为广泛；并且极具感染力，可以起到其他媒介难以企及的作用。同时，电视又具有信息的易得性，“足不出户，世事皆知”正说明了它的这一长处。电视的大众性、生动性、易得性使它成了最受传播者和受传者欢迎的媒介。但是，电视也有机动性差、选择余地较小、不便携带、节目制作成本昂贵等局限性。

（5）电影。这里特指新闻电影。电影以动态的图像诉诸视觉，以口语和音响诉诸听觉，给受传者带来高度的现实感和真实感。电影能够较为全面、具体、形象、直观地介绍宣传内容，且可长期保存、反复放映，也不受观众的文化水平限制。但是，电影的制作周期较长，耗时费资，且放映需要场地、设备，使这种媒介传播受到一定的限制。

（6）互联网。互联网作为大众传媒，其优点包括传播速度快、交互性强、效果可测评、时空广泛等。自互联网诞生以来，基于互联网发展出了门户网站、博客、微博、微信、社群、短视频等媒体平台，这是人类进入21世纪以来，发展最快、潜力最大、前景最为广阔的传播媒介。

拓展阅读

公共关系人员应针对组织不同时期的特点开展不同内容的传播工作。一个组织在不同的发展时期或阶段，其传播活动应当有不同的内容。例如，在一个组织成立之初，急需扩大知名度，其公共关系传播活动就应立足于向外界推出组织的良好形象。在一个组织遇到挫折或麻烦时，急需消除公众对组织的误解与偏见，其公共关系传播活动就应立足于把真相告诉公众，向公众解释出现问题的原因，提出改进措施，以重塑组织形象。在一个组织顺利发展时期，需要强化本组织在公众中的良好形象，增强公众对本组织的信任感，其公共关系传播活动就应立足于宣传本组织的政策、原则、发展状况，使公众对组织的了解不致中断；同时，加强组织与公众的感情联系，通过彼此传播、沟通信息，建立并维持一种相互理解、相互信任的良好关系。

课堂思考

社会组织是否可以借助网络热点来推广自己？请谈谈自己的看法。

第三节　公共关系传播效果

引导案例

一条短视频引发的传播效果

最近，一家老牌的农牧食品企业发布了一条短视频。这条视频时长仅1分59秒，视频采用“动画+场景”的形式还原了该企业猪禽从养殖到出厂的全过程。通过企业精心挑选的种苗，配以优质的养殖环境以及绿色环保的饲料，养育出了一只只健康活力、长势喜人的猪禽。从养殖到加工的整个过程，工作人员都要统一着装，佩戴整齐的工作服和干净的口罩、手套，经过严格的消毒方能进入工作间。养殖场与加工车间均配有24小时监控和智能化环境控制系统，全面保障猪禽安全。每一只猪禽都需经过重重的检验检疫，确保每一块交到消费者手中的肉，都是质量上乘的安全好肉。层层的严格把关造就了全新猪肉品牌：知初。从养殖到加工，每一个环节都被详细记录成数据，保存在云端。消费者可以通过扫描产品上的二维码进行溯源，准确了解到这块肉的全部信息，甚至连它的养殖周期、疫苗接种时间、检疫人员等历史信息均能查阅得到。真正做到让消费者省心、放心。

整个视频虽然只有短短的2分钟时间，却牢牢抓住了消费者的心。视频自登陆公众号以来，点击量短时间内便突破10万次，引起了社会广泛的关注和响应。

该短视频告诉我们，一个传播事件要做得成功，一定是深刻了解用户的痛点，然后通过轻快的方式（比如广告、短视频、灯箱海报等）将内容展现出来，投放于目标人群中，以获得爆炸性的效果。整个短视频全程都在传达一个关键词，那就是“安全”：从精心挑选种苗到寻找绿色养殖基地，从科学配比喂食到兽医精心照顾，从多重检验检疫到扫描追溯源头。每一项内容都在向消费者展示着该产品的安全和健康，而这恰恰也是消费者的痛点所在。

问题：为什么一条简单的短视频能够达到这么好的传播效果？

公共关系传播效果是指目标公众对信息传播的反应，也是公共关系人员对传播对象的影响程度。人们对传播效果的研究经历了半个多世纪的历程，先是提出“传播万能论”，继而提出“有限效果论”，后来又由“两级传播模式”发展为“多极传播模式”。传播效果理论的演变告诉我们，大众传播固然能够改变公众原有的观念，但其效果不是无限的。在实际工作中，公共关系人员不能把大众传播作为唯一的手段，而应当将它与人际传播、组织传播等多种方式结合起来，以便收到更好的效果。同时，受众的被动地位是相对的，他们对信息的注意、理解和记忆都是有选择的。公共关系人员可以通过各种调查手段，如观察、访问、文献分析、抽样调查等了解公众对信息的接受程度。此外，在信息传播过程中，还要重视影响传播效果的因素，并注意积累有效的传播技巧。

一、公关传播效果的层次

各类传播者对受传者都会产生一定的影响、作用，这就是效果。但是效果并不都是等值的，它们有作用范围大小与作用程序深浅不同的区别。对于公共关系人员来说，由于各类传播形式都要使用，更应了解传播发生作用的不同层次。针对公共关系的目标和公共关系传播的目标评估，传播对于受传者的影响可以达到四种程度，也就是四个层次的传播效果。

1. 信息层次

该层次是指将所要传递的信息传到受传者处，使之完整、清晰地接收到，并且较少产生歧义、含混、缺漏，这是简单的传到、知晓层次，是任何传播行为首先应达到的传播效果层次。

2. 情感层次

该层次指传播者传出的信息从知晓进而触动受传者情感，使受传者在感情上认同、接受传播内容，对这一传播活动感兴趣，从而与传播者接近，这是传播所要达到的较为理想的效果。但是需要注意的是，情感有正负之分，只有正面情感才是传播者所需要的；负面情感如反感、厌恶等，应予以避免。

3. 态度层次

态度是人对事物或现象的认识程度、情感表达和行为倾向的总和。它已从感性层次进入到理性层次，是在感性认识基础上经过分析判断、理性思考而产生的，一经形成就非常难以改变。传播如果能达到这一层次，对受传者的影响就非常深入了。态度有肯定与否定之分，但不一定与情感有必然的同方向联系，例如在感性上同情，而在理智上不赞成。

4. 行为层次

这是传播效果能达到的最高层次。它是指受传者在感性、理性认识之后，行为发生了改变，做出与传播者所传递目标相一致的行为，从而完成从了解、认可到实践的转换，使传播者传递的信息、观念不仅有了支持者、肯定者，而且有了具体的实施者、执行者。实验研究证明，态度对行为的改变有着较密切的相关关系。

应该看到，随着效果层次的提升，受传者由于各种原因而逐渐减少；同时只有能达到较高的效果层次，才能使哪怕是初级效果得以较长时间的保持，否则受传者很快就会将其淡忘，一个传播行为也就以无效告终。并且，不同层次的传播效果不是直线相连、必然上升的，它们之间的互相影响是复杂的，关系是辩证的。

二、公共关系传播效果的影响因素

微课11　公关传播活动效果评价

传播是一个完整的系统过程，只有各个子系统运行正常，各自发挥应有的效能，才能保证传播的整体正效应；反之，如果某一子系统或环节出了故障，就会影响传播的整体效果。影响传播的因素有很多，主要有以下几个方面。

1. 传播者

传播者是影响传播效果的重要因素，传播者的信誉、威望、资历、权威等与传播效果有直接的关系。在传播过程中，不同的人采用同样的沟通方式，面对大体相近的受传者，传播相同的信息内容，最后的传播效果可能会有较大差异。例如，同一批人向相同或相类似的公众宣传牙齿卫生常识，牙科医生讲授的效果会比普通人讲解的效果好许多。

2. 信息内容

信息内容是传播活动中的实质性部分，因此，它对传播的效果起着直接的影响作用。在信息内容方面对传播有着较大影响的因素主要包括以下几个环节上：一是信息的采集。由于这是传播的基础，没有信息也无所谓传播，采集信息又是信息选择、加工的基础与前提，能否做到主动地、积极地、不间断地采集信息，广收博采，获取尽可能多的、尽可能详实的信息，以反映信息的完整性，是影响传播的重要一环。二是信息的鉴别。信息的鉴别是对采集到的信息进行审查辨别，这是对信息进行选择、编码的首要条件。只有采集，没有鉴别，难以进行有针对性的信息传播，也无法对受传者产生有效的影响。这就需要运用科学的方法、采用科学的手段进行信息鉴别。三是信息的选择。这就是要求对已掌握的全部信息，按照一定的规则进行有目的的挑选，将那些真实可靠、典型突出、相互关联、新鲜及时的信息挑选出来，按传播的主题需要加以归类储存。四是信息加工。这是在采集、鉴别、选择基础上迈进的重要一步。经过加工后的信息，就直接传递给受传者。只有将那些准确、鲜明、生动、易懂的信息提供出来，针对传播的目标市场进行传播，才能增强传播效果。

3. 传播媒介

传播媒介是实现传播活动的中介因素，是用以扩大并延伸信息的工具。不同的传播媒介以同样的方式传播同样的信息内容，会产生不同的效果。一定的信息内容需要一定的传播媒介来传递，两者配合恰当就会产生较好的传播效果，配合不好就难以达到预期效果。传播媒介主要包括三种类型，即人际媒介、印刷媒介和电子媒介。三种媒介各有其特点。如果能够充分了解传递信息的内容和性质，把握好各种传播媒介的长短、优劣，就有利于在此基础上使传播的信息与各种媒介很好地配合，使受传者更易于接受和理解组织传递的信息。

4. 传播环境

传播环境是指传播活动周围的各种情况和条件，既包括特定的社会环境，又包括传播者和受传者在长期的传播活动中不知不觉、潜移默化地形成的一些习惯和定式。传播环境的状况影响制约着人们的传播活动，并对此产生正向或负向的影响。

一个社会组织处在无时无刻不在变化的宏观和微观环境的包围之中，它包括物质环境、自然环境、社会环境和心理环境等。物质环境与自然环境对组织的发展有一种自然生态的要求；社会环境要求组织的发展要考虑社会的整体利益和顺应社会的要求；心理环境，尤其是组织在发布信息时，对接收信息者的心理因素要给予详尽的分析。这些环境都在不同时期以不同的方式和程度影响着组织公共关系工作中信息的传播。一个社会组织应当适应这种现实状况，适应环境的要求，尽量发出与环境相协调的组织信息。

5. 受传者

受传者亦称“传播对象”“受众”，是传播内容的接受者，具体包括观众、听众、读者等。受传者是信息传播的终点或目的地，也是产生传播效果的主体。受传者在传播过程中并非仅仅是简单地接受信息，作为独立的个人，受传者在传播过程中具有主动性、积极性。对受传者的研究大致有以下几种理论：一是社会分类理论。即认为人的年龄、性别、收入、教育、职业、宗教、政治信仰和住地等差别，决定了每个群体选择信息的特征。二是选择性因素理论。这一理论提出了受传者心理上的三种选择因素，即选择性接受、选择性理解、选择性记忆。三是满足个人所需。例如，消遣、填充时间、社交需要、心理需要、寻求情报或寻求解决问题的指南等。由此可以看出，受传者对传播的影响会是多向性的。

综上所述，公共关系传播活动要想顺利、有效地进行，受到多种因素的影响。公共关系工作人员在传播活动过程中要善于识别、分析，研究影响传播的各种因素，扬长避短，使传播活动向着公共关系主体希望的方向发展，获取尽可能好的传播效果。

三、公共关系传播的技巧

从一定意义上说，公共关系就是一种组织与公众之间信息传播的双向沟通活动。公共关系最为重要的职能之一就是进行传播沟通。公共关系传播的主要技巧应当包括以下几点。

1. 根据传播内容选择合适的传播媒介

公共关系人员应把公共关系的工作任务与各种传播媒介的特点结合起来考虑，选择最有效的传播媒介和传播方式，确定最恰当的传播内容。大众传播媒介是公共关系中最重要的实施媒介，但在实施公共关系计划时，需要有一个比较与选择的过程，并对有效性与可行性进行分析。要想使传播媒介真正有利于公共关系活动的实施，就应当在传播时首先考虑实施对象，也就是要分析传播的对象，了解他们的类型、特征、爱好，包括他们喜爱何种媒介、喜爱何种节目、习惯在何时收听或收看等。只有把这些弄清楚了，才能确定应该利用何种媒介达到预期的效果。其次，应当考虑实施的内容，也就是要分析组织想传递的信息内容是什么，其内容的特点如何。由于不同的传播媒介各有优劣，公共关系活动中的同一传播内容在不同的媒介传递过程中会产生出不同的效果。同时，传播内容因其有不同特点，也会有种种不同的传递要求，有的旨在引起社会及公众的重视，有的旨在向有关的对象说明某些问题，也有的是意在叙述某一过程。因此，公共关系传播必须考虑内容与传递形式的和谐统一。最后，还应当考虑实施经费，也就是在公共关系传播中要遵循合乎经济的原则，根据组织机构的实际资源状况，选用恰当的媒介进行传播。

2. 综合运用人际传播、组织传播和大众传播三种传播方式

实践证明，公共关系传播能否取得良好的传播效果，非常重要的一点在于这三种传播方式的配合状况如何，特别是综合运用人际传播和大众传播两种方式的状况如何。例如，先利用人际传播发挥“意见领袖”的作用，再运用大众传播将专家、名人的介绍文章和记者发布的新闻内容，通过大众媒介介绍给社会公众的“二步式传播”，就是对各种传播方式的综合运用。

3. 注重与新闻界建立良好关系

对于公共关系人员来说，其重要任务之一就是与新闻界充分合作。新闻界既是开展公共关系活动的重要工具，又是应主动争取的一种类型的公众。公共关系人员与新闻界建立良好关系的目的，在于使组织的有关信息能更好、更有效地得以传播，让公众更好地熟悉并了解本组织。怎样才能与新闻界建立起良好关系呢？首先，了解各种媒介的特点。除了了解不同媒介的一般传播特点外，还应了解它的编辑方针、发刊周期、截稿日期、发行范围、读者状况、分销方法等具体情况。其次，要建立起为媒介服务的思想。在掌握不同媒介的特点、要求基础上，主动为媒介的工作人员提供各种方便，有效地协助他们的工作。最后，对新闻界的工作人员要以礼相待、以诚相待、平等相待，并且对新闻界的批评应立即采取措施、加以改正，以重新赢得声誉。与新闻界在真诚坦率、相互尊重基础上建立起的良好关系，是取得组织公共关系传播良好效果的基本条件。

拓展阅读

舆论产生的理论根源

德国传播学家诺伊曼通过“沉默的螺旋”大众传播理论，揭示了一种强有力的大众传播观，即：①舆论的形成是大众传播、人际传播和人们对“意见环境”的认知心理三者相互作用的结果；②经大众传媒强调提示的意见由于具有公开性和传播的广泛性，容易被当作“多数”或“优势”意见所认知；③这种环境认知所带来的压力或安全感，会引起人际接触中的“劣势意见的沉默”和“优势意见的大声疾呼”的螺旋式扩展过程，并导致社会生活中处于压倒性优势的“多数意见”——舆论的诞生。

课堂思考

为宣传产品并在公众心目中塑造优良的品牌形象，某国外保险柜公司找到某知名公关公司并咨询如何能以较为经济的做法获得广泛的传播。公关顾问们为这家保险柜公司策划了以“10万美元寻找主人”为主题的公关事件，任何人只要在不触发警报的前提下打开保险柜，即可拿到此笔巨款。

为做好该事件的传播，公关公司首先通过经济高效、覆盖区域较广的传播媒介向社会发布相关信息，消息一出便借助高额奖金和新奇的策划方式轰动一方，不断有人来尝试。同时，该公司不断激励参与者散布经过加工的相关消息，使得人际传播效应不断积累，并吸引了一众媒体前来采访。

当媒体报道通过各家大众媒体的传播而形成更广泛的线上、线下传播效果时，前来尝试、观看的人越来越多。这时，该公司便根据公关公司所策划的环节在此地直接开展品牌与产品的宣传推广活动，以此加深公众对品牌的认知，并通过对各类型产品的深入介绍和体验活动的开展，增强公众对品牌的信任感和支持度，进一步加强参与者对此次事件的主动传播意愿，吸引更多人参与活动并再次扩大传播范围。

思考：该事件的大众传播效应是如何形成的？结合案例谈谈传播的价值。

本章小结

公共关系传播是社会组织利用各种媒介，有计划地将信息或观点与公众进行交流沟通，以达到争取公众、信息共享的目的。比较有代表性的传播模式有“5W”模式等。

公共关系传播具有社会性、时代性、双向性、符号性的特点。

公共关系传播的基本要素包括信源、信息、媒介、信道、信宿、编码和译码、反馈等。

公共关系传播的类型包括人际传播、组织传播和大众传播。

公共关系传播效果具有层次规律性。实施有效传播的条件是选择最佳信息源、编制最好的信息符号、认真研究公众对象、营造良好的传播背景、完善传播沟通的方法和技巧，使传播具有感染力，并掌握较有针对性的传播技巧。

实操演练

练习1. 家乡推介会。以小组为单位，选择某位同学的家乡，然后通过PPT介绍他（她）家乡的实际情况，比如特产、风光、人文等，并分析应采用何种传播途径来提高家乡的知名度。

练习2. 阅读以下案例，并谈谈你的看法和建议。

"互联网+"时代企业的传播困惑

在传统传播媒介逐渐没落、网络媒体兴起之后，很多企业的公关传播乱了阵脚，觉得传统的公关似乎一夜之间失效了，而后试着在互联网媒体上"故伎重施"却又效果不佳，致使企业公关传播不知何去何从。究其根源，在于企业与新生代公众之间出现了"割裂"。

首先，传统的传播媒介、"套路"已经很难有效影响到新生代消费者。90后、00后公众很少读报纸、看电视，更多的是使用智能手机、计算机。传统的媒介通道已经很难触及他们，这造成了固守传统媒介的企业与公众之间在距离上产生"割裂"。

其次，传统的传播手法已经很难取信于新生代公众。在过去，专家、教授和学者都比较有号召力，但在网络上，很多新生代公众却"不买这些人的账"，他们不喜欢看长篇大论的新闻，更倾向于看短视频，爱分享朋友圈，喜欢通过社交媒体获取信息，传统的公关套路基本接触不到这类公众，这就造成了企业与公众之间信任环节的"割裂"。

最后，一些传统的传播话术和新闻手法由于其自身的弊端已经难以取得良好的沟通效果。过去的公关传播基本上都是灌输式的，但新生代公众更看重参与感，要求获得表达观点和态度的机会。为此，企业的公关语言与网上的消费者语言格格不入，这就造成了一部分公众会对其视而不见的结果，久而久之，就造成了企业品牌与公众之间在情感上的"割裂"。

复习思考

1. 如何认识公共关系传播的含义？
2. 分析各种传播模式的过程。
3. 如何认识公共关系传播的含义、基本特点及构成要素？
4. 在公共关系活动中如何实施有效传播？
5. 在公共关系传播中，网络媒体有何传播优势？
6. 简述公共关系舆论构建的策略。

第八章 8

化危为机　安然无恙
——处理公共关系危机

案例导入

思政文化助力阳煤集团新形象建设

改革开放以来，煤炭作为山西的基础产业，为该省的经济发展做出了巨大贡献，但发生的各种矿难事故也经常见诸媒体，在不少公众心目中形成了煤炭产业是“黑产业”“落后产业”的形象。为此，近年来山西阳煤集团不断完善创新企业文化建设，将企业文化融入思想政治工作体系，使思想政治工作这一生命线在新时代焕发新活力，为企业形象建设提供强大思想动力。

1. **规范形象识别系统，打造对外品牌形象**

首先，集团党委从规范集团形象识别系统入手，统一企业标识，整合规范集团名称、核心理念，创新采用仿毛体标准字“协”作为阳煤企业文化印。企业形象识别系统的规范统一，带来集团整体面貌环境的焕然一新，职工的精神状态也随之提振，对企业的归属感、融入感、荣誉感不断增强，“五湖四海、阳煤一家”不仅对外成为共识，更印在职工的心里。

2. **修订理念识别系统，深入文化理念渗透**

企业理念识别系统是企业文化建设的重要组成部分，是企业不同时期价值观、发展观的综合体现。加强和创新企业文化建设，最核心的内容就是修订完善符合企业改革发展实际的企业理念识别系统。近年来，阳煤集团根据企业实际，总结提出了“1+9”企业文化理念体系，以“同心做人、合力做事”为核心理念，以政治文化、战略文化、安全文化、廉洁文化、学习文化、执行文化、创新文化、竞争文化、融合文化等分系统文化为支撑，并且编印下发了《阳煤“1+9”企业文化手册》，使之成为阳煤职工的必学必读教材。通过入脑、入心教育，使企业核心理念“同心做人、合力做事”真正融入广大职工的思想和意识之中，并以此规范和约束自己，从而增强了大家对文化理念的认同感。

3. **创新文化载体建设，占领舆论思想高地**

阳煤集团党委紧跟时代步伐，在加强文化建设、创新思想政治工作方面不断丰富形式风格，创新传播载体，打造思想文化新高地。以“网上+网下”“结合+融合”为重要载体，一方面利用好报刊、电视等传统媒介载体，另一方面积极加快新媒体建设，以微平台、局域网、微博等形式打造具有时代特色的网络媒介载体，把大道理转化为小故事。2019年，网络问政平台“阳泉随手拍”受理解决职工各类诉求657件；“阳煤集团”微信公众号在“全国煤企微信影响力榜单”位居前五；“阳煤集团”外网从不同角度传播企业改革发展信息，讲好阳煤发展故事，提升企业价值“内核”。同时，充分发挥“道德讲堂”的平台价值，以积极向上的文化故事向内外部公众传递煤炭行业的正能量形象。

启示： 习近平总书记在全国宣传思想工作会议上强调，中国特色社会主义进入新时代，必须把统一思想、凝聚力量作为宣传思想工作的中心环节。国有企业是我们党执政的重要基础，是国家发展的支柱，是全面建成小康社会、实现中华民族伟大复兴的重要力量，面对新形势、新要求、新任务，国有企业责任重大，建设国有企业的对外形象十分有必要。因此，做好企业宣传思想工作具有十分重要的意义。强化宣传思想工作建设，为推动企业建设再上新台阶、开创新局面，实现企业高质量发展，提供有力的思想保证和强大的精神动力。国有企业将企业文化融入思想政治工作体系，使思想政治工作在新时代焕发新活力的实战经验是形象建设的创新发展，可以使企业核心竞争力进一步增强。

学习目标

知识目标： 了解公共关系危机的特点、成因与类型；牢记公共关系危机的处理宗旨与方针。

能力目标： 掌握公共关系危机的处理对策；明确公共关系危机的处理流程；能进行危机预警，并能制定危机预防计划。

素养目标： 培养危机意识，养成居安思危的职业习惯，树立正确的危机观。

开篇导读

常言道：天有不测风云，人有旦夕祸福。一个社会组织总会遇到突发事件或重大事故，当某些危机发生时，不仅可能会给组织带来直接的人、财、物损失，而且可能会严重损害组织形象，甚至危及组织生存，使组织面临强大的公众舆论压力和险恶的社会关系环境。因此，组织处理危机事件的能力和效果如何，是关系到组织生死存亡的大事。公共关系危机事件的处理，往往需要动用整个组织的力量和综合运用各种传播媒介，使之成为一种复杂的、特殊的公共关系活动。组织对危机公关的管理能力反映了组织公共关系水平的高低。

第一节　公共关系危机概述

引导案例

汉堡王的“3·15”遭遇

每年的3月15日是国际消费者权益日，而其中的重头戏便是中央电视台（以下简称“央视”）的3·15晚会，2020年的央视3·15晚会上不出意外又揭露了一批问题企业及其产品与服务。作为全球知名的餐饮巨头，汉堡王在3·15晚会上被爆出随意更改保质期、用过期面包做汉堡等问题。节目播出后，汉堡王无疑成了全社会的焦点。为此，该品牌所属企业公共关系人员当晚立即发出声明，向消费者致歉，宣布将立即成立调查工作组进行停业整顿调查。同时表示，这是企业管理的失误，将配合政府部门调查。然而这样的处理方式却引发众多网友在微博上的集体控诉，认为这全是冠冕堂皇的套话，对此回应并不买账。汉堡王对此次曝光的危机公关处理并没有获得大家的谅解，一定程度上在公众心目中丧失了信任度，其产品的口碑也大为受损。汉堡王的遭遇表明危机处理妥当，不仅可以转化危机，体现企业勇于担责的社会形象，还可扩大品牌知名度；但若处理不当，不仅会损害企业名誉，严重的还可能导致一个品牌的消亡。

问题：结合该案例谈谈你对公共关系危机的认识。

组织的经营发展不可能永远一帆风顺，经常会受到各种突如其来的问题影响。因此，公共关系危机的预防和处理就成为组织公共关系部门的重要职责。

危机是指由突发性因素引发事物处于紧急的、不稳定的状态，并对事物造成严重损害的事件。“危机”这个词本身是由危险和机会组成的，既有风险，又有机遇。然而，危机中虽然孕育着机会，但怎样处理危机，如何在化险为夷的同时发现和抓住机遇，实现化危为机，却是不易掌握的难题。

公共关系危机是指由于组织外部或内部的一些因素，对组织的既有系统构成严重的威胁，损害组织的声誉和形象，使组织处于强大社会舆论压力下的公共关系状态。公共关系危机是对组织严峻的考验，对组织来说，既有压力，又有机遇。组织必须具备相当的应变能力和素质，才能对事件发展进行准确预测和判断，对危机进行有效的预防和处理。

一、公共关系危机的特点

公共关系危机往往来势凶猛，一般具有如下特点。

1. 偶然性与必然性

危机的偶然性是指危机的爆发往往是由偶然因素促成的。公共关系危机的必然性是指危机不可避免，即只要有公共关系就会有公共关系危机，必然性是公共关系作为开放复杂系统的结果。据公共关系专家进行的危机调查显示，现代企业面对危机是必然的事情，因此更要加倍重视这方面的研究。

2. 突发性与渐进性

公共关系危机事件是一种突发性的事件，常常在意想不到、没有准备的情况下突然爆发。但从本质上看，公共关系危机的爆发是个从量变到质变的过程。酿成危机的因素是一个累积渐进的过程，通过一定潜伏期的隐藏和埋伏后，如果未能得到有效控制，就会继续膨胀，最终导致组织公共关系危机的大爆发，并迅速蔓延，产生连锁反应，使公众与组织关系突然恶化。大量的顺意公众变成逆意公众，同时产生强烈不满情绪。公共关系危机的突发性提醒我们在日常的公共关系工作中，即使是那些被认为不重要的、不去注意的细节都要加以重视。

3. 破坏性与建设性

危机事件作为一种公共事件，若组织在处理过程中未能采取适当的行动和措施，将会使企业的品牌形象和企业信誉受到致命打击，甚至危及生存。危机在本质上或事实上对社会组织产生的破坏性是巨大的，因此必须尽力防范和阻止。但是危机的爆发，暴露了组织存在的问题，也是给组织提供了一个检视自我应对风险能力的机会，可以让组织构建更为牢靠的危机管理机制，给组织带来新的收获。因此，认识到危机的破坏性，才不会掉以轻心、麻痹大意；认识到危机的建设性，才会采取主动姿态，沉着冷静而满怀信心地面对危机，为组织建立富有竞争力的声誉，树立组织的形象。

4. 急迫性与关注性

公共关系危机总是在短时间内突然爆发，使组织立刻处于备战状态，并要求公关人员第一时间全面掌握事实真相。而危机爆发所造成的巨大影响，又令人瞩目。它常常会成为社会和舆论关注的焦点和讨论的话题，成为新闻界争相报道的内容。若控制不力，必然造成严重后果。总之，公共关系危机一旦出现，就会像一颗突然爆炸的炸弹，在社会中迅速扩散开来，造成严重的冲击；又会像一根牵动社会的神经，迅速引起社会各界的不同反应，令社会各界密切注意。

在发生危机时，组织是无法逃避的，必须在第一时间采取措施开展公关活动，以真诚、透明的方式解决问题，修复客户体验，安抚公众情绪，降低或消除负面影响。

二、公共关系危机的成因

分析公共关系危机发生的原因对于制订正确的预防和处理对策有着十分重要的意义。组织危机产生的原因很多，这些危机不外乎来自组织外部环境因素和组织内部环境因素。

1. 组织外部环境因素

组织所处的外部环境是异常复杂的，某一方面发生变化，尤其是突如其来的恶劣变化都会给组织以重创，使组织陡然陷入困境，组织形象面临前所未有的挑战。组织外部环境负面因素主要有：①自然环境突变；②组织恶性竞争；③政策体制不利；④科技负影响；⑤社会公众误解；⑥公众自我保护；⑦全新传媒出现。

2. 组织内部环境因素

许多危机产生的根源在组织内部，即往往是因为内部的管理制度或人员素质导致问题演化成危机。组织内部环境负面因素主要有：①组织整体素质偏低；②管理者危机意识淡薄；③经营决策失误；④法制观念淡薄；⑤公共关系行为失策；⑥策划不当，损害公众利益；⑦公共关系活动缺乏必要的准备；⑧面对摩擦纠纷反应不及时，酿成危机；⑨忽视公共关系调研，损害组织声誉。

总之，除了上述列举的导致公共关系危机发生的因素之外，还有下列因素：劳资争议以及罢工、股东丧失信心、具有敌意的兼并、各种谣言、大众传媒泄露组织秘密、恐怖破坏活动、组织内部人员的贪污腐化、不可抗力等。组织只有在广泛收集有关信息的基础上，对造成公共关系危机的原因进行深入分析，才能拿出充分的依据，为公共关系危机的管理奠定坚实的基础，“把握症结，对症下药”应成为组织牢记的信条。

三、公共关系危机的类型

微课12　危机发生的原因和类型

危机管理专家诺曼·奥古斯丁说：“危机就像普通的感冒病毒一样，种类繁多，难以一一列举。”公共关系危机林林总总，既有多样性，又有独特性。

在实践中，组织经常遭遇的公共关系危机有以下几种。

1. 商誉危机

商誉危机是指组织信誉和组织形象受到严重损害的危机。这种危机往往是由于组织不能履行合同或因商品质量、服务质量低劣，危害消费者利益所造成的。其后果可能使组织一蹶不振而走向毁灭。商誉危机带来的严重后果是组织失去公众的信任、组织的生存岌岌可危。

2. 灾变危机

灾变危机是指由于自然灾害和不可抗拒的社会灾乱而造成的危机。例如，受山洪、雷击、地震等自然灾害的侵袭或因战争使组织正常营运受到影响而引发的公共关系危机。灾变危机多是不依组织意志为转移而发生的突然危机。

3. 经营危机

经营危机多是由于组织领导决策失误或管理不当造成的。长期隐藏着的经营决策上的失误，经过较长一段潜伏期后爆发，从而引发组织经营层面的危机。若不立即做出决定性的变革，将会使生产经营严重恶化，最后使组织失去生存的可能。

4. 信贷危机

信贷危机也称信用危机，主要是指组织失去金融机构的信任，无法得到必要的周转资金，致使组织生产经营活动无法进行而导致的危机。组织信贷危机多是一种次生性危机，往往是继经营危机或商誉危机之后爆发的。

5. 素质危机

素质危机是指组织素质过低、竞争力差，无论人员素质、设备素质或管理水平在同行业中均处于被动状态，使得组织发展前景越来越暗淡。我国一些中小型组织多发生这种危机。

6. 形象危机

形象危机多是指因组织内部发生丑闻而使组织形象受到严重损害的危机。例如，组织被指控有贿赂国家人员、偷税漏税等行为，或者组织领导被揭露出有贪污、挥霍浪费等问题而使组织形象遭受到严重损坏。组织形象危机影响巨大，若不采取重大应对措施，形象危机是难以度过的。

以上各类型是按危机性质划分的，如果按危机发生程度的不同也可将危机分为显在危机和潜在危机两种。显在危机指已发生的危机或危机趋势非常明朗、爆发只是时间问题的危机。潜在危机比显在危机具有更大的危险性。一般情况下，各种危机是相互联系的。一种危机发生以后可能会引发另一种或多种危机。因此，对组织而言，一旦发生危机，应立即采取应对措施遏止危机，保证危机不扩大、不扩散、不蔓延。

课堂思考

组织应如何判断到底发生了哪类公共关系危机？

第二节 公共关系危机的预防

引导案例

政府出手遏制危机

某年夏天，媒体纷纷报道湖北3名婴幼儿出现早熟特征，而且都在食用某品牌乳粉。为此，很多家长怀疑是乳粉中雌激素过量导致婴幼儿早熟。而继湖北之后，河南、广东、湖南等地也都陆续报道有类似的患儿。

该品牌奶粉很快因该事件被推向舆论的风口浪尖，尤其在经历了“三聚氰胺”事件后，国内消费者对乳粉问题特别关注，“激素门”事件的影响愈演愈烈，该品牌奶粉销售几乎停滞，并再次冲击国产奶粉口碑形象。

在这一背景下，中华人民共和国卫生部及时介入，并及时公布调查结果，称患儿出现早熟特征与所食用乳粉没有关联，目前市场上抽检的该品牌乳粉和其他婴幼儿乳粉激素含量没有异常。

面对媒体的报道、公众的关注，该品牌奶粉面临着严重的信任危机，但是政府及时出手和介入，相关部门进行迅速行动并公开发声，及时遏制了危机的蔓延，充分发挥了政府公关的作用。

问题：此次事件带给我们的启迪是什么？

公共关系危机预防是指对公共关系危机的隐患进行监测、预防的危机管理活动。虽然说任何组织都可能遇到危机，但是这并不代表危机不可预防。凡事预则立、不预则废。对危机事件我们首先应持的态度是：防患未然，科学应急。

而事实上，几乎所有的危机都是可以通过预防来化解的。对公共关系部门来说，危机的预防有两个环节：一是预测危机，即及时发现产生危机的“萌芽”；二是制订处理危机的对策，即当危机发生时不至于手忙脚乱，而是从容不迫地采取有效措施进行应对，这就需要平时要有应付危机的准备。

一、危机预警

在市场经济条件下，组织的生存环境复杂难测，任何组织都可能遇到灾难和危机。但是，组织如果事前做好相应的准备，遇事就可以转危为安，甚至能利用危机从逆境中开创新局面、发掘新机会。因此，无论是组织领导还是公共关系人员都要有强烈的危机意识和应变危机的心理准备，视危机的发生为必然。只有具备了这种心理，才能建立起组织的公共关系危机预警机制，预见组织活动中可能发生的所有危机，并提前做好相应的应对措施。

1. 建立危机预警系统

许多危机在爆发之前都会出现某些征兆，因此应当建立危机预警系统来及时捕捉这些征兆。建立危机预警系统的工作可由公共关系人员协同各个管理部门来进行，并从以下方面做到危机预警：①加强公共关系信息与组织经营信息的收集分析工作；②密切注意国家经济政策变化及经济发展方向；③加强与重点客户的沟通，使重点客户成为组织稳定的支持者，及时关注其变动趋势；④经常分析竞争对手的生产经营策略和市场需求发展变化趋势；⑤定期或不定期进行自我诊断，分析组织生产经营和公共关系状态，客观评价组织形象，找出薄弱环节，采取必要措施；⑥开展多种调研活动，并在此基础上研究及预测可能引起组织危机的突发事件，将可能演变成危机的因素消灭在萌芽之中。

2. 建立危机警报线

组织及其公共关系人员应建立危机警报线，使每一个组织的公共关系人员或管理者在发现问题后，能立即通知其他部门的有关人员，采取适当措施，并且询问他们是否遇到过类似问题以及处理的经过等，避免发生危机。有关经验证明，建立可靠的危机警报线，是及时发现潜在的问题、防范危机发生的有效方法。

二、危机应变计划

危机应变计划就是紧急事件处理计划，它是提供应付、处理紧急事件所需要的人力、组织、方法和措施的一整套方案。组织既然不能逃避危机，就要先做好应变计划。一旦出现危机，就可以借助计划去应付和解决危机。一个较为健全的危机应变计划应包括以下几个要点。

1. 成立危机应变小组

合格的危机应变计划事先要准备好应付危机所需要的人力和物力，一旦危机爆发，则可以节省许多宝贵时间来集中精力处理危机。所以做好危机应变计划的第一个任务就是成立危机应变小组。可先由组织领导、技术专家、公关主任和法律顾问组成一个核心危机应变小组，然后根据可能发生的危机，增加危机应变小组的成员，如技术方面的危机由某工程师处理，财务方面的危机由某会计师处理。这样，发生某种危机时，可以直接找人负责处理。而在平时，负责处理某项危机的人员就应该有意识地做好各种应战准备，这种小组的存在对预防危机的发生有实际意义。

2. 拟定危机应变计划

危机应变小组应负责拟定应变计划。应变计划要设想各种可能发生的危机和所采取的应付行动。它要提出和回答许多诸如此类的问题："如果发生某种情况，我们该怎样处理？"最后形成危机应变计划手册，作为危机处理的参照。例如，对组织来说，最有可能也是最严重的危机之一是产品质量发生问题，在组织的应变计划手册上不仅要预见到这一危机，而且要指明何处、何人可能向组织提供紧急援助，并且列明处理该类危机的公关流程、应对措施等。危机应变手册是提供处理各种危机的指南，因此，对于不同的行业和组织来说其内容会有所不同，但其计划一定要细致到足以应付危机为止。

3. 开展危机模拟演练

危机应变小组在完成危机应变计划的纸上作业后，可以举行模拟演练。演练时可以假设一种或多种危机发生时的情况，考核危机应变小组对紧急事件的反应能力和决策能力。同时，还可以开展紧张心理适应训练，以免到真正危机来临时，让紧张的心理妨碍危机处理人员的思考和决策。另外，还要学习如何与新闻媒体打交道，掌握接受记者采访和对外发言等方面的技巧。

总之，危机应变计划和演练做得越到位，处理危机就越及时、越得心应手。不过，光有危机应变计划是不足以解决危机的，应变计划只是解决危机的工具，还需要人在实际操作中灵活运用。

有人形象地将危机应变计划比喻为"手电筒"。在突然停电的情况下，人们首先想到的是找到手电筒，然后在它的指引下走到保险丝处查明停电的原因，最后修复通电。制订健全的危机应变计划犹如为组织置备了一个"手电筒"，在危机时刻可以帮助组织有条理地处理危机。

拓展阅读

"堂吉诃德"式危机公关不足取

有的企业在发生公共关系危机之后，首先想到是如何压制负面舆论，如声称有不明真相的个人或机构在造谣或被利用，极力掩盖媒体的报道，公开抱怨说网友们太无约无束等。类似这样的危机公关有一个统一的称呼——"堂吉诃德"式危机公关。

堂吉诃德是西班牙作家塞万提斯的经典名著《堂吉诃德》的主人公，他幻想自己是一名中世纪的骑士，游走天下、行侠仗义，却闹出了无数的笑话，把风车当巨人，把旅店当城堡，把酒袋当作巨人的头颅等。总之，把很多不着边际的东西当作自己的假想敌。公众的负面情绪、过激言论和行为，以及媒体的监督报道其实就是堂吉诃德一心要打败的"巨人"，但这些只是公共关系危机中的"影子敌人"，并不是危机公关真正要打败的敌人。而让公众产生负面情绪、过激言论和行为的罪魁祸首才是危机公关真正要打败的敌人。

“堂吉诃德”式危机公关最容易滋生“次生因素”，而次生因素导致危机事件升级的案例比比皆是。原因就是企业把公众的负面情绪以及媒体的监督报道当作敌人来刀枪相向，从而直接激化了矛盾让公众的怒火越烧越旺，就如同抱薪救火一样。

课堂思考

1. 当年的三聚氰胺事件让整个乳品行业面临危机。之后伊利为了提升公众的信心，使公众能够放心食用自己安全、优质的乳品，在全国范围内开展了“放心奶大行动”系列活动。请结合本节内容，思考该活动的意义。

2. 公共关系危机事件是否都是不可测算、不可预防的呢？

第三节 公共关系危机的处理

引导案例

涨价风波

2020年春夏间，伴随着疫情的向好发展，各大餐饮企业逐渐恢复营业。但公众却发现某品牌火锅店的餐品涨价了，半份毛血旺从16元涨到23元，仅有8小片；半份土豆片13元，一片土豆将近1.5元；自助调料10元一位；米饭7元一碗；小酥肉50元一盘。这一疫情刚过就涨价的行为迅速将该品牌火锅店推向舆论风口，随后，该品牌火锅店就授权自己的公关部人员发布了致歉信，信中明确提出所有菜价均要恢复到1月26日门店停业前标准。虽然引起热议，但舆论环境并不负面，不少媒体表示，该品牌火锅店能果断采取行动，是“知错能改”的表现，也因此该品牌火锅店重新赢回了大众的信任。随后该品牌火锅店的相关部门借势进行公关宣传，为自提业务打广告，话题不但冲上微博热搜，且赢得不少网友的好评，知错能改才是最好的公关策略。

问题：请谈一谈该事件对你的启迪。

一、对公共关系危机应持的态度

危机事件往往具有超乎常规的偶然性，诸如飞机失事、火车脱轨、轮船沉没、毒气泄漏、食物中毒、火灾、爆炸等重大恶性事故。人们常把它们归于不可测算的天灾人祸。当危机发生时，有的组织往往束手无策或穷于应付招架，或常常是“大事化小，小事化了”。这些认识和处理方法是与公共关系精神相矛盾的。

1. 公共关系危机的防患

防患，就是防患于未然。公共关系人员应当努力预见组织运作中可能会有哪些不利后果，事先采取措施加以预防，阻止危机出现。实践证明，大量的人为突发事件，如因组织内部原因引起的食物中毒、环境污染等都具有可预见性和可控制性，如果平时采取相应的有效措施，是完全可以避免或减少组织和社会的损失。

2. 公共关系危机的应急

应急，就是危机发生后，公共关系人员所采取的对策和行动。公共关系危机既可能是人为因素引起的，也可能是自然因素引起的。自然因素导致的突发事件，对于一个较小的社会组织而言，往往具有不可控性。无论是人为的还是非人为的危机发生后，公共关系人员都应当利用危机发生前拟定的应急预案，迅速而果断地采取行动，充分利用一切可以利用的力量，特别是传播媒介的力量，化险为夷，转危为安；并努力创造条件，化危难为机遇，使组织在更高的水平上发展。

二、公共关系危机的处理宗旨与方针

1. 公共关系危机的处理宗旨

真实传播，富于责任，挽回负面影响。只有真实传播，才能赢得公众信任；只有勇于承担责任，才能获得公众的谅解和支持；只有挽回负面影响，寻求重振或借机提升组织形象的机会，重塑组织形象和重建社会信誉，才是实现危机公关处理的最终目的。

2. 公共关系危机的处理方针

树立信心，从容应对；迅速及时，判明情况；保持镇定，确定对策；尊重生命，以人为本；控制事态，减少损失；科学传播，争取主动；分工协作，多方努力；承担责任，妥善善后；平息风波，抚慰公众；总结经验，吸取教训；发现机遇，开拓未来。

三、公共关系危机的处理流程

公共关系危机发生之后，只有采取正当且合适的举措，才能防止事态的进一步恶化，并使危机在有效的监控下得到缓解，将损失与危害降到最低点。公共关系危机的处理流程一般有下面几个环节。

1. 采取紧急行动

组织一旦出现公共关系危机，就应迅速做出反应，采取紧急行动。行动的具体内容有：①了解危机事件；②成立临时的专门机构；③制订危机处理计划。计划制订完成并获得通过后，对策小组应立即开始进行物质资源调配和准备，核心小组成员则要立即奔赴危机事件现场，展开全面的危机处理行动。

2. 辨识危机

一般危机爆发总是由某种原因引起的，而且有个发生发展的过程。例如，意外火灾造成某商场严重灾害危机，油轮失事造成某公司严重的环境污染危机，药品或食品中毒事件使制药或食品公司面临严重危机，企业素质低引起纠纷造成形象危机等，这些原因（或突发事件）直接造成了一场场危机。危机处理小组的第一个任务是辨识危机影响的范围和危机影响的公众，以及估计事件可能对公众舆论和组织造成的后果。这一工作对顺利开展下一步行动具有重要意义。

3. 控制危机

危机爆发之后，并不会慢慢自行消失。相反，它会逐渐恶化并且迅速蔓延，甚至引起其他危机。因此，危机处理人员一旦认清某种危机后，必须先遏止危机的扩散；同时隔绝危机，使其不影响别的事务。

4. 危机调查

在控制危机时，由于情况紧急，可能无法对危机进行深入调查，以免贻误控制危机的时机。但是在灾难得到遏制、危机得到初步控制后，就要立即展开对危机范围、原因和后果的全面调查，收集有关资料，查明原因，为危机处理决策提供依据。

5. 处理危机

处理危机包括决策和行动两个方面。决策就是要在危机调查的基础上制订正确的危机处理对策。一般危机处理决策要在危机处理小组共同商议的基础上产生，如遇到不同的决策方案，要仔细比较各方案的优缺点，然后选择最合适、最有效的处理方案。决策方案做出后，就要迅速地加以实施，切不可不行动，或考虑过多、迟迟不敢行动。优柔寡断的结果就是贻误战机，使危机更加严重。

6. 总结经验教训

危机事件解决方案的达成和实施，并不意味着危机处理过程的结束。对企业来讲，最为重要的一个危机处理环节便是总结经验教训。这个环节之所以如此重要是因为企业可以从这个环节中发现企业经营管理中存在的问题，并且有针对性地进行改进和提高；同时企业还可以从中总结经验，避免同样的危机再次出现。

四、公共关系危机事件的处理对策

1. 针对组织内部的对策

第一，应立即成立处理事件专门机构，由本组织一名主要负责人任领导，公关部会同有关职能部门人员组成有权威性、有效率的工作班子。第二，迅速准确把握事件情况，制订总体方案，通告全体成员，统一信息发布，协同行动。第三，及时向外界传递事件真相，妥善处理善后，及时救死扶伤，安抚有关人员。第四，挽回负面影响，处罚事件责任者，中止或收回引起事故的产品或服务。第五，追查原因，积极改进；总结经验，吸取教训。

2. 针对受害者的对策

第一，了解受害者情况，诚恳道歉，实事求是，承担责任。第二，倾听受害者的意见，了解和确认有关赔偿损失的要求；要大度，忍让家属的过分要求，有理、有利、有节地解释、让步，严禁粗暴争辩。第三，给受害者以安慰和同情，尽可能提供其所需服务，公布补偿办法及标准并尽快实施。第四，专人对口负责与受害人接触，保持其稳定性，不随意更换负责处理的工作人员。

3. 针对新闻界的对策

第一，成立接待记者的临时机构，由具有权威的负责人专事消息发布；集中处理有关的新闻采访，给记者提供相关的权威资料。第二，向新闻界发布真实消息，大胆告诉公众真相。第三，提供准确、可靠的信息，公开表明组织的立场和态度，以减少新闻界的猜测。第四，对新闻界应表明合作、主动和自信态度，不隐瞒、不搪塞、不对抗，更不可敌视；出现失实报道时，尽快及时采取新闻补救措施。第五，从公众的立场和观点出发，不断向公众提供其关心的信息，尤其是组织勇担责任、诚恳道歉、大度处理善后事宜的消息。

4. 其他对策

除上述对象公众以外，还应根据组织具体情况，分别对有关主管部门、协作单位、政府机构、消费者、社区居民等公众，采取适当的传播对策，及时、定期通报有关情况，咨询回答有关问题。多管齐下，多方努力，协助组织尽快平稳渡过危机，使组织的形象损失尽可能降至最低；并努力发现机遇，重塑形象，再获公众信誉，重振组织雄风。

拓展阅读

危机发生后消费者的负面情绪及处理策略

危机发生后，消费者可能会产生三个层面的负面情绪，并且在这三个层面都需要获得必要的心理安慰。这些负面情绪包括以下内容。

阶段一：事件突发，兴师问罪，心情激动，急于了解真相的心理情绪（迫切希望了解事件现状、背后真相以及导致事件发生的原因）。

阶段二：迫不及待，等待答复，极不耐烦，发泄不满的心理情绪（企业尽快就危机事件给出解释和说明，以获得心理安慰和情绪上的安抚）。

阶段三：知晓真相，接受现实，趋于理性，要求相应补偿的心理情绪（包括对遭受物质损失的补偿和心理伤害的补偿）。

相对应的，企业在处理危机时，也应处理好消费者上述三个层面的负面情绪，并在相应的阶段需要依次做到以下几点。

步骤一：行动和态度。立即做出终止伤害或可能造成进一步伤害的行动，尽可能第一时间向公众通报事件情况、危害程度、涉及范围以及当前进展，避免因自发传播导致事件危害被人为夸大，同时向消费者表达承担相应责任以及对危机发生向其致歉的态度。终止伤害永远是第一位的，但切记终止伤害不是毁灭证据和掩盖现场，这种做法不仅会影响后期事件原因的调查，还会让企业承担逃避责任的后果，更会激化急于了解事件真相公众的负面情绪。

步骤二：耐心和诚意。及时通报事件原因、调查最新进展，以表现出尽快还原事实真相的诚意；全面做好各方面的安抚工作，切勿以任何形式激化消费者的负面情绪，包括要对消费者的出格举动予以容忍，对消费者适度发泄不满情绪表示理解，引导消费者接受现实并耐心等待事件原因的调查结果。为了避免对公众情绪造成“二次伤害”，事件处理和信息发布要严格遵循“及时沟通”和“客观透明”两个原则，切忌在事件原因没有查明前匆忙下定论，或发布未经证实的主观猜测的信息，一切信息的发布都要尊重事实。

步骤三：补偿与修正。对消费者遭受的损失进行必要的补偿，包括物质上和精神上的补偿；及时修正造成危机事件的管理漏洞，防止类似事件再次发生。

课堂思考

微软创始人曾说过：“微软离破产永远只有18个月。”这体现了什么意识？

本 章 小 结

公共关系危机对现代组织来说是每时每刻都可能爆发的，公共关系危机管理是现代管理领域的一个新的研究课题。现代组织中的公共关系人员必须了解公共关系危机产生的原因及特征，并熟悉各种危机的类型；同时，还要树立公共关系危机意识，做好公共关系危机的预防工作，并能根据公共关系危机管理的宗旨、方针与策略妥善处理各种危机事件，使组织转危为安。

实操演练

练习　某地一位消费者购买了某厂生产的电风扇，但在使用时却触电身亡。此事在媒体上披露以后，立刻引起了消费者的恐慌，人们大都认为，这家工厂生产的电风扇一定有质量问题。一些购买了该厂产品的消费者要求退货，原打算购买该厂产品的消费者转而放弃了这一念头。该厂的形象发生了严重的危机，并导致该厂产品销售额直线下降，企业陷入了困难境地。请根据该企业面临的危机，帮助他们找到合适的办法与对策。

复习思考

1. 简述公共关系危机的特点。
2. 简述公共关系危机的类型。
3. 简要说明公共关系危机发生的原因。
4. 如何识别公共关系危机？
5. 预防公共关系危机的方法有哪些？
6. 处理公共关系危机有何重要意义？

第九章 9

分门别类　精益求精
——掌握公共关系技术

案例导入

《中国国家形象宣传片》

随着综合实力的日益增强，我国融入全球化的程度越来越深，对全球政治、外交、金融等方面影响越来越大。而我国此前在塑造自身形象方面，无论是政府和民间都做得还不够。自北京奥运会以来，我国展示“软实力”的工作开始加强：放宽外国记者在境内采访的限制，借助国际媒体的影响力来客观报道中国。而国家形象广告也成为展现“软实力”的另一渠道。

《中国国家形象宣传片》由国务院新闻办公室（以下简称“国新办”）启动拍摄，该片是为塑造和提升我国繁荣发展、民主进步、文明开放、和平和谐的国家形象而设立的重点项目，是在新时期探索对外传播新形式的一次有益尝试。宣传片共分为两个部分：第一部分是30秒长度的电视宣传片（人物篇），将会在国际主流媒体播出，以“中国人”概念打造中国形象；第二部分是15分钟长度的短纪录片，供我国驻外使领馆及重要外宣活动使用，力图从更多角度、更广阔的视野展示当代中国。2011年1月12日，国家形象宣传片的人物篇制作完成，并于1月17日亮相纽约时报广场（见图9-1）。

图9-1　中国国家形象宣传片亮相纽约时报广场

随后，国家形象宣传片陆续在欧洲、拉美、中东等地区进行播放，向世界宣传中国的国家形象，向世界推介中国。除了传统媒体外，国新办还尝试在全球各个地区的互联网等新兴媒体上播放国家形象宣传片。国家形象宣传片拍摄工作的启动，标志着我国国家公关时代已经到来。

学习目标

知识目标：了解公共关系广告的特点和类型；了解公共关系语言运用的原则和技巧；熟悉公共关系形象的含义、构成及作用。

能力目标：掌握公共关系广告文案制作的要求，能设计公共关系广告；掌握公共关系演讲技巧，能结合使用语言与非语言技术；掌握CIS系统的使用方法，能为组织进行形象设计。

素养目标：树立工匠精神，培养精益求精的公关技艺，培养正确的形象宣传意识。

开篇导读

在长期的公共关系实践中，从业人员意识到公共关系是一门实践性很强的学问。在公共关系实务运作中，与其说它是一门科学，不如说它是一种艺术。本项目主要探讨公共关系实务运作中的一些技术，包括公共关系广告制作技术、公共关系语言艺术、公共关系形象设计技巧等。

第一节 公共关系广告制作

引导案例

“三全素水饺”的广告理念

作为我国速冻行业的开创者和领导者，三全食品一直以来不断创新引领市场。2019年上半年，三全食品以“亚洲文化嘉年华”事件为开端，在央视主流媒体平台为品牌发声。下半年，三全食品还在中央电视台1套（CCTV-1）晚间黄金时段陆续上演广告“大片”。三全食品一直与央视保持密切合作，长期进行广告合作，从1998年起，便成为第一个出现在央视的速冻食品品牌，“三全凌汤圆，味美香甜甜”广告语风靡全国二十余载。2012年，三全果然爱水果汤圆广告片登陆央视1套，掀起了中国速冻食品行业水果汤圆的新风潮；2015年，三全儿童水饺广告片开始在央视投放，奠定了儿童水饺领军企业的高度。

图9-2 三全素水饺广告片段

从2019年5月份开始，三全和央视达成战略合作。此后，三全素水饺广告片开始在央视1套、3套等多个频道开始播出。在和央视的合作中，三全坚持淡化素水饺广告的商业性，不以售卖产品为中心，而是站在消费者的角度，为消费者的健康考虑，以“吃点素的 很有必要”的产品理念引领饮食新风尚。该广告播出后观看率很高，得到了消费者的好评，也帮助三全在素水饺领域占据了国内素水饺市场73%的份额。三全与央视强强联合，化身文化交流使者，向全国和全球消费者推介三全素水饺系列，获得了消费者的广泛认可。

问题：文中提到三全素水饺广告并非完全属于商业性广告，其属于哪类广告呢？

广告，作为现代社会中的一种重要传播方式，其功能和价值日益被人们所认识。公共关系传播活动需要借助一切传播方式和媒介来营造组织的美誉度和传播组织的知名度，其从业人员应当掌握广告的一般规律及其使用方法与技巧。

一、广告概述

广告，具有将某种商品介绍给消费公众，以引起注意，诱导并激发其购买欲望的含义。围绕着广告的定义，国内外学者众说纷纭，莫衷一是。

1. 广告的含义

在我国，比较有影响的是唐忠朴等人在《实用广告学》中下的定义："广告是一种宣传方式，它通过一定的媒介，把有关商品、服务的知识或情报有计划地传递给人们，其目的在于扩大销售，影响舆论。"在世界上影响比较大、被广泛引用的是美国市场营销协会（AMA）给广告下的定义："广告，是由可以识别的倡议人用公开付费的办法，对产品、服务或某项行动的建议、设想进行任何形式的、非人员性的介绍。"日本电通《广告用语事典》给广告的定义是："广告，是以广告主的名义，向不特定大众传播对象告知商品及服务的存在、特征及便利性等，使其产生理解、好感乃至购买行为，或是对广告主产生信赖的一种有偿传播活动。"

以上三则是被国内外广告界普遍认可的广告定义，均在不同程度上反映了广告的如下基本特点。

（1）有偿性。广告要付费购买某种专业传播媒介的使用权，亦即"付费传播"。例如，美国可口可乐公司每年要支付的广告费用达1.5亿美元。

（2）自主性。广告只要支付广告费就有权依法调控广告的内容、形式和发表时机。

（3）真实性。广告的内容可以由广告主自己确定，但必须以事实为依据。广告内容可以进行艺术加工、处理，但若胡编乱造、浮夸欺骗，不但会损害公众利益，最终也会自毁声誉。

（4）艺术性。广告以某种艺术形式表现出来，运用美学的原理和规则，调动美术、摄影、歌曲、诗词、戏剧、舞蹈等多种艺术形式，表现主题和创意，以增加娱乐性、趣味性和观赏性，从而加强广告的感染力，强化宣传效果。

2. 广告的类型

广告的分类方法很多，可以从如下几个不同的角度划分广告的类型。

（1）按照广告的性质，可将其分为商业促销广告、公共关系广告和社会公益广告三大类。

（2）按照广告的宣传媒介，可将其分为报纸广告、广播广告、电视广告、书刊广告、路牌广告、霓虹灯广告、印刷广告、橱窗广告、售点广告、交通广告、邮寄广告、灯箱广告、音响广告和实物广告等。

（3）根据广告的表现形式，可将其分为印象型广告、说明型广告和情感诉说型广告。

（4）按照广告表现的艺术形式，可将其分为图片广告、文字广告、表演性广告、演说广告和情节性广告等。

二、公共关系广告的效应

1. 公共关系广告的定义

现代广告在传播商品信息、促进商品流通、调节产品供销关系、增强市场竞争力、改变人们生活形态、引导消费和丰富文化生活诸多方面起着重要作用。日常生活中最常见的是商业广告，它是一种通过宣传某种具体商品或服务来促进销售的广告。公共关系广告是一种设法增进公众对组织的全面了解，提高组织的知名度和美誉度，从而赢得公众信任和合作的广告。公共关系广告可以起到塑造组织形象、强化品牌形象、宣传组织宗旨、引导公众观念等作用。站在公共关系立场上看，广告总是或多或少地体现着公共关系色彩。

2. 公共关系广告的效果

公共关系需要运用广告作为传播手段，广告也可以为公共关系服务。

广告与公共关系尽管有明显的区别，然而它们二者之间，特别是广告与企业公共关系之间又存在着密切联系——公共关系需要广告作为自己的工具，而有效的企业公共关系广告总是自觉不自觉地体现着公共关系色彩，蕴含着公共关系思想。现代企业广告更应注重公共关系思想的指导。

首先，广告总是或多或少地透射出企业公共关系的战略思想。现代广告在向消费者积极有效地传播生活情报、消费情报的同时，也传播产品品牌和企业形象。

其次，真实性原则既是公共关系工作的生命，也是公共关系广告的生命。虽然广告更注重艺术的真实性，借助艺术的表现形式以增强其感染力和冲击力，但起决定作用的依然是广告内容的真实性。

再次，两者都要求兼顾企业经济效益和社会整体效益思想。社会整体效益包括社会经济效益、社会生态效益和促进社会精神文明建设三方面。现代广告在推销产品的同时，总是力图以自己特有的形式向社会传播尊老爱幼、奉献爱心、捐资助学、保护环境等有益于社会的公益观念，淡化商业促销味道，突出公众利益，从而展示出注重社会整体效益的公共关系思想。

最后，广告和公共关系都以管理为依托。从现代企业识别战略的角度来看，虽然广告更注重视觉识别，公共关系更突出行为识别，但两者都服从和服务于相同的企业理念，都是为企业或其他社会组织的宏观管理和发展目标而运作、服务的。

广告和公共关系之间的密切联系，要求二者在实际运作中努力配合，各取所长。如公共关系活动后，要用广告的形式向公众介绍这一活动，扩大影响，加深印象，这也叫作“公关开路、广告紧跟”战术。

三、公共关系广告的类型

（1）实力广告，即向公众展示组织在技术、资金、人才等方面的实力。例如，某高校在其招生广告中列举自己拥有多少院士和教授，现代化教学条件在国内甚至国际上处于领先地位的专业等，以吸引高质量的人才。

（2）观念广告，即以宣传组织的价值观念、经营思想、经营哲学等为目的的广告。例如，长虹“以产业报国，以民族昌盛为己任”的广告语就是着重宣传企业的价值观。

（3）解释广告，即在公众对组织产生了误解或在组织生产经营中发生了有损公众利益的事件时，为向公众澄清事实，消除误解或表达歉意而做的广告。

（4）信誉广告，即以传播公众对组织的好评与赞赏、组织在国内外获奖的情况等为目的的广告。例如某企业以其产品通过了某项国际质量认证体系进行广告宣传。

（5）祝贺广告，即为庆祝节假日、兄弟单位开业或其他庆典等而做的广告。

（6）致谢广告，即向客户、消费者表示感谢的广告。例如，“某厂建厂几十周年，向国内外新老朋友、广大客户鸣谢”。

（7）响应广告，即强调组织与社会生活各方面的关联性和公共性，以求得社会公众的理解和支持的广告。例如，对政府提出的某项政策或当前社会生活的某个重大主题表示响应。

（8）倡议广告，即以组织的名义率先发起某种活动、倡议有意义的新观念等的广告。

（9）征求广告，即通过公开征求意见、建议、解决方案等方式吸引公众的注意，增强其对组织的兴趣的广告。例如，征求组织或产品的名称、标志、商标等。

（10）公益广告，即以公益性、慈善性、服务性主题为内容，并不介绍组织，只是在广告旁边用很小的字注明是某组织赞助，以赢得公众好感的广告。

四、公共关系广告文案的制作要求

1. 主题明确

公共关系广告的总目标是使公众了解组织，在公众心目中树立组织的良好形象。因此，公共关系广告应在组织基本理念的基础上，提出组织的最高目标，并通过明确的主题表达出来。例如，海尔的“真诚到永远”、IBM的“IBM意味着最佳服务”、麦克唐纳公司的“优质、服务、清洁、公道”等。

2. 内容真实

公共关系广告应坚持实事求是的原则，要简洁有力、充满自信，但一定要避免过度吹捧、哗众取宠，更不能弄虚作假，欺骗消费者。实事求是地传播信息，真实、客观地进行广告设计和制作，才能得到更多社会公众的信赖。

拓展阅读

某排名第二的出租车公司多年来一直高喊“永远争第一”的口号，但一直竞争不过真正的行业“老大”。后来，他们暂时收敛了锐气，而推出了耳目一新的广告词：“我们排行第二，自当全力以赴。”正是这样一句自信而不自吹的广告词将一个顽强拼搏、自强不息的奋斗者的形象展现在大众面前，从而引起了消费者的极大兴趣和同情，租车者频频光顾，也终于得以与行业“老大”并驾齐驱。

3. 构思新颖

公共关系广告如果是老调重弹，不仅不能引起公众的注意，还可能引起公众的反感。公共关系广告必须在内容、手法、角度等方面不断创新，才能引人注目。曾有一广告公司为大众汽车做了一则广告，画面是一辆小汽车位于题为“次品”的大字横幅标语上方，下面注明“大众汽车的检验员因仪表板上的小储藏柜里有一道划痕而拒绝接受该汽车”，这则广告被誉为该公司的最佳广告。

在提倡新颖构思的同时，要注意广告构思必须与公众心理、习惯相符，过分夸张、华而不实的公共关系广告也容易引起公众反感。

4. 语言简练易记

公共关系广告词应写得简明扼要、通俗上口，可用押韵的方法把广告词写成诗歌、快板、对联、顺口溜等，使之便于记忆。进行广告语构思时需研究不同国家、地区的风俗和语言习惯，避免出现沟通障碍，影响广告宣传效果，尤其是向国外做广告宣传时更应注意这一点。

拓展阅读

有过广告从业经历的人，肯定接触过一个词叫“整合传播”。现在不仅仅是广告人，越来越多的公关人也开始认同整合传播理念，公关与广告的融合正在成为企业传播的新趋势。在信息高度密集的当下，企业更需要有效率地进行信息传递。当企业提炼了一个很有传播力的“公关概念”之后，企业的公关和广告就可以用一个声音、统一口径对消费者传递信息，无论内容在传播过程中如何被消费者的“沟通漏斗”过滤，清晰的“公关概念”总是能够最终在消费者心中留下印象。比如“金龙鱼1:1:1”的公关概念就是非常经典的一个例子。在此之前，没有任何一家企业能够清楚地告诉消费者什么样的调和油更健康，并且让消费者欣然接受，但“1:1:1”这个公关概念却轻松做到了。金龙鱼一面用广告造起声势，一面用公关娓娓道来，可能很多公众并没有完全理解，但他们对广告词印象深刻，并愿意为此买单。

课堂思考

某广告的设计如下：在非洲广袤的原野上，烈日当头，微风轻拂。一个非洲小伙子，一手提着锋利的长矛，一手紧抱着一个小包袱，神情焦急，一路小跑，一路寻觅。他循着路标，来到了首都机场，毅然决然地搭上了飞出非洲的航班。飞机上，他用双手把小包袱紧紧抱在怀里，唯恐有任何闪失。他只有一个想法：无论如何，也要把自己捡到的东西归还给它的主人。飞机降落在繁华的欧洲都市，在这个完全陌生的都市里，小伙子处处感到不适，而他的出现也引来了好奇的都市人的纷纷侧目。但小伙子痴心不改，依然是一手长矛、一手包袱，在茫茫人海中苦苦寻觅。功夫不负有心人，他最后竟然幸运地找到了失主的家。家门打开，年轻夫妇满脸疑惑，不知发生了什么事情。小伙子却如释重负，他小心翼翼地从小包袱里拿出一样东西，笑呵呵地说："这是你们在非洲旅游时遗忘的东西。"原来那是被年轻夫妇随手丢弃在非洲草原上的一个空矿泉水瓶。广告最后告诫游人要尊重大自然，不要在旅途中乱扔杂物、污染环境，并注明了此公益广告是由某饮料公司赞助的。

请问，该广告属于哪类公共关系广告？有何特点？

第二节　公共关系语言艺术

引导案例

娃哈哈回应格瓦斯"不正宗"质疑

娃哈哈新品格瓦斯饮料刚上市不久，就引来质疑声一片，有人说娃哈哈格瓦斯不正宗，是勾兑的山寨品，引起了广大消费者的关注。

娃哈哈的创办人在回应质疑时，巧妙地将是否正宗的解释权交给了消费者，不仅体现了合理竞争的态度，更表达了对消费者的尊重和理解。其回应称：第一，格瓦斯是源自俄罗斯的传统产品，娃哈哈根据中国人的口感进行了改进，正宗不正宗应该由消费者说了算；第二，娃哈哈采用的麦芽汁发酵更先进、安全；第三，企业应专注产品本身，把产品做好，合理竞争；第四，娃哈哈格瓦斯推出三个月时间，获得了一千万箱的预售成绩，推广速度很快，格瓦斯的知名度被娃哈哈提升后，整个格瓦斯市场都得到了实惠。

此事件发生后，业内人士纷纷表示，娃哈哈创办人的语言素养十分了得。

问题：结合该案例，谈一谈公共关系人员在语言运用上应该注意什么？

从事公共关系工作的人员要想达到畅通信息传播、协调人际关系、影响公众态度、激发公众行为，从而为组织树立良好的社会形象和增强组织美誉度的目的，就必须很好地掌握公共关系语言这门艺术。

一、公共关系语言概述

广义上讲，语言包括语言符号和言语。语言是音义结合的符号系统，是服务于人类交际的工具。语言活动是十分生动、具体而又现实的。公共关系语言是在公共关系情景下公共关系主体的语言活动及其结果，包括典型的公共关系语言和非典型的公共关系语言。公共关系语言在建立公众关系和维持、强化、改善公共关系状态的过程中，为达到组织特定的公共关系目标起到独特、重要的作用。公共关系语言具有广泛性、实用性、双向性、直接性、情感性、文明礼貌性、民族地域性、时代性、精确性、幽默性等特点。

二、公共关系语言运用的原则

公共关系语言运用的原则是指公共关系主体为圆满完成公共关系语言交际任务，实现特定的公共关系交际目标而需要遵循的运用语言的根本原则。其具体可分为表达原则和领会原则。

1. 表达原则

表达原则有以下四点明确要求。

（1）必须为确切地传达组织的信息、实现公共关系实务目标服务。

（2）必须适应不同公众的不同特点，包括年龄、性别、心理特征、文化背景等方面的区别。

（3）必须适应特定的语言环境，考虑时间、地点、场合、气氛等因素。

（4）必须遵守公认的语言规范，或者是国内公认的，或者是国际公认的，或是法定的语言及其具体的语音、语汇、语法、文字标准等。

2. 领会原则

领会原则有以下三点明确要求。

（1）要以具体的语言成品，即以公众所说的话语或所写的文字为依据，准确地感受理解对方语言的含义；不可无理由地添枝加叶，或凭想象、估计、大概、也许、可能等去理解对方的话语、文字。

（2）要按照公众语言的具体规范来理解其话语、文字，包括规范的读音、书写格式等。

（3）要充分利用语言环境，即语言赖以存在的时间、地点、场合，以及前言后语、上下文等因素，不可“断章取义”或“掐头去尾”地误解对方的语言。

三、公共关系语言运用的技巧

1. 招呼语言运用技巧

微课13　有声语言中的叙述技巧

招呼语是人类礼貌语言的重要组成部分，它主要用以表达对社交双方关系的认定，也可以用作交谈的起始语，常用的有称呼式、寒暄与问候式和体语式三种形式。①称呼式。比较典型的有尊称和一般称两类。一般来说，人们在社会交际场合对别人如何称呼自己是非常敏感的。在使用称呼时需要注意两点：一是称呼的语意受交际关系和社会变迁的影响；二是避免和杜绝不恰当的称呼语。②寒暄与问候式。即人们通常所谓的“开场白”，如“您好”“早上好”“很久不见，你近来好吗”“能够认识你，真是太高兴了”等。虽然这些寒暄和问候语本身并不表示特定的含义，但它却能够引导社交两方相互产生兴趣，使见面时的气氛活跃起来，从而产生出一种亲切感。但同样需要注意两点：一是因人而异；二是要与当时的情境结合起来。③体语式。指单独使用面部表情和身体姿势等作为打招呼的方式，常见的有微笑、点头、挥手等；另外，在特定场合还有诸如举杯、鸣笛、按铃等体语式招呼。这些招呼语一般用于关系较为疏远或不便使用其他招呼语的时候使用。在使用时，也要根据社会角色的不同和交际双方关系的远近而有所区分。

2. 自我介绍语言运用技巧

自我介绍，是推销自己形象和价值的一种重要方法和手段。自我介绍在某种意义上而言，是进入社会交往的一把钥匙，运用得当，会令人在社交活动中百事顺利；否则，就可能给你带来种种麻烦。同时，自我介绍是形成社交“首因效应”的最主要因素。在公共关系活动中进行自我介绍和推销，应注意以下三项准则：第一，必须镇定而充满自信。一般而言，人们对于自信的人都会另眼相看并产生好感。第二，应根据不同的交往目的、场景，选择介绍的繁简。第三，自我评价要掌握分寸。自我评价一般不宜用“很”“第一”“最”等表示极端的词，当然也不宜有意贬损。自我介绍除运用语言外，还可以借助于介绍信、工作证和名片等能证明自己身份的材料作为辅助，以增强对方对自己的信任度。

3. 电话语言运用技巧

打电话是一种特殊的交谈形式，互不见面的双方凭话筒里传来的声音，包括语音、语调和语言内容等，对对方做出想象的知觉从而形成“电话效应”。在公共关系活动中，电话联系的频率是非常高的，公共关系人员掌握其语言表达艺术是非常重要的。具体而言，应把握好以下几方面：第一，在通话前应明确通话的内容，成竹在胸，忌通话后结结巴巴、语无伦次。第二，控制时间。主要指通话时机的选择和电话交谈所持续的时间。一般而言，除紧急要事外，不宜在三餐时、早晨7点钟之前和晚上10点钟以后打电话；通话的时间一般以3～5分钟为宜。第三，起始语应明晰、礼貌。第四，控制好语气语调等。电话用语，不仅应坚持“您好”开头，“请”字居中，“谢谢”结尾，更应控制好语气语调。第五，应控制好情绪，不得让情绪影响自己的语言表述。第六，若与外宾、上级或长辈通话，无论拨打方还是接听方，都应在交谈结束后等待对方先挂断电话。

4. 演讲语言运用技巧

演讲，亦称“演说”“讲演”，是指演讲者在特定的现实环境中，借助有声语言和无声语言等艺术表达手段，针对现实社会中的某一问题，或围绕一个中心，面对广大听众发表意见，抒发情感，从而影响和感召听众的一种现实信息传播活动。演讲，是公共关系信息传播活动中的一类重要形式（属于公众传播类），一位成功的公共关系人员应该是熟练掌握演讲技巧的演说人员。

一次成功的演讲受多方面因素的制约，但其中最重要的是演讲者的语言。演讲的艺术，主要是演讲语言的艺术。演讲语言艺术，体现为一种美的吸引力和美的感染力，是演讲者与听众之间的一种审美情感的共鸣，一种心灵上和谐之美的呼应。

演讲语言艺术，于演讲结构而言，有演讲的开场白艺术和演讲的结束语艺术；于演讲语言的表现形式而言，有演讲的有声语言艺术和演讲的无声语言艺术。

（1）演讲的开场白技巧。演讲的开场白也称“开始语”，是演讲中的“第一印象”，也是演讲者与听众之间沟通的第一座桥梁，它左右着听众自始而终的注意指向。演讲的开场白主要有以下几种方式：① 幽默法。这是演讲者与听众建立友好关系最有效的手段之一，诙谐幽默的话语能牢牢吸引听众的注意力。② 无声语言法。此法往往是为了调节演讲气氛，激发听众好奇心以使其集中思想听讲。③ 惊人的事实法。出语犹如“黄河之水天上来”，石破天惊，使听众的情感亢奋起来。

演讲的开场白方式还有从演讲者自身说起法、引用有趣的故事或动人的事实法、抒情描写法、引用名言警句或诗词曲赋法、由题目说起法、哲学开端法、引用流行语法和开门见山法等。不论采用何种方式开场，都切忌错误地揣测听众心理或不必要的谦虚、客套以及兜圈子而迟迟不能入题。

（2）演讲的结束语技巧。结束语是演讲的最后一步，也是极为重要的一步，是演讲者给听众留下的一个“最后印象”。好的演讲结束语能收拢全篇，卒章显志；加深认识，升华主题；鼓起激情，促进行动；留有余地，余音绕梁，耐人寻味。结束语的方式主要有以下几种：① 呼吁鼓动式。演讲的最终目的在于统一或改变听众的思想认识和情感态度，促使听众去实践。就形式而言，呼吁鼓动式往往要采取称呼语，如“同志们”“朋友们”“女士们、先生们”等进行收尾；或是采用“让……吧”等固定形式的套话收尾。② 幽默式。演讲者以幽默诙谐的手法来结束演讲，能为演讲增添欢声笑语和趣味性，给听众留下愉快的回味。③ 引用式。演讲者引用一些名人名言或诗歌来结束演讲。借名人语作结束语能引起“权威效应”；借诗歌作结，可使演讲显得典雅而富有魅力，使听众产生清新和优美感；同时还可架用赞美式、步步加强、层层推进式、点明主题式以及对比式等结束。不论采用何种方式都切忌：结尾过于冗长；节外生枝，提出新问题；过于冷漠，缺乏激情或唐突鲁莽，失之偏颇。

（3）演讲的有声语言技巧。演讲的有声语言，是有声语言的一种表达形式。作为主要运用有声语言来传播信息、说服听众的演讲，其演讲者是否掌握演讲有声语言艺术技巧，将直接关系到演讲的效果。① 声音。声音是演讲者与听众交流信息的最主要媒介，洪亮、圆润、甜美、悦耳的声音，往往更受听众欢迎，从而吸引其注意力。影响声音质量的因素主要有音域、音强、音长和音色。② 发音与吐字。演讲者的发音与吐字是表情达意的基本条件，要做到纯正、饱满和自然。③ 节奏与变音。节奏与变音对于演讲者来说具有重要作用。节奏，是语言中的音节排列组合后，体现出的一种均衡和谐美。节奏的构成要素有重音、速度、停顿和抑扬等。变音是指演讲中，运用特殊的发音技巧来塑造形象，以加强感染力，包括喷口、拖腔、气音、模仿、颤音等。④ 语音的重复。演讲主要靠语音传递信息，而在信息传递过程中，一是由于信息通道的内外干扰，往往会造成信息的某种损失；二是从心理学的角度而言，听众不可能对演讲者的每句话都保持长久的记忆。因此，演讲中必须讲究相同语言形式的“重复”艺术。语言的重复不是简单机械地重复，而是通过变调或语气加重来强调观点和重要的信息，从而让听众保持记忆。

（4）演讲的无声语言技巧。无声语言是指演讲者在演讲中所运用的仪表、风度、手势、动作、眼神、表情以及其他视觉材料。它与有声语言一样，在演讲中起着不可忽视的作用。对于演讲者来说有振奋精神和辅助传情达意的作用；对于听众来说有感染、说明、强调、吸引、启发和指示等作用。演讲中的无声语言是在“讲”的基础上起作用并受“讲”的制约，同时又与“讲”相辅相成、有机统一，构成完美的演讲的语言艺术。①站姿。站姿能显示演讲者的风度。一般而言，演讲者要挺胸立腰、端正庄重，才能树立一种权威、有说服力的形象。演讲者在台上应有一个基本的立足点并根据演讲内容的需要，可前后左右地进行一些小范围的移动。一般而言，向前移动表示积极性含义，如号召、赞同、进取等；向后移动表示消极性含义，如歉意、否定、退让等；向左右移动时，则表示对某一侧听众特别关照等。②眼神。演讲是演讲者与信息接收者之间的一种面对面的互动形式，双方可借光线进行“视觉交往”。听众往往能通过调动视觉器官——眼睛，从演讲者的无声语言中“读”出许多弦外之音。成功的演讲家都会在演讲中用“眼神”作辅助性沟通手段。眼神运用的方法主要有四种，即前视法、虚视法、环视法和点视法。③手势。演讲中的手势不仅能强调或解释演讲的信息内容，而且能生动地表达演讲语言所无法表达的内容，使演讲生动形象，为听众看得见、悟得出。手势在演讲中的作用和类型主要有：一是用来表达演讲者的情感，使之形象化、具体化，即所谓“情意手势”；二是用来指示具体对象，即所谓“指示手势”；三是用来模拟物体、比画大小等，即“象形手势”。具体运用何种手势，当视演讲内容而定。但在手势的运用上必须注意：一应简洁易懂；二要协调合拍；三要富于变化；四不要无节制地频繁使用。

拓展阅读

非语言艺术也叫肢体语言艺术，指单独使用面部表情和身体姿势等作为招呼语的形式，最为常见的是微笑和点头。肢体语言式招呼语的含义常依说话人本身的社会特征和交际双方之间的关系而有所不同。一般而言，女士们多用这种方式，显出稳重、端庄的色彩；男士们使用该方式，表示矜持。在双方关系处于疏远或冷淡时，常以此方式打招呼。

课堂思考

若要做一次精彩的演讲，在语言上的要求有哪些？

第三节 公共关系形象设计

引导案例

蒙牛的新LOGO

蒙牛成立于1999年，是一家专注于为中国和全球消费者提供营养、健康、美味的乳制品的食品集团，拥有特仑苏、纯甄、冠益乳、优益C、每日鲜语、蒂兰圣雪、爱氏晨曦等明星品牌。如众多知名企业一样，蒙牛公司有一套完整的企业识别系统（CIS）。在20多年的发展历程中，其理念识别系统（MIS）经历了数次变革，目前包涵：

（1）使命：点滴营养，绽放每个生命。

（2）愿景：草原牛，世界牛，全球至爱，营养20亿消费者。

（3）核心价值观：消费者第一；让牛人绽放；异想才能天开；正直立本，诚信立事。

蒙牛的视觉识别系统（VIS）变化不大，2021年12月底，蒙牛高层做出了更换公司LOGO的决定（见图9-3）。一般企业很少换LOGO，一方面是因为LOGO作为企业视觉识别系统（VIS）的核心，被公众所熟知，调整一次的各方面成本都很高；另一方面，LOGO并不简单是一个企业的名片和招牌，背后也蕴含着一种企业精神和文化，因此不会轻易调整。但仔细观察蒙牛新LOGO的变化，不难发现在蒙牛新LOGO的背后能够感受到22年来蒙牛的发展、传承与变迁，也是在蒙牛CEO提出的“再造一个新蒙牛”的大背景下顺其自然、水到渠成的结果。

在蒙牛新的LOGO中，发生了这样几个变化：①取消拼音的部分。如今蒙牛在国内已经家喻户晓，并已经走向国际，位列全球乳业前十，再使用拼音已经不符合新时期的需求。②LOGO依然保留了绿色的底色、中文“蒙牛”二字，意味着以汉字为骨、以草原为魂。③保留了半圆形的“牛角”设计，代表着蒙牛沿袭了“天生要强”的企业精神。④下面那一笔浓重的白色变成了一道弧线，更像是大草原上蜿蜒的黄河河道，在凸显黄河沿线黄金奶源带的同时也饱含了念祖感恩的深厚感情；同时，这道弧线也象征着地球的弧线，意味着蒙牛从“草原牛”奔向“国际牛”。⑤牛角的位置上移，弧线也更加柔和，少了几分尖锐，多了几分包容，有一种仰望星空、拥抱星辰大海的气魄。不得不说，蒙牛的LOGO变得更简约大气，传递出更开放、更亲和、更国际化的气息，充分体现了蒙牛从草原艰难创业到如今走向世界的变化，也传递了蒙牛初心不改、天生要强的企业精神。

图9-3 蒙牛两代LOGO

问题：结合案例谈一谈组织形象对企业的重要价值。

一、公共关系形象概述

1. 公共关系形象的含义及构成

（1）含义。公共关系形象是指一定文化背景下的公众对组织内在精神或外显特征感知后所形成的总体印象，它的特质是组织文化现象在人们头脑中的综合印记。公共关系形象的含义应包括三个方面：①公共关系形象的主体是一定文化背景下的社会公众；②公共关系形象塑造的主体是具有一定的内在精神和外显特征的组织自身；③公共关系形象是社会公众对组织所形成的综合印象。

（2）构成。公共关系形象的构成比较复杂，可以归纳为三个层次（或称“子系统”）：理念形象、行为形象和视觉形象。理念形象是最深层次、最核心的部分，也最为重要；视觉形象是最外在、最容易表现的部分，它和行为形象都是理念形象的载体；行为形象介于上述二者之间，是理念形象的延伸和载体，又是视觉形象的条件和基础。如果将组织形象比作个人的话，理念形象好比是其头脑，行为形象就是其四肢，视觉形象则是其面容和体形。

2. 公共关系形象的作用

在市场经济条件下，良好的公共关系形象是组织最重要的无形且无价的资产，直接影响其生存和发展。

（1）良好的公共关系形象创造消费信心。良好的公共关系形象就像社会颁布给组织的“信用证”一样，可以使消费者对组织及其产品和服务产生信赖感。这种信赖感不仅可以使消费者放心选择、购买其产品，接受其服务，更具有奇妙的“传导”作用，能为新产品、新服务提供潜在市场。

（2）良好的公共关系形象可以适应竞争的需要。随着消费的升级、产业结构的改变，特别是市场竞争的国际化、自由化，使得消费者对商品的品质要求越来越高，消费者指定品牌购买的比例也在增加。在这种情况下，良好的公共关系形象就成了竞争的利器。

（3）良好的公共关系形象可以促成“人和”的内部环境。公共关系形象是理念与精神文化合一的具体表征，只有全体员工认可和接纳了同样的理念和文化，公共关系形象才能建立起来。良好的公共关系形象可以使员工产生归属感、优越感、自豪感，同时可以吸引人才、稳定人才，形成良好的组织氛围和强大的凝聚力，从而使组织始终保持高昂的士气和旺盛的生命力。

（4）良好的公共关系形象创造适宜的外部经营环境。良好的公共关系形象具有强大的磁力作用，有助于组织吸引资金。一旦组织在社会公众心目中形成良好的形象和声誉，公众就会乐意向其投资，银行乐意为其提供优惠贷款，政府乐意为其提供优惠政策，甚至保险公司也乐意为其经营作保。同时，良好的公共关系形象也有利于组织建立和维护稳定的经营销售渠道。

二、公共关系形象设计

1. 公共关系形象设计的含义

公共关系形象设计是组织根据实际条件及形象追求目标的调查结果，结合组织的独特性质，对组织形象战略及具体塑造组织形象活动进行整体构思、谋划的运作过程。公共关系形象设计属于公共关系战略策划。公共关系形象设计的含义包括三个方面。

（1）公共关系形象设计是为组织形象战略目标服务的。

（2）公共关系形象设计是建立在组织实体形象追求目标的调查结果基础之上的。

（3）公共关系形象设计分为总体公共关系形象设计（如组织品牌战略策划、企业识别系统总体策划）与具体公共关系形象设计（如公共关系广告策划、企业识别系统技术操作设计）。

2. 企业识别系统（CIS）

CIS（Corporate Identity System）即企业识别系统，也叫企业形象识别系统，是一种较为流行的公共关系形象设计策略，被很多企业采用。作为一种独特的形象系统，经过这套系统所设计出来的企业形象能够被公众较为容易地辨识出来，并能与目标公众产生共鸣。企业识别系统（CIS）由理念识别系统（Mind Identity System，MIS）、行为识别系统（Behavior Identity System，BIS）、视觉识别系统（Visual Identity System，VIS）共同构成。

企业识别系统三个子系统之间是相互联系又相互区别的有机整体。理念识别系统是组织的基本精神所在，是整个系统的核心；行为识别系统是组织行为活动的形式，可直接将理念识别系统的内涵展示出来；视觉识别系统能将组织的基本精神、独特性等充分表现出来，让公众对组织一目了然，有较强的可视性。它们三者共同组成了企业识别系统（见图9-4）。

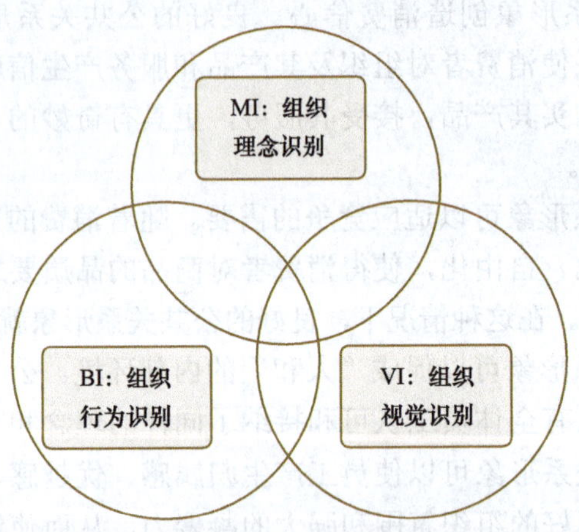

图9-4　企业识别系统（CIS）

（1）理念识别系统（MIS）。理念识别系统是指组织的经营哲学、价值观念和长期战略等，它是一种意识形态层面的深层组织文化，是企业识别系统设计实施的基础，行为和视觉实质上是理念的表现方式。理念是塑造组织形象与传播的原点，是企业识别系统的核心所在，一个完整的企业识别系统的建立，有赖于企业经营理念的确立。组织理念有其丰富的内容和构成要素，它的核心部分是组织在长期的经营过程中形成的经营理念、组织使命、组织精神、组织文化、组织特性、发展战略等元素构成的价值体系，是组织成熟和完善的象征；其目的就是告诉员工和社会：我们是谁、我们为什么而生存、我们要做什么、我们将怎么做等。它的形成往往来自企业内部大多数员工对企业存在的意义、社会使命、发展方向和发展目标的认定。以小米公司为例，它的理念识别系统（MIS）包括的内容如下：①小米的使命：始终坚持做“感动人心、价格厚道”的好产品，让全球每个人都能享受科技带来的美好生活。②小米的愿景：和用户交朋友，做用户心中最酷的公司。③小米的核心价值观：真诚、热爱。真诚就是不欺人也不自欺；热爱就是全心投入并享受其中。

（2）行为识别系统（BIS）。行为识别系统是指组织的制度、行为准则、组织活动和组织员工行为规范等的综合行为方式，是组织理念识别系统的外在表现。它通过企业的经营活动、管理活动、社会公益活动来传播企业的精神与思想，达到建立企业形象的目的。组织的行为识别系统一般包括两大部分：一是对内的行为识别活动，就是建立完善的管理制度、教育培训制度、福利制度、行为规范等，目的是创造理想的内部经营条件，增强企业的凝聚力和向心力；二是对外的行为识别活动，就是通过市场营销、产品开发、公共关系活动、公益活动等来表达企业理念，目的是创造理想的外部经营环境，取得社会公众和广大消费者的识别和认同。

（3）视觉识别系统（VIS）。视觉识别系统是企业形象识别系统中最具传播力与感染力的子系统。视觉识别系统是通过个体可见的、统一的、系统的视觉符号，传达组织的经营理念及各种信息。组织通过形象识别系统的视觉符号将组织经营信息传达给社会公众，从而树立良好的组织形象，是组织理念识别系统和行为识别系统在视觉上的具体化、形象化。心理学研究表明，在人们日常所接受的外界各种信息中，以视觉感官接受的信息所占比例最高，达80%以上。视觉识别系统因其生动性和具体性而被广泛运用在企业外观形象特征体系设计中，并发挥着不可替代的作用。视觉识别系统的设计分为基本要素和应用要素两大部分：基本要素主要包括组织名称（包括商品名称和品牌名称）、品牌标志（见图9-5～图9-7）、品牌标准字体（见图9-8）、标准色、象征图案等；应用要素主要包括产品设计、包装设计、办公用品设计、办公环境与设备、招牌旗帜、衣着服饰等。

VOLVO

图9-5　文字标志

图9-6　图形标志

图9-7　复合标志

图9-8　品牌标准字体

拓展阅读

CIS战略的导入时机

随着市场经济的发展，越来越多的组织特别是企业意识到，创建一个独特、鲜明的组织形象对一个企业发展的重要性，越来越多的企业实施了CIS战略，以促进组织的发展。一般情况下，CIS战略的导入时机有以下几种。

（1）新产品上市时。当一个新产品开发成功后，在上市推广之前，组织可适当引入CIS战略，对产品进行形象包装，使产品富有个性、企业形象富有深意。

（2）组织准备进一步发展时。面对激烈的市场竞争带来的机遇和挑战，组织创业初期的口号、标识、商标等可能出现过时、陈旧、混乱等现象，为了能够取得进一步发展，需要统一规范，这时导入CIS战略可以统一组织形象，增强组织号召力和凝聚力，形成整体优势。

（3）组织出现危机时。当组织面临经营不善或陈旧落伍、业绩衰退的情况时，除了内部的人事改革、制度革新之外，还可以借助CIS革新组织形象、统一视觉识别系统，有助于经营危机的解决。

课堂思考

1. 如何理解“公共关系形象是无价的”这句话？
2. 以某组织为例，从形象设计与塑造的角度分析该组织取得成功的奥秘所在。

本 章 小 结

公共关系技术包括公共关系广告制作、公共关系语言艺术（特别是演讲技巧的运用）以及公共关系形象设计。公共关系技术的运用特别考验公共关系人员的能力与素养，因此，应了解公共关系广告的类型，并掌握公共关系广告基本的制作方法；还应了解公共关系语言运用的原则和技巧，掌握一定的演讲技巧，并能把语言技巧与非语言技巧结合使用；同时，还要熟悉公共关系形象的含义、构成及作用，根据组织实际情况，为组织打造企业识别系统（CIS）。企业识别系统（CIS）是由理念识别系统（MIS）、行为识别系统（BIS）、视觉识别系统（VIS）共同构成的，也是企业的重要经营发展战略，各子系统的设计都有严格的标准和要求。CIS战略的实施是一个复杂的长期过程。

实操演练

练习1．根据自己家乡的地理位置、历史文化、风土人情、景观特产及发展经历等情况，并结合家乡的政治、文化、经济、社会的发展，为自己的家乡进行CIS设计，写出设计方案。

练习2．请以“诚信”为主题举办一次演讲比赛。

复习思考

1. 阐述公共关系广告与商业广告的区别。
2. 总结公共关系广告文案的制作要求、公共关系演讲技巧。
3. 如何理解组织形象的含义？
4. 组织形象的作用及塑造原则是什么？
5. 何谓CIS战略？CIS战略的构成内容有哪些？
6. 简述CIS战略的设计原则。

第十章 10

以礼待人　彰显文明
——熟知公共关系礼仪

案例导入

周恩来总理与外交礼仪

周恩来总理是新中国外交礼宾工作的奠基人。他一向严谨细致，对礼宾工作倾注了大量心血，对新中国礼宾风格的形成有着重大影响。1951年1月，周恩来总理指示外交部和国家典礼局共同制定《对外宾交际须知》（以下简称《须知》），以国务院名义通令各级政府遵照执行。

《须知》共分四部分：（1）宴会。宴会请柬应提前一周发出，宴会人数避开13（西方人士忌讳），服务员要注意礼貌和服装清洁，室内不设痰盂等；宴会主要客人，不可轻易不去，不可迟到、早退；尽量关照自己右手的女宾等。（2）谈话。态度要庄重、诚恳，不打听私事，不问女宾年龄；谈话要符合身份，不过分恭维，也不过分谦虚等。（3）拜会。拜会要守时守约。（4）各机关与使馆交际往来应通过外交部交际处。《须知》还对西餐、饮酒礼节以及餐巾、刀叉的使用等做了说明。

1959年，中华人民共和国成立十周年之际，前来参加国庆十周年活动的外国代表团众多，面对国庆十周年如此重要的外交活动，周恩来总理夜以继日忙碌着，甚至连招待会前三桌座次也是周恩来总理亲自排列的。当外交部的很多工作人员看到周恩来总理用红蓝铅笔勾画和书写的座位图是如此谨慎、细致时，都十分的动容。

问题：外交礼仪对国家形象有着什么样的影响？

学习目标

知识目标：了解公共关系礼仪的含义与特征；熟悉公共关系礼仪的重要作用；牢记仪表礼仪及其他商务礼仪的规范要领。

能力目标：掌握公共关系礼仪的原则，能制订礼仪规范；掌握仪表礼仪及其他商务礼仪的规范操作步骤，能在交往中正确使用礼仪。

素养目标：树立社会主义精神文明思想，培养知礼、明礼的意识，培养文明习惯。

开篇导读

公共关系工作人员的礼仪修养与知识修养、道德修养、审美修养一样，是通过自觉的建构过程而获得的，但礼仪修养建构的过程又有着自身的规律和特征。公共关系礼仪是直接塑造公共关系人员修养、间接塑造社会组织形象的基本条件，是公共关系人员获得自尊与自信、社会组织获得理解与支持的重要手段，在社会组织“内求团结、外求发展”中发挥着其他公共关系形式不可替代的作用。

第一节　公共关系礼仪概述

引导案例

金先生的拜访

某照明器材厂的业务员金先生按原计划，手拿企业新设计的照明器材样品，兴冲冲地登上六楼，脸上的汗珠都未来得及擦一下，便直接走进了对方业务部张经理的办公室，正在处理业务的张经理被吓了一跳。

“对不起，这是我们企业设计的新产品，请您过目。”金先生说。

张经理停下手中的工作，接过金先生递过的照明器，随口赞道：“好漂亮啊！”并请金先生坐下，倒上一杯茶递给他，然后拿起照明器仔细研究起来。金先生看到张经理对新产品如此感兴趣，如释重负，便往沙发上一靠，跷起二郎腿，悠闲地环视着张经理的办公室。

当张经理问他电源开关为什么装在这个位置时，金先生习惯性地用手搔了搔头皮。虽然金先生作了较详尽的解释，张经理还是有点半信半疑。谈到价格时，张经理强调：“这个价格比我们预算高出较多，能否再降低一些？”金先生回答：“我们经理说了，这是最低价格，一分也不能再降了。”

张经理沉默了半天没有开口。金先生却有点沉不住气，不由自主地拉松领带，眼睛盯着张经理，张经理皱了皱眉：“这种照明器的性能先进在什么地方？”金先生又搔了搔头皮，反反复复地说：“造型新、寿命长、节电。”张经理找了个借口离开了办公室，只剩下金先生一个人。

金先生等了一会儿，感到无聊，便非常随便地抄起办公桌上的电话，同一个朋友闲谈起来。这时门被推开，进来的却不是张经理，而是办公室秘书。

问题：请点评金先生的此次拜访。

一、公共关系礼仪的含义与特征

1. 公共关系礼仪的含义

公共关系礼仪是社会组织中的公共关系工作人员或其他人员在公共关系活动中，为了塑造个人和组织的良好形象而应当遵循的尊重他人，讲究礼节，注重仪表、仪态、仪容、仪式等的规范或程序。公共关系礼仪是组织风貌、员工精神状态、公共关系工作人员素质的集中表现。

2. 公共关系礼仪的特征

公共关系礼仪形成的过程有其独特之处，表现为如下几个主要特征。

（1）以学识为基础。礼仪规范从形式上看，只是些举手投足、表情达意的小事，没有什么复杂高深的学问和技能技巧，但是，要想真正掌握礼仪规范的内涵并熟练使用，必须以一定的社会人文科学，特别是公共关系学方面的学识文化为基础。首先，对公共关系礼仪重要性的认识、对各种礼仪内在含义的感悟，需要以一定的知识修养为基础；若对社会文化、社会关系没有一定的认识和理解，不仅不能自觉地把握公共关系礼仪的重要性，甚至会把许多必要的礼仪规范看作是可有可无。

（2）以长远为方针。公共关系人员的公共关系礼仪修养可以为组织带来利益，但利益的显现并非直接的、立竿见影的，二者之间有一定的时间差，于是人们很容易遗忘、怀疑公共关系礼仪的功用。但是，有远见的组织领导人都能清楚地预见公共关系礼仪的具体效益。在市场经济条件下，人与人之间、社会组织与社会组织之间，各种关系的缔结与发展，常常是转瞬之间的事，往往会因为一些微不足道的小事而发生变化。因此，讲究公共关系礼仪，注重长远时效应当成为现代社会组织中公共关系人员的共识。

（3）以美誉为目标。公共关系礼仪的目标是提高组织的知名度和美誉度，塑造良好的组织形象。由于公共关系人员在社会组织中的特殊地位，其一言一行、一举一动都将影响组织的声誉和形象。当公众受到宾至如归、真诚恰当的礼遇后，不仅会在一定场合通过口头或其他传播方式向社会宣传，从而有助于提高组织被公众知晓的范围和了解的程度；而且会对该组织产生亲切感、贴心感和信赖感等，增加对组织的忠诚度。

（4）以真诚为信条。公共关系礼仪的核心在于从根本上体现公共关系人员对公众的关心、重视和尊敬，并不在于追求外在形式的完美。如果没有对公众的真诚以待，一切礼仪都将变得毫无意义。礼仪不是摆谱、做花架子，也不是阿谀奉承，否则，就会引起公众的反感，甚至可能导致整个公共关系活动的失败。

二、公共关系礼仪的原则与作用

1. 公共关系礼仪的原则

（1）真诚尊重的原则。真诚和尊重首先表现为对人不说谎、不虚伪、不欺骗、不侮辱；其次表现为对他人的正确认识，相信他人、尊重他人。只有真诚地对待公众，尊重公众的需求、权利、喜好和习惯等，方能获得公众的认可，从而建立和谐的人际关系。

（2）平等适度的原则。平等，在交往中表现为不我行我素、不自以为是、不厚此薄彼，也不能傲视一切、目中无人，更不能以貌取人，或以职业、地位、权势压人，而是应该时时、处处平等谦虚待人。适度的原则要求在交往中要把握分寸，根据具体情况、具体情境而行使相应的礼仪。

（3）自信自律的原则。自信是一种可贵的心理素质，一个充满自信的人，能在交往中做到不卑不亢、落落大方，遇到强者不自惭，遇到磨难不气馁，遇到侮辱敢于挺身反击，遇到弱者会伸出援助之手。

（4）信用宽容的原则。在社交场合，尤其要注意以下几点：一要守时，与人约定时间的约会、会见、会谈、会议等决不拖延迟到；二要守约，即与人签订的协议、约定和口头答应的事要说到做到，即所谓"言必信，行必果"；三要宽容，容许别人有发表意见与见解的自由，尤其对于反对意见或批评指正要大度容忍、虚心接受。

2. 公共关系礼仪的作用

公共关系礼仪的作用主要表现在以下几个方面。

（1）公共关系人员合乎礼仪的言行举止、衣帽修饰，不仅反映其个人的形象，而且是社会组织形象的一种外显方式。

（2）公共关系礼仪可以规范内部公众的行为，协调领导和员工的关系，协调组织内部各部门之间的关系。如果每个员工都能遵循公共关系礼仪，互相尊重，讲究礼节、礼貌，那么员工就能和睦相处，积极地协作配合，这样不仅能产生较高的工作效率，保质保量地完成工作任务，减少事故，而且能更好地实现组织目标，提高组织在竞争中的生存发展能力。

（3）公共关系礼仪可以密切与外部公众的关系，形成和谐、融洽、合作的公众关系，获得外部公众对组织的好感。在组织与外部公众的交往活动中，公共关系礼仪起到了调节组织行为的作用。以温馨、愉悦、富有人情味的礼仪规范对待公众，可以赢得公众对组织的赞赏；以真诚、友善、谦逊的态度对待公众，辅以美好的仪容、仪表、仪态，不仅可以巩固现有的公众关系，还可以广结良缘，拓展多方面的新的关系，得到更多公众的理解和帮助，创造出良好的生存与发展环境；即使因组织的过失使双方产生误解，通过耐心地解释、诚恳地检讨、虚心地改正，也能够消除隔阂，化解矛盾，获得公众的谅解。因此，社会组织在公共关系活动中，只有重视礼仪，积极而妥善地处理各种关系，才能广交朋友，改善组织的内外部环境，为组织的发展拓宽和铺平道路。

（4）公共关系礼仪活动是公共关系实务活动的一部分，是组织形象的一种宣传手段。公共关系礼仪活动的组织和实施必须与社会组织的形象战略相一致。组织通过公共关系礼仪活动向广大社会公众显示各方面的形象，密切组织与公众的联系，使公众认同组织，在公共关系礼仪活动中产生对组织的信任和好感，提高组织的地位和声誉，实现公共关系目标和组织发展的战略目标。

拓展阅读

公共关系人员礼仪修养的基本要求

（1）真诚。交往时，待人要真心诚意，心口如一。待人真诚的人，才会得到他人的信任。

（2）热情。公共关系人员对人要热情。热情会使人感到亲切、温暖，从而缩短他人与你的感情距离，愿意与你接近、交往。

（3）宽容。公共关系人员与各种公众、不同性格的人打交道，要处理各种各样的问题。面对对方的误解、无礼，要有气量，宽大为怀；允许不同观点的存在，也要谅解他人的无意侵害。谅解他人的过失、接受反对的观点甚至是批评，可以化解矛盾，赢得他人的敬重。

（4）大方。公共关系人员代表组织与社会各界人士联络沟通、参加各种社交活动，所以要讲究姿态和风度，既要稳重端庄，又要落落大方；举止自然，讲话、表演、介绍、握手等都要大方得体，表现出自信和成熟，使人感到你所代表的组织值得信赖。

（5）幽默。言谈幽默风趣，更能吸引公众的注意，并使其得到启发和鼓励。这样，公众关系人员往往会成为交往中的一个核心，他人乐于围在公共关系人员周围，从而有利于有关工作的开展。

（6）注意小节。有的人做事不够细心，行为没有约束很容易招致反感。作为一名公共关系人员，应时刻注意小节，彬彬有礼，这也是最基本的交往行为修养。

课堂思考

请谈一谈礼仪修养对事业成功的意义与作用。

第二节 仪表礼仪

引导案例

小张的遭遇

小张刚从大学毕业，便进入了一家贸易公司做销售业务工作。小张早就听说公司职员的个人形象在业务交往中备受重视，因此购置了一身深色西装、一双黑色皮鞋、一双白色袜子，希望能展示出不俗的形象，并因此受到重视。让他大惑不解的是，他虽然跑了不少地方，但接待他的人往往刚一见面，就朝他打量几眼，之后便会把他支走。小张很是不解和苦恼，后来经过领导指点，小张才知道这个行业对礼仪要求严格，自己屡屡被拒之门外的原因主要是形象欠佳。小张上门推销时，虽然身穿深色西装、黑色皮鞋，但却穿了一双白色的袜子。这种穿法，有悖西装着装礼仪的基本规则，因而不被他人所认可。

问题： 如果你是小张，在拜访客户前应做哪些礼仪上的准备？

仪表礼仪指一个人的仪表要与其年龄、体形、职业及所在场合相适应，表现出一种和谐，给人以美感。仪表礼仪主要包括仪容礼仪、举止礼仪和服饰礼仪等。

微课14　形象语言技巧

一、仪容礼仪

整洁是仪容最基本的要求，要做到面容清洁、头发光顺、口腔清爽、手部洁净。参加社交活动之前，应简单修饰一下自己，除了身体各部位要保持干净、整洁之外，还要注意修面、剪鼻毛、剪指甲，男士应剃胡须、梳理好头发，女士应整理好发型，妆容要与场合相协调。

二、举止礼仪

1. 站姿

优美、典雅的站姿是展现身姿、动态美的起点和基础，能衬托一个人美好的气质和风度。

（1）站姿要领：①身体舒展直立，重心线穿过脊柱，落在两腿中间，腰背挺直，庄重挺拔。②精神饱满，面带微笑；双目平视，目光柔和有神，自然亲切。③脖子伸直，头向上顶，下颚略回收。④挺胸收腹、收臀。⑤双肩后张下沉，两臂于裤缝两侧自然下垂，手指自然弯曲，或双手轻松自然地在体前交叉相握。⑥两腿肌肉收紧直立，膝部放松。女性站立时，脚跟相靠，脚尖分开约45°，呈“V”字形；男性站立时，双脚可略为分开，但不能超过肩宽。⑦长时间站立时，一只脚可向后撤半步，身体重心移至后脚，但上身必须保持正直。

由于日常活动的不同需要，也可灵活采用其他站姿。这些姿势与标准站姿的区别，主要通过手和腿脚的动作变化体现出来。例如，女性单独在公众面前或登台亮相时，两脚可呈“丁”字步站立，显得更加苗条、优雅。需要注意的是，这些站姿必须以标准站姿为基础，与具体环境相适应，才会显得美观大方。

（2）站姿的训练方法。①五点靠墙法：背墙站立，脚跟、小腿、臀部、双肩和头部靠着墙壁，以训练整个身体的控制能力。②双腿夹纸法：站立者在大腿间夹上一张纸，保持纸不松、不掉，以训练腿部的控制能力。③头上顶书法：站立者按要领站好后，在头上顶一本书，努力保持书在头上的稳定性，以训练头部的控制能力。④效果检测法：轻松地摆动身体后，瞬间以标准站姿站立。若姿势不够标准，则应加强练习，直至无误为止。

2. 坐姿

坐姿是一种可以维持较长时间的工作劳动姿势，也是一种主要的休息姿势，更是人们在社交、娱乐中的主要身体姿势。良好的坐姿不仅有利于健康，而且能塑造沉着、稳重、文雅、端庄的个人形象。

（1）坐姿要领：①精神饱满，表情自然，目光平视前方或注视交谈对象。②身体端正舒展，重心垂直向下或稍向前倾；腰背挺直，臀部占座椅面的2/3。③双膝并拢或微微分开，双脚并齐。④两手可自然放于腿上或椅子的扶手上。⑤除基本坐姿以外，由于双腿位置的改变，也可形成多种优美的坐姿，如双腿平行斜放、两脚前后摆放，或两脚呈“八”

字形等，都能给人舒适优雅的感觉。如要架腿，最好后于别人交叠双腿，女士一般不架腿。无论哪种坐姿，都必须保证腰背挺直，女性还要特别注意使双膝并拢。

（2）入座、离座要领：①从椅子后面入座。如果椅子左右两侧都空着，应从左侧走到椅前。②不论从哪个方向入座，都应在离椅前半步远的位置立定，右脚轻向后撤半步，用小腿靠椅，以确定位置。③女性着裙装入座时，应用双手将后方裙摆向前收拢，以显得娴雅端庄。④坐下时，身体重心徐徐垂直落下，臀部接触椅面要轻，避免发出声响。⑤坐下之后，双脚并齐，双腿并拢。⑥离开座椅时，身边如果有人就座，应轻声说明或用动作向对方示意，随后再起身离开。⑦和他人同时离座，要注意起身的先后次序，遵循“尊者优先”原则。⑧起身时动作要轻缓，不拖泥带水，或是弄出声响等。⑨同“左入”一样，离开时也应坚持“左出”，这也是一种礼节。

3. 走姿

行走是人的基本动作之一，最能体现出一个人的精神面貌。走姿能够展现出一个人的风度、风采和精神面貌。

（1）走姿要领。走姿是站姿的延续动作，行走时必须保持站姿中除手和脚以外的各种动作。走姿要领包括：①走路使用腰力，身体重心宜稍向前倾。②跨步均匀，步幅约为一只脚到一只半脚的距离。③迈步时，两腿间距离要小。女士穿裙子或旗袍时要走成一条直线，使裙子或旗袍的下摆与脚的动作协调，呈现优美的韵律感；穿裤装时，宜走成两条平行的直线。出脚和落脚时，脚尖脚跟应与前进方向近乎一条直线，避免“内八字”或“外八字”。④两手前后自然协调摆动，手臂与身体的夹角一般在10°～15°，由大臂带动小臂摆动，肘关节可微曲。⑤上下楼梯，应保持上体正直，脚步轻盈平稳，尽量少用眼睛看楼梯，最好不要手扶栏杆。

（2）走姿的训练方法。①行走辅助训练：摆臂时，人直立，保持基本站姿。在距离小腹两拳处确定一个点，两手呈半握拳状，斜前方均向此点摆动，由大臂带动小臂。展膝时保持基本站姿，左脚跟起踵，脚尖不离地面，左脚跟落下时，右脚跟同时起踵，两脚交替进行；脚跟提起的腿屈膝，另一条腿膝部内侧用力绷直。做此动作时，两膝靠拢，内侧摩擦运动。行走时，可在头上放个小垫子或书本，用左右手轮流扶住，在能够掌握平衡之后，再放下手进行练习，注意保持物品不掉下来。通过训练，使背脊、脖子竖直，上半身不随便摇晃。②迈步分解动作练习：保持基本站姿，双手叉腰，左腿擦地前点地，与右脚相距一个脚长，右腿直腿蹬地，髋关节迅速前移，右脚尖在右后方点地，然后换方向练习。保持基本站姿，两臂体侧自然下垂。左腿前点地时，右臂移至小腹前的指定点位置，左臂向后斜摆，右腿蹬地，重心前移成右后点地时，手臂位置不变，然后换方向练习。③ 行走连续动作训练：左腿屈膝，向上抬起，提腿向正前方迈出，脚跟先落地，经脚心、前脚掌至全脚落地；同时右脚跟向上慢慢踮起，身体重心移向左腿。换右腿屈膝，经过与左腿膝盖内侧摩擦向上抬起，勾脚迈出，脚跟先着地，落在左脚前方，两脚间相隔一脚距离。将以上动作连贯运用，反复练习。

4. 微笑

面部是展现微笑的舞台，要使微笑闪耀出动人的光彩，必须使面部肌肉、眉眼、嘴角、下巴配合协调。

（1）面部肌肉。绷紧的面部肌肉会让人感觉紧张、呆板、拘束，这时即使做出笑的表情，也会给人讪笑或皮笑肉不笑的感觉。因此，微笑时应让面部肌肉放松，两颊的笑肌均匀上抬。

（2）眉眼。眉开眼笑是动人微笑的必备因素。微笑时对眉眼的要求是：眉头舒展，目光平视，眼神柔和、自然、亲切。

（3）嘴角。微笑时嘴角两侧均匀向上翘起，能表达出开心、赞成的意思。嘴巴张开的大小应根据本人的脸型和牙齿特征而定，但要避免嘴角向下或双唇紧闭。

（4）下巴。下巴的动作可以表示一个人的态度。微笑时，应选择既不抬高、也不低垂的状态。

5. 其他举止

（1）点头。在没有必要行鞠躬礼，但又想向对方示意时，可用点头表示。点头时，转折点在脖子，双眼应注视对方，可同时用微笑示意或用问候语向对方打招呼。

（2）回头。在回头时，若只将头部和视线转向对方，会给人不礼貌和轻视之感。正确的姿势是，回头时上半身稍向后转，头部正对后方，眼睛可直视对方，可以给人留下谦恭、友好的印象。

（3）递物。递东西给他人时，应双手将物品拿在胸前递出。递书时，应把书名向着对方，以便对方能够看清楚；若是刀剪之类的尖锐物，要把尖锐的一侧朝向自己。递物时，不能一只手拿着物品，更不能将物品丢给对方。

（4）接物。对他人递来的物品应双手接过并表示谢意。

（5）招手。若碰到较亲近的朋友或同事，可用招手的方式表示问候。招手时，手的高度以在肩部上下为宜，手指伸直，五指并拢，招手速度适中。

（6）鼓掌。鼓掌礼一般表示欢迎、祝贺、赞同、致谢等含义。鼓掌时，一般将左手抬至胸前，掌心向上，四指并拢，虎口张开，用右手去拍打左手发出声响。

三、服饰礼仪

所谓服饰，包括服装与饰品两部分。服饰礼仪是人们在交往过程中为了相互表示尊重与友好，达到交往的和谐而体现在服饰上的一种行为规范。服饰礼仪不是一成不变的，它因地域、文化、民族和时代等的不同而有所不同。

公共关系人员只有使自己的服饰符合礼仪要求、符合服装穿着及饰品佩戴的基本原则，才能做到衣着得体，树立良好的个人形象。

1. 服装的款式

服装的款式多种多样，按用途可分为便服和事业服。便服有家庭服、休闲服和街市服等；事业服有办公服、工作服、社交服和礼宴服。

（1）家庭服：又叫家居服，指平日居家休憩和从事家务劳动时穿的服装。其特点是舒适、宽松、随意，色彩温和、清雅，以显示恬淡轻松的家居氛围和温馨的格调。

（2）休闲服：是人们在节假日外出旅游、游玩、散步和从事一般性运动（非专业性体育运动）时穿的服装。其特点是宽松、舒适，以显示轻松闲适的格调和心情，并便于活动。这类服装包括旅游服、度假服以及非专业性的体育服等。

（3）街市服：是人们常说的时装，是外出逛街、购物时穿的服装。其特点是时尚、华丽、富有个性化，以显示自在的色彩风格和浓郁的都市气息。它比办公服显得随便、轻松，比家庭服正规、华丽，比休闲服更显都市化。

（4）办公服：指办公室的职员、工作人员上班时穿的一般性服装。其特点是大方、简洁、干练，以显示精干、效率和有条不紊的作风。它不包含劳动服和专门单位、特别部门的各种制服。这类服装不像休闲服、家庭服那样随心所欲、轻松活泼，有一定的严肃性和庄重感。如女性的服装，以套装、套裙为主，色彩素雅，不过分华丽、耀眼。过分修饰、点缀，衣长过短、过紧，领口过低，开衩过高，面料过透等服装都不适合作为办公服。

（5）工作服：指从事特定职业的人在工作时间和工作场合须穿的服装，包括起防护作用的防护服和起标志作用的标志服。其特点是实用、有防护作用。它统一制式，与工作性质相符，以显示职业身份和方便工作，如煤矿、邮政、医院、工商等职业服。统一的职业服意味着穿着者是组织的一员，有助于增强凝聚力和责任感。

（6）社交服：一些适合在集会、社交时穿着的服装。其特点是款式较新潮，面料华丽，具有浪漫情调，并常配上各种饰物。这类社交服也是我们现在常说的高级时装。

（7）礼宴服：指参加极隆重的庆典、迎宾、正式宴会和一些晚间的高级社交活动时穿着的服装。其特点是面料上乘、做工精美、高贵、华丽、庄重，以显示对所参加活动的重视和对主人的尊重。

一个人的穿着是个人形象和组织形象的集中体现，因此要习惯于根据不同的场合更换服装，用服装来改变自己的形象，协调环境和周围的气氛，体现礼仪要求，尤其是公共关系人员更需要根据场合选择不同款式的服装。

2. 服装的穿着原则

（1）整洁原则。整洁原则指服装整齐、挺直、清洁，这是着装的最基本的原则。一个穿着整洁的人总能给人积极向上的感觉，总是受欢迎的，反之则会给人消极颓废之感。公共关系人员衣着一定要平整干净，即衣服熨平整，裤子熨出线，衣领袖口要干净，该扣的扣子扣好，鞋带系好，皮鞋应上油擦亮；衣服不能有褶皱、污垢和异味，尤其在夏天要注意着装不能有异味。

（2）搭配协调原则。搭配协调原则指服装的色彩、款式、质地的选择搭配要统一和谐，即上、下装，里、外装色彩搭配和谐，款式、图案、风格和谐，面料、质感和谐，其中色彩搭配的和谐最重要。

色彩必须合理搭配才能产生美感。色彩搭配的基本方法有三种：第一种是同色搭配法，即同一种颜色按深浅的不同进行搭配，创造统一和谐的效果，可给人以端庄、稳重、高格调的感觉。搭配时一般上淡下深、上明下暗，有平稳之感。第二种是相似色搭配法，即按色谱上相邻的颜色进行搭配的方法。相似色搭配由于富于变化、色彩差异较大，更显活泼与动感。但这种搭配难度较大，讲究也较多。第三种是主辅搭配法，即以一种色彩作为整体或整套服装的基调或主调，再适当辅之以一定的其他色彩的搭配。

（3）TPO原则。T、P、O分别是英文Time、Place、Occasion三个单词的首字母，意思是时间、地点、场合。TPO原则是指穿着服装时必须考虑时间、地点和场合这三个因素。

“T”原则，即时间原则，主要指着装时应考虑时代性、季节性和时间性。所谓时代性是指着装要与时代合拍，过分超前或落后都会“不合时宜”。所谓季节性是指着装应考虑四季的气候环境，尤其是在色彩选择上应随季节变化。夏天的服装应简洁、凉爽、大方，避免使人感到闷热烦躁；冬天的服装应保暖、轻快、简练等。所谓时间性是指着装应根据一天早、中、晚气温和光照的变化及所从事的活动不同而调整。白天因户外活动或非正式活动较多，可以在穿着上稍微随意一些；晚上因宴请、舞会等活动较多，穿着就应更讲究些。

“P”原则，即地点原则，主要指着装应适合所处的环境。环境的概念较广，有办公室、码头、车站，有高级宾馆及公园、绿地，有繁华的大街及偏远的乡村等，公共关系人员应对即将到达的地点环境有所了解或估计，然后选择恰当的服装饰品。

“O”原则，即场合原则，主要指着装应与活动场合的气氛相和谐。例如，参加庄重的仪式或重要典礼等重大公共关系活动，着装应尽量正规；生日聚会、联欢活动等喜庆场合，服装的色彩可以丰富一些，男子若穿西装，可不系领带；参加郊游，可穿较为随意、宽松、舒适的休闲便装；参加丧礼，宜穿深色或素色服装，应使外表的肃穆与内心的沉痛保持一致。

3. 饰品的佩戴原则

有的场合，由于需要遵循着装礼仪，使得人与人之间的服装常出现基本雷同的现象，从而失去了个性，而佩戴饰品则可以表现个性。饰品的种类非常多，佩戴的效果也大不同，公共关系人员佩戴饰品不仅是要表现个性，而且要体现自身良好的审美情趣及气质、修养。不同的饰品，佩戴的要求不尽相同，但总的原则是要使佩戴者、服装、饰品三者形成有机的整体。

（1）饰品与佩戴者的协调。佩戴者的年龄、肤色、体型、气质各不相同，因此对饰品的选择也应有不同。饰品作为服饰的一部分，应与人的外在体型和内在气质相和谐，起掩瑕扬瑜的作用。

①与年龄相宜。在饰品的选择上，年龄较大的人可选用质地上乘、工艺精细的饰品，佩戴后显得雍容华贵；中年人可选用工艺性强、质地中档的饰品，佩戴后显得成熟端庄；而青年人可选款式新潮、风格前卫的饰品，佩戴后显得活跃而新潮。

②与肤色相宜。中国人的黄色皮肤适宜佩戴暖色调的饰品，浓绿的翡翠和绿宝石也与黄皮肤相称。肤色较黑者，应避免佩戴白色或粉红色饰品。

③与体型相宜。不同体型的人，其颈部、脸部、手臂及手指等这些常佩戴饰物的人体部位的特征不同，对饰品的选择也应有所不同。项链应与颈型协调，如颈型细长者，宜佩戴粗而短的项链；耳环应与脸型协调，如圆脸型者，宜佩戴具有竖线条的细长耳环；手镯应与手臂协调，如粗手臂者，宜选宽阔的手镯；戒指应与手指协调，如指型修长者，宜佩戴方戒。

④与气质相宜。温婉型的人沉静、腼腆，适宜佩戴以自然景物为题材或有圆线、曲线

韵味的饰品，色彩宜选柔和的珍珠色、温暖的金色和各种暖灰色系；奔放型的人热情、朝气蓬勃，适宜佩戴粗犷、动感较强的饰品，色彩上力求刺激、鲜艳夺目；书生气重的人温文尔雅，适宜佩戴端庄素雅的饰品；魄力型的人行事果断，个性刚毅坚定，适宜佩戴造型刚直抽象、略显冷峻的饰品。

（2）饰品与服装的协调。选择饰品佩戴时应遵循“服为主、饰为辅”的原则，即在明确了服装整体风格后，饰品的风格应与服装风格一致。饰品与服装应在色彩、图案、款式造型和质地上协调，或统一或对比。但要注意，过于统一的搭配会显得单调；对比太强的搭配，视觉易疲劳，难以接受。故应在对比中求统一，统一中有对比。

① 在材料质地上应和谐。饰品的材料、工艺、档次要与服装的质料协调统一。一般来说，高档的服装质料，宜配精致贵重的饰品；中低档的服装质料，宜配材料低廉、工艺一般的天然材料和人工合成材料的饰品。

② 在款式造型上应和谐。饰品的款式造型要与服装的款式造型取得格调上的统一。一般来说，款式精美考究的礼服所配饰品的式样也应精美别致；款式简单大方的便装所配饰品的式样也应以简洁为好；款式紧身、显露体型的服装所配饰品的式样也应紧凑细小。同时，现代风格的服装不宜配传统风格的饰品。

一般而言，饰品宜小不宜大。饰品较小，容易与服装形成统一或联成整体，显得十分精致；饰品过大，容易从服装上“跳”出来，喧宾夺主，显得俗气。

另外，饰品的选择应考虑服装款式的季节变化。如夏季服装中露颈、露臂的款式较多，宜选佩较短、较细的项链及手链；春秋服装中竖领的款式较多，宜戴胸针或稍长稍粗的项链并置于衣服外面；冬季应以实用性强的饰品为主，如围巾、手套。

③ 在色彩上应和谐。饰品的色彩在整体的服饰色彩中起“画龙点睛”的作用。当饰品色彩与服装色彩形成对比时，饰品就会显得突出；反之，两者是同色系时，饰品就会“含”在服装之中。如果服装的色彩过于单调或沉闷，选配鲜明而多变的饰品点缀，可以增加灵动性和设计感；如果服装的色彩显得有些强烈和刺激，选配单纯而含蓄的饰品调节，可以缓和气氛。服饰颜色以不超过三种为宜，以求得色彩的协调，如花色服装宜选色彩淡雅的饰品相配。

拓展阅读

求职应聘时的衣着应以适宜的着装体现自身的修养、气质及能力。应聘着装首先应考虑应聘工作的性质，然后选择适合这一工作的合适衣着。应聘职位较低的工作如业务内勤人员，着装要力求给人以勤勉踏实、利落大方、整洁的印象；应聘职位较高的工作，着装要给人以稳重、气派的感觉。蓝色在国际上被称为最佳的“应聘色”，常让人感觉处事稳健、踏实、认真、理性，可将其视为应聘时最稳妥的颜色。

课堂思考

参考身边例子，谈谈公众场合有哪些不恰当的着装行为。

第三节　见面礼仪

引导案例

一次公关部长聘任考试

一家公司准备聘用一名公关部长，经笔试筛选后，只剩八名应试者等待面试，面试限定他们每人在两分钟内对主考官的提问做出回答。当每位应试者进入考场时，主考官说的是同一句话："请您把大衣放好，在我面前坐下。"然而，在进行面试的房间中，除了主考官使用的一张桌子和一把椅子外，什么东西也没有。有两名应试者听到主考官的话以后，不知所措；另有两名反问主考官说这里没有多余的椅子；还有一名听到提问后，脱下自己的大衣直接搁在了主考官的桌子上。结果，这五名应试者全部被淘汰了。

剩下的三名应试者，一名听到主考官发问后，先是一愣，随即脱下大衣，往右手上一搭并躬身致礼，轻轻地说道："这里没有椅子，我可以站着回答您的问话吗？"公司对这个人的评语是："有一定的应变能力，但创新开拓能力不足；彬彬有礼，能适应严格的管理制度，可用于财务和秘书部门。"

另一名应试者听到问题后，马上回答道："既然没有椅子，就不用坐了，谢谢您的关心，我愿听候下一个问题。"公司对此人的评语是："守中略有攻，可先培养用于处理内部事务，然后再从事对外工作"。

最后一名应试者听到主考官的发问后，眼睛一眨，随即出门把候考时坐过的椅子搬了进来，放在离主考官侧前方约一米处；然后脱下自己的大衣，折好后放在椅子背后，随即端坐在椅子上。当"时间到"的铃声一响，他马上站起来，欠身行礼并说了声"谢谢"，便退出考试房间，把门轻轻地关上。公司对此人的评语是："不着一词而巧妙地回答了问题；性格富有开拓精神，加上笔试成绩佳，可以录用为公关部长。"

问题：最后一名应试者具备怎样的礼仪素质？

一、名片礼仪

1. 递送名片

（1）分清对象。递送名片不能像发传单一样，见人就递、逢人就送。因为名片代表一个人的身份，在未确定对方的来历之前就递出名片，有失庄重，而且有日后被冒用的可能。

（2）选择好递送时机。在互不认识又没人从中介绍的情况下，可以先递送名片，起到自我介绍的作用；如果是事先约好的交谈，或者在有介绍人介入的场合，则可以在告别时取出名片递给对方，既表达你与之相识相交的诚意，又可加深对方对你的印象。

（3）适当注意递送顺序。名片的递送没有特别严格的先后之分，但一般是地位低的人先向地位高的人递名片，男性先向女性递名片；当对方不止一人时，应先将名片递给职务较高或年龄较大者；如分不清职务高低和年龄大小时，则可先和自己对面左侧的人交换名片，之后按顺序依次递送。

（4）提前准备。送给别人名片时，要事先拿在手中，或准备好放在易于拿出的地方，不要临时东翻西找。

（5）态度诚恳，双手递送。向对方递送名片时，应面带微笑，注视对方，将名片正对着接受名片者，用双手的拇指和食指分别持握名片上端的两角，上体前倾15°左右递给对方。如果是坐着的，应起立或欠身递送。递送时应说一些客气话，如“这是我的名片，请你收下”“很高兴与你相识，这是我的名片，希望以后多联系”等。

2. 接收名片

（1）接收他人递过来的名片时，除老人或行动不便者以外，应尽快起身或欠身，上体前倾15°，面带微笑，用双手的拇指和食指接住名片的下方两角，并视情况说“谢谢”“非常高兴得到您的名片”等，使对方感到你对他的名片乃至他本人很感兴趣。

（2）接过名片，要认真浏览一遍。最好将名片上的重要内容，如对方的姓名、职务、单位等读出声来，有不清楚的地方可以向对方请教。

（3）拿到名片后，切不可在手中摆弄，也不要随意放在桌上，这些都是不尊重对方的表现。

（4）当对方递给你名片后，如果自己没有名片或没带名片，应首先向对方表示歉意，再如实说明理由，如“很抱歉，我没有名片”“对不起，今天我带的名片用完了，过几天我会亲自给您寄一张”等，以表示自己的诚意。

（5）不轻意向他人索要名片，若有必要或确信是他人忽略了而并非不愿意递送名片时，则可用婉转的方式提醒对方，如“不知以后如何与您联系，可否留下您的联系方式”，对方自然会想起送给你名片。

二、介绍礼仪

介绍的对象一般可分为人、事、物三种类型，书中我们主要谈人与人之间的介绍活动与技巧。在这个范围内，可以把介绍分为自我介绍和居间介绍。它们在交际活动中均占有很重要的地位，是人们在社交活动中相互认识的一种初步形式，可以为以后进一步交往奠定基础。所以，在进行介绍时应该遵守礼仪规范，争取给他人留下良好的印象，以便今后交往的顺利进行。

1. 自我介绍

自我介绍好比一个人登台时的“亮相”，要想给人留下良好的第一印象，必须充分重视自我介绍的作用。成功的自我介绍需要注意以下问题。

（1）内容。自我介绍的内容相当广泛，可以包括本人姓名、年龄、身高、籍贯、就读学校、工作单位、职务、兴趣爱好、特长、学历、追求和愿望等。但自我介绍并非要把所有的内容和盘托出，而应该根据交际的目的、场合、时限和对方的需要等做出恰当的选择，尽量突出个性，使介绍能满足对方的期待。如参加应聘时的面试，就应该选择姓名、年龄、就读学校、所学专业以及以前的工作经历、特长和职规划等内容，让招聘者了解你胜任此项工作的原因，以及与其他应聘者相比你的优势所在。

（2）用语。在正式场合，自我介绍的用语一般要求重点突出、简洁明确、得体有礼；而在非正式场合，则以个性突出、轻松随和、幽默风趣为宜。同时，也应注意开始语和结束语的使用。

（3）强调。通过自我介绍，如果能让对方记得你的姓名便成功了一半，所以在说姓名时切忌含混、马虎，但可进行恰当的强调，如“我叫李华，李白的李，中华的华”。

（4）新颖。在介绍时，同样的内容换个说法，或将介绍的顺序作个变更，或找个与众不同的角度，都会使自己的介绍具有新颖性，从而产生吸引力。

2. 居间介绍

居间介绍是一种介绍人站在第三方的立场，使被介绍双方相互认识并建立关系的交际活动。居间介绍涉及三方关系，是一种“复合”的交际活动。一方面，被介绍双方以介绍者为中介，开始认识并开展交际活动；另一方面，介绍者以介绍为手段，同时也与被介绍双方进行交际。

（1）居间介绍的顺序。居间介绍涉及多方关系，因此必须注意介绍的顺序。按照国际惯例，介绍的顺序应遵循以下原则：①先把男性介绍给女性；②先把年轻人介绍给年长者；③先把职位低者介绍给职位高者；④先把晚到者介绍给早到者；⑤家庭私会时，先把客人介绍给主人；正式会议，则要先将主人介绍给客人。

（2）居间介绍的用语。对介绍人来说，首先应了解双方是否都有与对方认识的愿望，或自我衡量有无介绍双方认识的必要，然后再择机行事。为他人介绍时，最好先说一些介绍用语，如“请允许我向您介绍一下”“请让我为你们做一下介绍”等；在非正式或半正式场合，也可用“张小姐，你认识刘先生吗”等介绍语。介绍时，最好用一两句话引出他们交谈的话题，如“请让我来介绍一下，这是新华社的记者唐先生，这位是《京城晚报》的董女士，你们可以说是同行呢”。作为被介绍者，也应在介绍者说完后表现出乐于结识对方的诚意，可以说“你好”“幸会”“认识你非常高兴”之类的客套话。

（3）居间介绍的方法。①向尊长介绍他人。介绍时，目光注视尊长，微笑着说：“尊敬的王经理，我非常荣幸地向您介绍，这位是宏达贸易公司的李先生。”然后转向另一方，同样含笑地说：“李先生，这位便是你一直希望见到的王经理。”②向同龄人介绍他人。为同龄人做介绍也要从打招呼开始。“你们好，我来介绍一下，这是张星，这是李娜。”在大家互相比较亲密或随意的情况下，介绍人只要简单地说“李娜，你认识张星吗，我为你介绍一下吧”但应注意，目光要对着听介绍的一方，而手势则应对着被介绍的一方。③把个人介绍给多人。一般应先介绍个人的姓名、就职单位、职务等，必要时可以突出介绍被介绍者的特点、主要成绩等，以期引人注意，但语言务必实事求是，不能有意抬高或贬低被介绍者的地位；然后，可依次介绍多人中各人的名字和简要情况。

微课15　肢体语言技巧

三、握手礼仪

握手礼仪是一种传统的、国际通行的、具有代表性的见面礼节。

它贯穿在人们交往、应酬的各个环节。见面时的握手表示问候致意；分别时的握手代表送别；得到别人的帮助，用握手以示谢意；在他人取得成就之时，握手可表达祝贺之意。

1. 握手的要领

（1）手和手势。握手一定要用右手，这是约定俗成的做法。握手时手要干净，如果碰巧手很脏，应先向对方致歉，将手洗净后再握手。握手时要脱去手套，女士戴薄手套是许可的，若是男士应脱下手套，放好或拿在左手，再和对方握手，否则将是十分失礼的表现。

握手时，右臂自然向前，完全伸出右手，四指并拢，虎口张开。同性握手，应虎口相握；男士同女士握手时，一般只轻握对方的手指部分，切忌采用双握式（俗称“三明治”式）握手。注意相握的双手应上下抖动，而不能左右摇晃。

（2）表情。握手时要热情，面带笑容，双目注视对方。千万不能一边握手，一边东张西望或斜视他处，给对方留下不屑一顾或心不在焉的感觉。

（3）姿态。除非是行动不便的人，否则不要坐着与人握手。当与对方相距较远且对方已伸出手时，应紧走几步上前相握，距离一般保持在一步左右。上体微微向前倾约15°，表现出谦虚与友好。上体后仰会显得盛气凌人，而过于前倾则有讨好谄媚之嫌，所以都不可取。

（4）时间。如果是一般关系，双方见面握手时稍用力握一下即可放开；如果关系亲密或场合隆重，双方的手握住后应微摇几下，时间以3秒到5秒为宜。

（5）握力。同初次见面、彼此不太熟悉的人握手，要避免太过用力；如果双方是熟人或隆重场合，可适当用力甚至双手相握；异性之间握手，不管生熟与否，不宜用力过大。

（6）次序。握手时注意先后之别是有礼貌的表现。一般来说，见面握手应由女士、职位高者、年长者、早到者先伸手，男士、职位低者、年幼者、晚到者应见面先问候，待对方伸手后再与之握手，这样做是表示尊重对方，把是否握手的主动权交与对方。应注意的是，在社交场合无论谁先向自己伸手，即使他忽视了握手礼的先后顺序，都应看作是友好、亲切的表示，应马上伸手与其相握，拒绝他人的握手是失礼的表现。在人多的时候，应避免交叉握手。当自己伸手时发现对方已伸手并准备与他人相握时，应主动收回并致歉，待对方握完后再伸手相握。

2. 握手的方式

（1）对等式握手。这是标准的握手方式，握手时双方掌心相对，力度适当。这样的握手常见于双方社会地位相差不大时使用，是一种友好的、礼节性的握手方式。

（2）双握式握手。双握式握手即在用右手紧握对方右手的同时，再用左手加握对方的手背、前臂、上臂或肩部。使用这种握手方式可以表达自己的热情真挚、诚实可靠，显示自身对对方的信赖和友好。从手背开始，对对方的加握部位越高，其代表的热情友好程度也就越高。

（3）支配式握手。也称控制式握手，即用掌心向下或向左下的手势握住对方的手。以这种方式握手的人想表达自己的优势、主动或支配地位，在交际双方社会地位差距较大时，社会地位较高的一方易采用这种方式与对方握手。

（4）谦恭式握手。也称顺从型握手。与支配式握手相反，这种握手方式使用掌心向上或向左上的手势与对方握手。用这种方式握手的人往往处于被动、劣势地位，对对方比较尊重、敬仰，甚至有几分畏惧。

（5）捏手指式握手。这种握手方式不是两手的虎口相触对握，而是只捏住对方的手指或手指尖部。女士与男士握手时，为了表示自己的矜持与稳重，常采取这种方式。如果是同性别的人之间这样握手，会显得冷淡与生疏，应尽量避免。

四、聆听礼仪

专心、恭敬地聆听，可以使对方获得心理上的满足，是一种无形的赞美，是对对方谈话的最高奖赏，是一种尊重对方的表现，也是自我修养的体现。聆听，可以增长见识，可以知晓对方是否真正接受并理解了你表达的观点，可以领会谈话者的真实意图。总之，在交谈中善于聆听有利于人际沟通，加深人际交往。

1. 聆听的要领

与人交往时，在很多时候听比说更为重要。交谈中应多听少讲，尤其对于不健谈的人，更需要做一个合格的听众。聆听时应把握以下要领。

（1）全神贯注、专心静听。聆听不仅是用耳朵听，且要用心去“听”。人的思维速度比说话速度快4倍到5倍，即听话速度比讲话快。交谈中要努力排除分散注意力的因素，注视对方，将注意力集中在话题上；还要利用讲话间隙，将讲话人的观点与自己的观点比较，思考讲话人的观点、意图，预先想好自己将要阐述的观点和理由。即使对方说的内容你不愿听或你不赞同，也应集中注意力，耐心听对方讲话，以示尊重。

（2）努力听出对方言外之意、弦外之音。即不仅要听对方已讲出来的话，还要努力听出隐藏的含义，留心对方的语气、语调、神态、表情等一些非言语的表达，发现对方一言一行背后蕴含的深意，听出对方说话的真实意图。

（3）注意听清对方话语的内在含义和主要思想观点，即听重点内容、抓住说话的关键词，不要过多地考虑对方的谈话技巧和语言水平，不要被枝节问题所纠缠，这样才能提高聆听的效率。

2. 聆听的礼仪规范

遵循聆听礼仪是对讲话者的尊重，是为了促使讲话者进行全面、清晰、准确的阐述。聆听时，要注意以下规范。

（1）注意表情及姿态。保持微笑，并不时颔首，以示对对方的尊重和认可；身体可稍向前倾，不仅可以表明在认真聆听，还有利于观察讲话者的表情和姿态，以更好地了解其要表达的情感和心境。

（2）态度认真，神情专注。双眼适当注视讲话者，避免注意力分散；不宜做无关的动作，如东张西望、打呵欠、频繁地抬腕看表等，这些动作会给人心不在焉之感，是有失礼仪的表现。

（3）注意给予反馈。在讲话者发言过程中，可使用“嗯”“对”等词语或使用肢体语言如点头等表示赞同，必要时可适当插话或提问，以示对对方所讲内容的关心、重视和支持。若不认同对方的观点甚至是对方出现明显错误时，也不能在中途打断他人的讲话，可在对方讲话出现停顿时进行提醒或对方结束发言后再发表自己的意见。

总之，作为聆听者，切忌高傲自大、目中无人，而应以谦虚、诚恳、耐心的态度聆听他人讲话，做到以礼待人。

五、表达礼仪

表达是给人以温文尔雅的亲切感还是给人以冷酷无情的距离感，与所采取的表达方式及表达的语言有直接的关系。得体的表达不仅给听者以美的享受，而且会牢牢地吸引听者的注意力。公共关系人员的口头表达能力，不仅与其修养、学识有关，而且与其是否能恰当运用表达方式及表达时的语言技巧有关。

1. 表达方式

交谈中的表达方式一般有以下两种：一是直率式表达，其特点是开门见山、直截了当，给人诚恳耿直、真实可信的感觉。这种表达方式如果与表达者的思想感情相一致，能收到很好的效果。在多数情况下，敢于直言，是一种优秀品格，可以获得他人的信任，达到较高的交谈效率。当然，过于直率、不讲策略、不分场合，也可能因言多必失而受其害。另一种方式是婉转式表达，也叫委婉式表达，其特点是选择一些温和、双关的词语表达不便直言的事情，可避免冒失，给人以分寸感。委婉式表达适合用于指出他人错误、缺点或表达难以启齿、欠雅难言之事。

2. 表达的语言技巧

语言是交谈的媒介，对于交谈中要传达的感情和要交流的信息均起着重要作用。表达者要准确无误而又潇洒自如地将自己的思想和情感传达给他人，必须具备良好的语言驾驭能力。表达的语言技巧有以下几点。

（1）准确流畅。语言的准确性听上去好像很简单，其实真正能够把握住这点也相当不易。因为它不单要求表达者能准确地利用言词表达自己的意思，不至于发生词不达意或错传信息的问题，而且还要求表达者能恰当地处理好辅助语言，使语音、音量、语速、语调等恰到好处地表现自己的思想和情感。

（2）通俗典雅。表达者要充分考虑交谈对象的特点，使其能理解自己想表达之意。与一般公众交谈，宜用接近生活的日常语言，不宜用深奥的哲理性语言或者枯燥生硬的逻辑推理；而与学识较高的人交谈，宜用提纲挈领、逻辑严密的表达方式，不宜用简单无聊、杂乱无章或粗俗欠雅的语言进行表达。

（3）富于情感。交谈中要唤起听众的共鸣，需动之以情。语言的情感性，不仅是要调节和控制自己的情绪，抒发与交谈相宜的情感，而且言词要动人心弦、情真意切。

（4）风趣幽默。风趣幽默的语言可以给人以轻松愉快的感觉，可以活跃气氛、打破沉闷。尤其是在紧张工作的间隙或长时间的谈话中，恰当地进行风趣的自嘲式调侃不仅可以显示出对言谈的驾驭组织能力，而且也可以看出一个人的修养学识。

拓展阅读

自我介绍的几种形式

（1）应酬式。适用于某些公共场合和一般性的社交场合，这种自我介绍最为简洁，往往只包括姓名一项即可。例如：“你好，我叫××。”

（2）工作式。适用于工作场合，包括姓名、供职单位及其部门、职务或从事的具体工作等。例如：“你好，我叫××，是××公司的销售理。”“我叫××，在××学校读书。”

（3）交流式。适用于社交活动中，希望与交往对象进一步交流与沟通，一般包括姓名、工作、籍贯、学历、兴趣及与交往对象的某些熟人的关系。例如：“你好，我叫××，在××工作。我是××的同学，都是××人。”

（4）礼仪式。适用于讲座、报告、演出、庆典、仪式等一些正规而隆重的场合，一般包括姓名、单位、职务等，同时还应加入一些适当的谦辞、敬辞。例如：“各位来宾，大家好！我叫××，是××学校的学生。我代表学校全体学生欢迎大家光临我校。”

（5）问答式。适用于应试、应聘和公务交往。问答式的自我介绍，应该是有问必答，问什么就答什么。

课堂思考

请你谈一谈和老师、同学握手时应注意哪些礼仪规范。

本章小结

公共关系礼仪有利于提高个人素质，有利于建立良好的人际沟通，有利于提升组织的良好形象。要成为一名优秀的公共关系人员，必须具备一定的文化知识，性格乐观、注意妆容、气质不凡、服饰美观；真诚、热情、宽容、大方、幽默、注意小节是公共关系人员所必须具备的礼仪修养。

仪表礼仪主要包括仪容礼仪、举止礼仪和服饰礼仪等。见面礼仪包括名片礼仪、介绍礼仪、握手礼仪、聆听礼仪和表达礼仪等。

实操演练

练习．如果你要参加谈判会议、庆功晚会、假日出游三种不同的活动，该怎样修饰自己的仪表？请利用网络查找相关图片，并结合自身情况，撰写一份报告。

复习思考

1. 观察电视上新闻节目主持人、少儿节目主持人、文娱节目主持人及生活节目主持人的服饰有何不同特点，并用服装穿着原则及饰品佩戴原则加以分析。

2. 过几天你要参加一场隆重的庆典，请为自己进行服饰搭配设计。

3. 一位记者在采访个体工商户时，穿牛仔装和皮夹克；采访企业家时，则穿着典雅，成熟，配饰讲究；采访山区贫困户时，则穿着朴素、大方。这位记者对不同的采访者为什么选择不同的服饰打扮？

4. 入座、离座的要领有哪些？

5. 服装穿着的TPO原则指什么？

6. 简述递接名片的礼仪规范。

第十一章 11

信息时代　线上传播

——践行网络公关

案例导入

微博里的空乘服务人员礼仪形象

中国东方航空（以下简称东航）很早就开始利用新兴的网络媒体进行公关活动，并与新浪微博合作了“和空姐一起织围脖”（微博也被昵称为“围脖”）的经典网络公关活动。东航官方微博发布的内容多是空姐在世界各地拍摄的风景照片、飞机上精致的食品展示、东航企业文化宣传展示以及机票优惠价格信息，甚至还包括平时乘客看不到的飞机驾驶舱等新鲜信息。整体风格朴实且有亲和力，符合大多数人对航空服务业的理解和定位，让人觉得是在直接和空姐对话，东航空姐的礼仪形象立刻变得鲜活起来。每天，东航的空乘团队都会在该微博发布各种主题的内容，展现东航乘务员的飞行、生活、心情状态。除了东航官方微博外，数百名东航空姐还集体注册了微博账号，使平时经常遭受抱怨的航空公司以生动、个性的形象出现在乘客面前。

乘客遇到误机、丢手机等突发状况，空姐们一旦知晓都会主动进行沟通和帮助，提供细致入微的航空服务，塑造了东航良好的口碑。比如，某年春节，出行在外的母亲买不到药，为生病的孩子在微博上求助东航空姐，东航员工联手买药送药，传递爱心；再比如某乘客在飞机上丢失了手机，一小时内被找到等。这些事例不仅证明了微博的强大，更体现了东航空乘团队在网络平台上积极活跃的形象。通过这样的方式与乘客们建立良好的沟通，既发挥了服务行业的引领作用，又展现了空乘人员的个性和风采。东航微博带给乘客和粉丝们的不仅是一声问候、一种交流、一份真诚，更是人性化、个性化、时代化的服务体验。微博以个性化的互动平台为公众了解空乘人员、接受她们的服务提供了便捷通道，而企业通过网络手段也塑造了自身优秀的礼仪形象和服务形象。

问题：结合该案例，谈一谈东航空乘人员是如何得到公众认可的。

学习目标

知识目标：了解网络公关的特点、优势与劣势。

能力目标：掌握网络公关的工作方式与传播策略。

素养目标：培养网络公关危机意识，树立网络公关舆情观念。

开篇导读

随着数字技术的飞速发展和计算机的普及，网络已经成为现代人生活的一部分。网络所带来的互动空间，使得网络公关成为塑造组织形象的新兴途径和有力武器。网络时代是充满希望和机会的时代。本章案例导入中的中国东方航空公司就是通过高效便利的网络新媒体（微博），树立了东航空乘人员良好的形象，提升了公众对东航的满意度，是网络公关的经典范例。

第一节 网络公关概述

引导案例

某科技公司“辞退门”事件

2018年，某科技公司被曝出逼迫员工辞职的公关事件，在短短的一天时间之内，该科技公司就将事情迅速解决，其解决危机的方式、策略等非常值得借鉴。

该事件其实是公司内部公关事件引发的公关危机，起因是一位在职两年的员工在微信公众号上发文披露公司多次强迫其主动辞职，并且没有任何赔偿，在文中作者还质疑了该公司的大范围裁员。文章不出意料地在网络上得到了迅速而广泛的传播，文章在一早发布，一上午的阅读量就突破了10万次，微博上相关话题的讨论量也超过了200万次。网友们纷纷为当事人鸣不平，要求当事公司给一个说法，在当天该公司的股价还因此迎来了一个不小的跌幅。

当天下午，该科技公司终于给出说法，指出这仅仅是一个个案。这一答复丝毫不见其公关水平，显然无法说服大众，事件继续发酵。公司高层没有忽视这一事件的影响，马上直击危机根源，也就是公司员工内部，对员工们先进行解释与安抚，再与文章作者进行了及时的沟通，最终获得了他们的理解，成功让被裁的文章作者删文道歉。解决根源问题后，公司终于发布网络声明进行了有效的澄清，将此事平息。

虽然开了一个不太好的头，但该科技公司的公关速度与手段还是令人佩服的，不仅从问题根源与关键入手，更是以具体的实际行动表明了处理问题的决心与态度，及时有效控制了舆论的进一步恶化。态度明确、友好，传达出了对该事件的重视，同时也彰显了组织的责任感，巩固了内部公共关系，同时也获得了当事人与大众的谅解。

问题：结合该案例谈谈你对网络公关的认识。

一、网络公关的定义及特点

随着互联网的普及以及网民数量的攀升，网络公关迅速发展。在其发展过程中，以互联网为平台，形成了独具特色的公关工作方式及传播模式，现已成为公共关系领域的重要组成部分，与传统公关并行发展。

1. 网络公关的定义

网络公关是指组织以计算机网络为传播媒介，沟通组织内外部信息，加强组织与社会公众的交流，从而提高组织的知名度和美誉度，塑造良好组织形象的新型公关活动。

2. 网络公关的特点

网络公关一般具有如下特点。

（1）平等互动性。在传统的媒介传播过程中，信息的传播是单向的线性传播，传播者决定着信息的传播方式、传播内容和表达风格等，信息只有通过他们的过滤、筛选才能传递给公众，而公众只能被动地接收信息。而网络传播最大的特点就是信息传播的双向互动性，通过网络，任何个体和组织都可以把信息传播出去，都可以成为信息的传播者，并不像传统媒体一样存在信息的决定者。

网络传播中的传播者和受传者不仅处于平等地位，并且他们之间的角色也是可以互相转换的。在网络信息传播过程中，一方面，每个个体都可以自由地接收来自网络的信息；另一方面，每个个体也都可以把自己关注的信息传播出去。这样，每个个体既是传播者又是受传者，信息的传播就在循环往复的过程中不断互动交流，实现交流地位上的平等。

（2）传播即时性。传统的媒体有一定的发行周期，需要经过信息的采集、整理而后才能出版发行，如报纸和杂志每天或每个月才能发行一次；而网络媒体制作、发行简单，信息时效性要远远高于传统媒体，并且由于现代社会无线网络的覆盖、移动终端的普及，每个公众都有可能成为信息的发布者，在事件发生的第一时间就可以把信息传播出去，并且随着形势的发展随时更新信息。

网络媒体的这种即时性的特点，缩短了信息传播的周期，拉近了受众与信息传播者之间的距离，增强了公众与组织之间的信息交流。但是，这对于组织的公关活动也是巨大的挑战，在信息传播加快的同时，一些不利于组织形象的负面信息也可能在网上迅速传播，这需要公关人员保持高度的警觉性。

（3）传播全球化。传统媒介的传播范围往往受到一定的地域限制，只能传播给一定范围内的公众；而网络的全球互联性则使信息传播具有全球化的特点，组织信息传播的受众可以遍布全世界，传播的范围可以无限扩大。

（4）传播多元化。网络信息传播呈现多元化的特点，主要体现在以下几个方面：

①传播主体多元化。传统的信息来源渠道较为单一，总是被特定的传播组织或是传播机构所控制；而网络传播中的信息可以来源于与网络相联系的任何一个个体，无论其从事何种职业、是何种身份以及所在何处。

②传播方式多元化。网络媒介在传播方式上比传统媒介更加多样，传播的方式不再只是组织至公众的单向传播，而是包括组织对公众传播、公众对公众传播及公众对组织传播等多种形式。

③传播价值标准多元化。由于传统传播媒介进行传播时必须遵守一定的传播规范，因

此其传播往往具有相似的传播价值标准；而网络公关传播主体的多元化，导致其在此传播过程中所表现出的传播价值标准也呈现多样化的趋势，如传播主体的受教育程度、生活环境、职业以及年龄等的不同都会影响其对传播信息的选择。

④内容和表现方式多样化。网络媒体几乎可以将所有传播媒体所使用的表现手段都整合在一起，充分应用文字、色彩、声音、图片和视频等多种表达方式，给受众带来强烈的视觉和听觉冲击。

二、网络公关的优势与劣势

网络公关是建立在传统公关基础上的，是公关活动在网络中的延续，同传统公关的目标、原则和功能都基本相同。但是，网络公关也有其自身的特点，与传统公关相比，存在下列的优势和劣势。

1. 网络公关的优势

（1）充分的主动权。组织通过网络开展公关活动，可以在公关活动的任一环节都享有充分的主动权和自主权。首先，组织可以根据自己的发展状况，有选择性和目的性地进行信息的发布和传播，正面宣传组织形象，信息的发布也可以选择自己的官方网站、其他新闻门户网站或社交媒体平台；其次，组织信息的传播不受地域和时间的限制。在传统媒体的传播中，组织的新闻发布需要遵循传统媒体的发行时间、要求等，而通过互联网则可以在任意时间、任何地点发布信息。

（2）传播速度迅捷。网络媒介具有即时性，使得组织的信息可以在第一时间得到传播，将组织形象在最短的时间内建立起来。当然，迅捷的传播速度对组织来说也是一把双刃剑，既能迅速传递组织的正面信息，为建立组织形象取得先机，但是对于组织不利的事件也会得到迅速传播，从而损害组织利益。

（3）传播方式多样。网络为组织进行公关工作提供了多种多样的渠道与形式，组织可以根据自身的情况和需要，选择适当的形式。在网络传播中，先进的信息技术和网络技术可以把文字、数据、图像和声音等融为一体，使公众可以在更广阔的领域内实现视觉、听觉一体化的多维信息共享。

（4）传播互动性良好。通过互联网，组织在发布信息后可以与公众进行实时的互动交流，及时得到公众的反馈。通过这种互动交流，组织可以获得公众对于组织的真实看法，改进组织的服务或者产品，赢得公众信赖：也使得组织的公关效果具有可测性，可以更有效地进行公关效果评估：同时，这种互动交流也提高了公众的参与度，激发了公众的热情。

（5）传播成本低。相较于传统公关而言，网络公关投入更少、传播成本更低。网络上许多信息的传播是免费的，仅需要网络成本和人力成本；即使是收费的信息传播，由于网络公关的互动性，公关面对的群体更加精准，更有可能创建“一对一”的公关，也能够减少资源的浪费和无效操作。

2. 网络公关的劣势

（1）易引发谣言，造成组织危机。在网络上，信息的传播速度更快、传播范围更广，而且任何公众都能进行传播，因此，很容易引发对组织不利的谣言，造成组织的危机。

（2）公信力缺失。网络媒介具有平等互动性，打破了传统传播者的身份限制，纵然使信息传播更加多元、更加丰富，但也由于传播者个人知识、道德水平和传播动机的不同，使得信息良莠不齐，导致网络传播的公信力下降。此外，网络媒介缺乏像传统媒介一样的审查、过滤制度，缺乏对信息有效的把关，加剧了网络媒介公信力的缺失。

拓展阅读

互联网公司公关部门的构成

互联网公司应根据自身情况组建公关团队，一般成熟的互联网公司的公关部门包括策划部、媒介部、新媒体部、口碑部和危机公关部，并视公司状态和需求确定规模。

策划部：负责制订传播计划、传播素材挖掘、传播点梳理、传播稿件撰写、领导人观点梳理和演讲内容整理、媒体QA等。

媒介部：搭建覆盖财经、科技、生活、娱乐、时尚等多维度的媒介体系，构建平媒、网媒、广电、新媒体等全渠道的媒体关系；同时根据公司需要，找到最具传播力的传播平台。

新媒体部：负责官方微信、微博、抖音、快手、小红书等新媒体渠道的运营；帮助互联网公司解决第三方KOL（关键意见领袖）的运营。

口碑部：维护专业人士和互动传播渠道的口碑形象。

危机公关部：负责及时、有效地处理危机事件，进行回应和解决。

课堂思考

1. 简述组织在进行网络公关时，应如何突出优势、规避劣势。
2. 简述网络公关的定义和特点。

第二节　网络公关的工作方式

引导案例

三一重卡的“云带货”

三一重卡是我国知名重型卡车品牌，在行业竞争激烈的情况下，始终保持一年一款爆款车型的发展节奏。然而自2020年以来，受疫情影响，三一重卡在每年2月的线下新车发布会不得不取消，销量也大为减少。为了打破疫情期间的销售困境，三一重卡开始在抖音直播卖卡车，并连续打造了工厂大直播、开春直播、万台抢购节三场直播活动。

2020年2月28日第一场直播，三一集团将直播间搬进工厂，聚焦生产场景，从装配生产线到零配件一一解密，带领公众沉浸在重卡生产场景里，实现了线上走进企业参观的壮举，吸引来很多网友的关注。

3月6日的开春直播，三一重卡则把直播间设置在工厂外面的停车坪，聚焦服务场景，从路测、售后、质检再到重型卡车司机的生活分享，拉近品牌与“卡友”的距离。

到了3月25日“万台抢购节”直播活动，三一重卡针对产品在线答疑解惑，并启动了“金融延期”、向“逆行”司机发放生活补贴、超长提车期、保价等政策，实现了最后两小时斩获186个订单，共计获得5 000万的销售额。

线下不能卖车，许多卡友没法到实体店去看车，这成为三一重卡直播的契机。三一重卡负责人表示，2019年，看到抖音在短视频上的巨大潜力，三一重卡也诞生了利用短视频直达公众的想法。没想到三场直播下来，能带来5 000万销售额。

“别人做重卡可能想着要在全国各地建各种渠道网络、各种门店，但是我们就想着，能不能直接在网上就见到所有的卡友，直接让公众通过网络全方位参观我们的厂房及生产过程，实现足不出户的开放参观效果。”三一重卡负责人透露，让公众，特别是“卡友”在疫情期间感受到温馨与热情，这是三一重卡的初心。直播之前，三一重卡董事长在抖音开通《董事长面对面》栏目，讲述三一重卡的造车理念和企业信息，以提振用户购买的信心，让大家看到三一重卡的品牌温度。

问题：此次事件带给我们的启迪是什么？

一、官方网站公关

一般来说，组织的官方网站是其在网络上的代表，具有一定的权威性。组织可以通过官方网站向公众宣传组织的背景、商标、广告、经营理念和发展动态等，不但可以起到广告宣传的作用，也是树立组织形象的最佳工具。一般来说，组织运用官方网站进行公关宣传主要有以下几种方法。

1. 日常新闻发布

组织在日常的经营活动中有大量的信息需要对外公布，而组织的官方网站就是其进行公关宣传的良好途径。组织在进行官方网站新闻发布时应注意以下几点：首先，组织应当建立科学的新闻发布制度，注重新闻的采编和审核，并且注重网站内容的更新；其次，多运用视频、声音或动画等多媒体手段，吸引公众的注意，并且要注重新闻的排版；最后，组织不仅要重视新闻发布量，还要观察公众的回应和反馈，对于公众的质疑，组织应当统一口径并给予回复。

2. 网络新闻发布会

与传统新闻发布会相比，网络新闻发布会更加节省人力、物力和财力，可以用较少的费用把新闻用最快的速度发布出去。组织可以通过自己的官方网站举办网络新闻发布会，直接向公众发布动态新闻。通过官方网站进行的新闻发布会也便于公众与组织进行联系，增加互动性。

在举行网络新闻发布会时，组织应当注重新媒体与传统媒体的配合、线上与线下的配合，可以把网络新闻发布会的相关信息在传统媒体上进行“二次传播”，将活动的影响进一步扩大化。

3. 网上展览

组织可以利用其官方网站存储量大的优势，在官方网站上对其产品和服务进行网络展览，既可以节省经费，又可以运用视频、音频和图像等多种方式加强宣传。

二、第三方网站公关

组织开展网络公关工作的方式是多样化的，除了利用自己的官方网站进行公关宣传外，还可以利用第三方网站进行更加广泛的公关宣传。相对于官方网站，第三方网站的受众人数更多，传播范围更广，影响力更大；而且由于第三方网站往往在组织的公关宣传活动中处于“旁观者”的地位，因此对公众来说可信度更高。

1. 新闻类门户网站

新闻类门户网站由于其咨询量大、受众人数多和习惯性关注程度高等特点，是组织进行网络公关宣传的重要途径之一；但新闻类门户网站由于其影响巨大，成本也较高，因此，如何更有效地进行宣传是组织应当重点考量的。组织在进行宣传时，应当注意把握以下技巧。

首先，组织应当把网站对于新闻资讯的需求与其自身的公关宣传目标结合起来，在分析网站具体需要后，再对自己公关宣传目标进行有针对性的撰写、包装，投其所好，就可以借助其力量为组织进行公关宣传。

其次，组织应当依附时政热点，借势造势，扩大宣传。新闻类门户网站往往对于时政热点事件的报道较多，并且，能获得较高的公众关注度，因此组织应当在开展公关宣传时注重将其联系起来。例如，新浪网在报道俄罗斯总统访华时，提到国宴用酒惯例的变更，即不用烈性白酒而用红酒进行接待。而国宴用酒的指定供应商则十分巧妙地借用这条新闻进行了公关宣传，在这条新闻文字链接不远的地方专门刊发了一条专题报道，提升了组织形象。

2. 专业性网站

专业性网站往往专注于某一行业或者某一领域，受众的细分性和专业性更好。组织在这种网站进行公关宣传时应当注意合理发挥专业性网站的“舆论领袖”的作用，如专家、版主、博主等，用专业的观点影响大众，扩大组织的美誉度和知名度。

三、论坛公关

网络论坛是公众进行思想交流、沟通的平台，任何公众都可以在上面发布信息、浏览信息和回应信息。组织加入网络论坛可以了解公众的真实想法，监控公众舆论；也可以在了解公众舆论的基础上积极回应，在增进与公众之间联系的同时引导公众舆论；同时可以发布信息，引发公众的讨论。组织在进行论坛公关时应当注意以下几点。

1. 选择合适的论坛

网络上的论坛数量众多，选择合适的论坛能够帮助组织更好地实现公关宣传的目标。在选择论坛时，组织首先应当考虑论坛的覆盖范围、流量以及影响力等因素；其次，组织应当考虑论坛的主题和板块是否与组织公关宣传目标相吻合；最后，组织应当考虑论坛的目标受众和组织公关宣传目标受众是否一致。

2. 论坛信息的发布要精心策划

组织在通过论坛进行公关宣传时，能否吸引大量公众的注意，很大程度上取决于其发布信息的标题。在拟定标题时应注意：信息的标题不能过长；尽量选择能和时事热点相切合的关键词；划定范围，指明明确的受众；采用一定的技巧，如用悬疑化的问题求解答，用夸张的表述方法或故意说“反话”等。

3. 根据论坛的规律选择信息发布时间

一般来说，论坛在早上9点、中午11点、下午1点、下午5点以及晚上9点左右是登录高峰期，而论坛管理人员的工作时间通常是上午9点至下午5点。因此，组织应当根据发布信息的性质，选择相应的时间段发布信息。

4. 信息的发布和回复要有组织和安排

组织发布的帖子在板块中的具体位置是由帖子的点击率和回复量决定的，因此，进行有组织地回复或点击有助于帖子长时间处于论坛首页的醒目位置。但是组织进行操作的痕迹不能过于明显，以免引起公众反感或者被认为“恶意灌水”，从而遭到管理人员删帖。

四、微博公关

微博是一种通过关注机制分享简短实时信息的广播式的社交网络平台。2009年8月新浪网推出新浪微博，微博正式进入人们的视野。据中国互联网络信息中心发布的报告显示，截至2020年12月底，微博用户数达到5.5亿，微博已发展成为近一半网民使用的重要互联网应用。

1. 微博的特点

（1）使用方便。用户可以通过计算机、手机随时随地发微博。

（2）使用门槛低。微博使用文字简短，无须长篇大论，对信息发布人的要求不高，任何人都可以发布信息。

（3）信息共享便捷迅速。微博可以通过各种连接网络的平台，在任何时间、任何地点即时发布信息、浏览信息，其信息发布速度和共享速度超过传统纸媒及网络媒体。

（4）获取信息丰富。微博拥有庞大的用户群，各个职业、阶层、属性的个人、媒体、企业等都有微博，使用户通过微博可以获取更多类型的海量信息。

（5）信息获取自主。微博用户可以根据自己的兴趣偏好，依据对方发布内容的类别与质量，来选择是否“关注”某用户，并可以对所有“关注”的用户群进行分类，信息获取具有很强的自主性和选择性。

2. 微博公关的方式

（1）新闻发布平台。组织可利用官方微博发布组织的官方信息和最新动态，和官方网站作用一样，但微博的维护成本更低；组织的官方活动可利用微博进行同步直播，如各品牌手机的新品发布会均会利用其官方微博进行整个活动过程的同步直播；可以面向粉丝直接进行组织的产品和服务推介，是组织推广产品和服务的良好渠道。

（2）利用意见领袖增强品牌影响力。组织可以根据自身产品的性质选择不同行业的意见领袖来增强自身品牌的影响力，如品牌代言人、知名商家或行业协会等。意见领袖拥有数量庞大的粉丝，他们对终端用户的影响会被不断放大。

（3）征集创意。微博借助其传播范围广、速度快的优点，是组织征集创意的重要平台。通过微博用户的集思广益，能够获得各式各样、独具特色的方案。

（4）便于与公众进行沟通。组织利用微博可以直接同公众交流。微博与公众进行交流的方式主要有公开回复和私信回复两种。公开回复适合回答一些大多数公众都存在的疑问，只要回复了其中一位，其他持有相同问题的公众也能得到解答；私信的回复方式则可以为一些特殊公众建立起独立的交流空间，同时也可以利用私信向新关注的用户表达感谢等。

（5）组织间相互交流。微博上有各行各业的组织进驻，组织通过微博可以与合作伙伴进行信息交流和线上活动配合，可以观察和学习竞争对手的动态和工作方式，可以关注和学习行业领先者的优秀做法。

五、网络视频公关

随着互联网的普及及发展，网络视频相关服务发展迅猛，也为公关活动提供了更广阔的发展平台。目前，网络视频公关主要采取以下方式。

（1）组织把广告片以及一些有关品牌的元素、新产品信息等放到视频平台上来吸引公众的关注，例如向网友征集视频广告短片、对一些新产品进行评价等。

（2）组织根据自身需求制作有价值、有内涵的视频资源，然后寻找目标消费者聚集的视频媒体投放或者借助意见领袖帮助传播。

（3）组织策划有影响力的公关事件，并将该事件拍摄、制作成视频资源上传网络，开辟出新的公关价值。

此外，组织与传统媒体的合作也不可忽视，应该将二者相结合，提升视频的影响力；还要重视利用短视频平台的优势及特点，积极开展社交媒体公关活动。

拓展阅读

短视频公关

利用短视频开展公关工作。常见的方法有以下四种。

（1）互动。利用短视频做公关最简单的方式就是和公众进行互动，比如抽奖、转发福利等，都是不错的公关方式。但是，一定要注意在自己的能力范围之内做福利活动，并及时、保量兑现，否则就会受到公众的质疑或谴责。

（2）评论区。评论区运营是提升短视频播放量、吸引公众关注的重要环节。通过在评论区提问、留言可以和公众进行友好互动，了解公众的态度和意见，把握舆情走向，优化和公众的关系。

（3）合作。很多短视频平台其实都有合作渠道，一般要求创作者达到一定的要求才能进行合作，比如粉丝要达到一万等。那么达到了要求就可以和短视频平台进行合作，这样开展公关活动也不必担心会触发平台惩罚机制，可以放心进行公关宣传推广活动。

（4）短视频内含公关文案。在写短视频文案时，组织可以将公关文案融入其中，再进行合适的配音，之后和短视频剪辑到一起发布即可。比如有的短视频会巧妙地将自己想要推广的组织形象或组织理念放在人物对话中，虽然一闪而过，但是很多人也会不经意地记住它。

课堂思考

1. 是否可以通过互动游戏来进行组织形象的软性公关信息传播呢？
2. 网络公关的工作方式与传统公关的工作方式有何不同？

第三节 网络公关的传播策略与工具

引导案例

宇通集团融媒体的快速发展

宇通集团融媒体工作室紧密围绕中心工作，通过制作富有特色的网络宣传产品，凝聚职工合力，唱响全媒声音。该公司的融媒体工作室在微信、微博、抖音三大平台进行集团新闻运营和维护，通过严格落实信息采集、编辑制作、审核发布等环节，确保宣传工作高质高效推进。

宇通集团融媒体工作室配有三名专职工作人员，配备摄影、摄像、视频编辑、影音合成等专业设备。同时，工作室积极组建58人的兼职融媒体骨干队伍和4个专长小组，逐步形成了多元化、高素质的梯次人才队伍。工作室把贴近职工、无“微”不至作为提升产品传播力的重要抓手，开设了“车间心语”“感人故事”“重点聚焦”等特色栏目，为职工搭建了零距离交流的桥梁，也成为向社会展示宇通人形象的窗口。2019年以来，工作室累计拍摄4部精品微电影，每年编发系列微产品汇编图书。特别是2020年年初，围绕职工推出的抗疫故事，引发强烈反响，受到160万人次关注和点赞。

问题：**宇通集团融媒体的快速发展带给我们哪些启示？**

一、网络公关传播的内容与对象

1. 网络公关传播的内容

组织传播的内容根据其公关宣传的目的而决定。一般来说，组织进行网络公关宣传的目的有两点：一是为了塑造组织的形象，提高组织的知名度和美誉度；二是为了宣传组织的产品与服务，提高其销量。

组织在进行网络公关宣传之前，首先应当确定此次网络公关传播的目的和重点，有选择、有计划地确定网络媒体、公关文章的表现方式和网络公关的工作方式等。一般来说，若此次公关宣传是为了塑造组织形象、提升组织的知名度，可采取新闻稿、网络评论稿以及网络专题等题材形式进行宣传，并且应当选择大型新闻类门户网站或是专业性网站投放；若组织是为了宣传其产品或服务，则应当采取产品体验软文、产品评测或产品导购等表现形式。

2. 网络公关传播的对象

网络公关传播的受众分为两大类：一种是围绕组织由利益驱动而形成的垂直型网络用户，包括股东、供应商、分销商、顾客、员工以及目标市场中的其他成员等；另一类是围绕某主题形成的横向网络用户，包括竞争对手、行业协会和联合会等。由于互联网传播的广泛性，组织网络公关传播的受众遍及全球，并且可以同组织进行反馈、互动，使得组织公关的对象更加明确、具体，更有可能形成“一对一”公关。

目前，网络公关凭借自身优势已经成为组织与内外公众沟通的主要方式。通过网络，组织可以及时向内部发布各方面的运作情况，广泛征求员工的意见和建议，并及时反馈给领导决策层，从而增强员工的责任感和组织的凝聚力。对于外部的公众，组织也可以经由网络，更好地了解其需求、心理和对组织的建议、意见，有效地与公众沟通，获取真实反馈，从而更好地调整经营策略，保证组织的良好运营。

二、网络公关传播策略

网络公关传播策略多种多样，应根据组织的实际情况、社会环境的差异以及不同类型的公众，灵活采取不同的策略。

1. 找准热点，吸引公众注意

每一个在社会上引起广泛影响且引发社会公众强烈反响的事件，都是引发公众好奇心理、吸引公众注意的热点，因此，组织在进行网络公关策划时应当充分了解公众需求，采用多种手段，吸引公众的注意力。但是，在找热点的时候一定要注意以下两点：第一，组织负有引导正面舆论风向的社会责任，要谨慎选择借势对象，有违社会规范、与主流价值观不符的内容以及其他具有负面影响的内容，一定不能触及，否则必然会引起舆论谴责、公众反感；第二，力求将传播内容与热点事件巧妙融合，防止生拉硬靠、粗制滥造。

2. 注重整体、系列、连续性规划

找准热点，吸引公众注意只是一个开端，要想使网络公关传播取得良好效果必须注重整体、系列和连续性规划。通过后续的报道将事件强势展开、扩大优势，直至达到公众关注的顶点，组织才能收到预期的效果。事件的影响力进一步提升，事件的传播效果得到进一步的升华。

3. 与网络公众及时互动

成功的网络公关传播离不开网络公众的支持，这是传播过程中的重要一环。成功的网络公关传播活动策划，能有效地将传播者的主动性和公众的需求结合起来，让传播者和公众形成良性互动。因此，与网络公众及时互动，获取反馈，及时调整公关策略也是网络公关传播活动成功的重要保证。

4. 选择恰当的传播渠道

随着网络技术的不断成熟和发展，互联网向用户提供了更宽广的服务空间，从各类网站到微信、微博、抖音等社交媒体，这些面向各个阶层、各个年龄段的网络服务为组织公关活动的开展提供了多种多样的渠道和形式。组织根据传播需要以及传播渠道的特点选择适合的传播渠道，是网络公关传播活动得以成功的重要保障。

5. 发挥网络舆论领袖的作用

网络舆论领袖文字表达能力强、分析深刻且有独特见解，并且往往拥有大量拥护者，他们的观点、意见能够影响大批公众。组织必须重视网络舆论领袖的作用，与其建立良好的关系，发挥他们的影响力，帮助组织进行正面的公关宣传。

三、网络公关传播工具

网络公关活动与传统公关活动一脉相承，是指为达到某一特定公关目标，在企业开展工作的某一特定阶段，通过互联网开展的有计划的、系列的公关活动。

网络公关活动是网络公关服务的核心。随着互联网对公众生活影响的日渐深入，网络公关活动的号召力已经不亚于线下的公关活动，有时候甚至超过了线下的公关活动，并且

还具有极大的灵活性和可挖掘性，创意空间也比较大。网络新媒体是目前最流行的媒体之一，组织自己建立的官网、官微、博客或其他的媒体账号，都是组织发声与传播的工具。下面主要讲解微博与微信的使用。

1. 微博

微博，是一个基于用户关系的信息分享、传播及获取平台，用户可以组建个人社区，以140字左右的文字量更新信息，并实现即时分享。

在使用微博进行公关传播时，首先要保证微博内容的发布要有持续性，发布的数量和时间节点要严格控制。因此，要全面、深入地了解受众的习惯和偏好，比如微博的打开时段一般集中在8点至10点、12点至14点、20点至22点，所以发布内容的时间要和上网高峰时段保持一致，这样可以获得较高的关注度和转发率。同时，也要根据具体情况有针对性地调整节奏。

其次，微博内容的表达方式也应精心安排，才能取得良好的传播效果。一条微博可编辑的文字不超过140个，单纯的文字对公众的吸引力非常有限，且不一定能够完全清晰地传达组织的想法和意愿，所以微博的内容最好以图文形式或短视频形式为主。图文的搭配要坚持相关性、原创性、富有创意性等原则，图片数量以1、2、4、6、9张为最佳选择，可以兼顾手机端用户的观看体验；而短视频一般要控制在3分钟以内，甚至为了更广泛地传播，可以把视频做成10秒左右的GIF动图。

最后，要尽可能的设置合理的话题、标签。尽量选择热门话题和标签，这样有助于提升阅读量和转发率，但是话题和标签的选择，一定要和微博的内容相契合，否则会有“蹭热度”之嫌，容易招致反感。同时，组织也可以自己创建话题，可根据微博的内容和公关传播的目的确定。

2. 微信

微信是一款为智能终端提供即时通信服务的免费应用程序，用户可以通过手机、计算机快速发送文字、图片和音视频等内容。微信公关是一种非常个性化的双向传播的沟通方式，可以通过微信群、公众号、订阅号等建立特定的朋友圈，既可以向公众传播组织想要让公众知晓的信息，同时公众也可以对组织的有关信息提出看法或质疑。组织可以根据公众反馈的不同对公众进行细分，从而为其提供更加个性化的服务。同时，微信的信息载体包括文字、语音、图片、视频等，呈现形式多样，综合了各种传统公关载体的功能和特点，可以带给大众新奇的视觉与听觉冲击，从而与公众达到友好沟通的效果。

要达到良好的公关传播效果，需要精心设计与规划微信相关内容。第一，在名称的设计上，要符合公众认知心理，要与组织名称、产品名称或组织理念等联系在一起，以引起共鸣效应。第二，在内容设计上，要紧紧围绕微信公关的目标进行，每一篇微信公关信息的发布都要和组织的公关目标、目标公众的心理需求密切契合。第三，在发布时间和主题的设计上，可根据目标公众的生活规律和习惯偏好，在不同的时间段分别发表不同的内容；同时还要将不同时段的内容以鲜明的栏目话题或主题加以区分，这种方式不仅可以让公众有条理地欣赏内容，更会潜移默化地让其形成一种浏览习惯，即到了某天某个时间段或者想起某个相关的话题，就自然想起某组织的微信内容。第四，在内容发布上，要保证发送的内容专业性强、质量优良、关注度高、话题性强，这样才能吸引更多的公众浏览并转发。

课堂思考

1. 简述网络公关传播的策略。
2. 如何利用微博进行公关传播活动？
3. 如何利用微信进行公关传播活动？

拓展阅读

2020年年底，“气氛组”成为网络流行词，用来形容在各种场合活跃气氛、带动气氛的人。之后，有网友在社交平台上公开询问，“那些在星巴克里拿个笔记本电脑一坐就是一下午的人都是什么职业？”立马就有人回复：“星巴克气氛组。”显然一开始，这只是调侃一下。随后，星巴克意识到这是个难得的扩大知名度和形象宣传的机会，于是连夜制订了公关宣传计划，随后开始实施。星巴克先是在网上发布了一则招募通知：立即招募官方气氛组30人，招募时间为12月21日～27日，为期一周。顺势开展了一波圣诞节营销宣传活动。“原来星巴克还有气氛组”这一话题在网上发布后，24小时的阅读量已达2.3亿次、讨论2.5万条，迅速引起了广大网友的围观，达到了扩大知名度的效果。

本章小结

网络公关是指组织以计算机网络为传播媒介，沟通组织内外部信息，加强组织与社会公众的交流，从而提高组织的知名度和美誉度，塑造良好组织形象的新型公关活动。网络公关具有平等互动性、传播即时性、传播全球化和传播多元化的特点。与传统公关相比，网络公关具有充分的主动权、迅捷的传播速度、多样的传播方式、良好的传播互动性和较低的传播成本等优势；但也具有易引发谣言，从而造成组织危机以及公信力缺失的劣势。

网络公关的工作方式主要有官方网站公关、第三方网站公关、论坛公关、微博公关和网络视频公关等。

进行网络公关的传播需要了解传播内容、传播对象、传播策略和传播工具。网络公关的传播策略包括：找准热点，吸引受众注意；注重整体、系列、连续性规划；与网络公众及时互动；选择恰当的传播渠道；发挥网络舆论领袖的作用。

掌握网络公关的传播策略，善于利用微博与微信等传播工具。

实操演练

练习1. 有句话说“公关公关总关情”，请阐述网络公关如何才能以情动人？

练习2. 你所在的旅游公司公关部决定在国庆节长假期间，利用微博开展“旅行看中国”主题宣传活动，计划选取本省有代表性的旅游景点，从历史维度、风景文化、公众观点等视角挖掘、提炼景点特色主题，从10月1日到7日集中推出报道，实现与广大公众的网上互动。如果这项宣传工作交给了你，请你按上述要求编辑并制作一条以“旅行看中国”为主题的微博。

复习思考

1. 简述网络公关的定义及特点。
2. 简述网络公关的工作方式有哪些。
3. 简要说明网络公关各类工作方式的特点和注意事项。
4. 如何采用微博或微信进行公关传播活动？

参 考 文 献

[1] 唐雁凌，姜国刚．公共关系学[M]．4版．北京：清华大学出版社，2020.

[2] 周安华．公共关系：理论、实务与技巧[M]．5版．北京：中国人民大学出版社，2019.

[3] 杜鸣皓．无公关 不品牌——公关36计思维训练与实战进阶[M]．北京：团结出版社，2017.

[4] 王培才．公共关系理论与实务[M]．3版．北京：电子工业出版社，2014.

[5] 居延安．公共关系学[M]．3版．上海：复旦大学出版社，2005.

[6] 赵英，罗元浩．公共关系与现代礼仪[M]．5版．北京：清华大学出版社，2020.

[7] 范铨远，张晓舟，贺玲．公共关系学[M]．成都：四川大学出版社，2003.

[8] 刘建芬．公共关系原理、实务与案例[M]．厦门：厦门大学出版社，2018.

[9] 熊源伟．公共关系学[M]．3版．合肥：安徽人民出版社，2008.

[10] 谢红霞．公共关系原理与实务[M]．4版．大连：东北财经大学出版社，2020.

[11] 蔡志刚．公共关系原理与实务[M]．西安：西北工业大学出版社，2010.

[12] 杨玫．公共关系理论与实务[M]．北京：电子工业出版社，2018.

[13] 余明阳，薛可．公共关系学[M]．2版．北京：北京师范大学出版社，2020.

[14] 李兴国．公共关系实用教程[M]．4版．北京：高等教育出版社，2021.

[15] 司孟月，赵敏．公共关系原理与实务[M]．郑州：河南科学技术出版社，2010.

[16] 栗玉香．公共关系[M]．6版．大连：东北财经大学出版社，2019.

[17] 黄玉萍，谭科．现代公共关系实务[M]．北京：中国传媒大学出版社，2011.

[18] 朱崇娴．公共关系原理与实务[M]．3版．北京：高等教育出版社，2021.